NIETZSCHE E AS MULHERES

Figuras, imagens e
tipos femininos

FILŌ   autêntica

Scarlett Marton

NIETZSCHE E AS MULHERES

Figuras, imagens e
tipos femininos

Copyright © 2022 Scarlett Marton

A primeira edição em francês deste livro foi publicada pela Éditions de la Sorbonne.

Todos os direitos reservados pela Autêntica Editora Ltda. Nenhuma parte desta publicação poderá ser reproduzida, seja por meios mecânicos, eletrônicos, seja via cópia xerográfica, sem a autorização prévia da Editora.

COORDENADOR DA COLEÇÃO FILÔ
Gilson Iannini

CONSELHO EDITORIAL
Gilson Iannini (UFMG); Barbara Cassin (Paris); Carla Rodrigues (UFJR); Cláudio Oliveira (UFF); Danilo Marcondes (PUC-Rio); Ernani Chaves (UFPA); Guilherme Castelo Branco (UFRJ); João Carlos Salles (UFBA); Monique David-Ménard (Paris); Olímpio Pimenta (UFOP); Pedro Süssekind (UFF); Rogério Lopes (UFMG); Rodrigo Duarte (UFMG); Romero Alves Freitas (UFOP); Slavoj Žižek (Liubliana); Vladimir Safatle (USP)

EDITORAS RESPONSÁVEIS
Rejane Dias
Cecília Martins

REVISÃO DE TEXTO
Aline Sobreira

PROJETO GRÁFICO
Diogo Droschi

CAPA
Alberto Bittencourt
(sobre imagem de Istockphoto)

DIAGRAMAÇÃO
Guilherme Fagundes

Dados Internacionais de Catalogação na Publicação (CIP)
(Câmara Brasileira do Livro, SP, Brasil)

Marton, Scarlett
   Nietzsche e as mulheres : Figuras, imagens e tipos femininos / Scarlett Marton. -- Belo Horizonte : Autêntica, 2022. (Filô)

   ISBN 978-65-5928-137-4

   1. Feminismo 2. Filosofia 3. Mulheres (Filosofia) 4. Nietzsche, Friedrich Wilhelm, 1844-1900 5. Reflexões I. Título. II. Série

21-95502   CDD-109

Índices para catálogo sistemático:
1. Mulheres : Filosofia 109

Maria Alice Ferreira - Bibliotecária - CRB-8/7964

 GRUPO **AUTÊNTICA**

Belo Horizonte
Rua Carlos Turner, 420
Silveira . 31140-520
Belo Horizonte . MG
Tel.: (55 31) 3465 4500

São Paulo
Av. Paulista, 2.073 . Conjunto Nacional
Horsa I . Sala 309 . Cerqueira César
01311-940 . São Paulo . SP
Tel.: (55 11) 3034 4468

www.grupoautentica.com.br
SAC: atendimentoleitor@grupoautentica.com.br

Para Carol.

9   Introdução

17 Capítulo 1: Algumas mulheres: emancipadas, mães, solteironas

47 Capítulo 2: Certas mulheres: esposas e concubinas

71 Capítulo 3: Diversas mulheres: artistas e atrizes

103 Capítulo 4: Outras mulheres: a sabedoria, a vida e a eternidade

135 Capítulo 5: Aquelas mulheres: feministas e dogmáticas

165 Capítulo 6: Raras mulheres: escritoras e intelectuais

195 Conclusão

201 Referências

217 Agradecimentos

219 Sobre a autora

Introdução

Durante muito tempo, as considerações de Nietzsche sobre as mulheres foram tomadas com precaução, seja por causa da misoginia que se acreditava ver presente em seus textos, seja devido ao antifeminismo que se julgava neles se manifestar. Não se procurava examinar as questões teóricas que emergem de seus escritos nem refletir sobre o lugar que elas ocupam no conjunto da sua obra. Revelava-se muito mais prudente, ao que parece, ignorar suas posições acerca das mulheres.

Entre os raros estudiosos que levaram em conta os comentários do filósofo a esse respeito, houve quem, por considerá-lo um autor misógino, procurou explicar de diferentes maneiras suas observações aparentemente hostis. Houve também quem buscou defender a ideia de que elas não estavam à altura dos seus talentos ou simplesmente não eram de interesse filosófico.[1]

Nos últimos tempos, escritos feministas se propuseram discutir as posições assumidas por Nietzsche acerca das mulheres; eles se situam sobretudo no contexto dos estudos publicados em língua inglesa.

---

[1] Essa é, por exemplo, a posição de Walter Kaufmann, que afirma: "os escritos de Nietzsche contêm muitos juízos demasiado humanos – especialmente sobre as mulheres – mas eles são filosoficamente irrelevantes; [...] os preconceitos de Nietzsche em relação às mulheres não têm de dizer respeito ao filósofo" (KAUFMANN, Walter. *Nietzsche, Philosopher, Psychologist, Antichrist*. 10th ed. New York: The World, 1965. p. 84).

Investigar as eventuais contribuições do pensamento nietzschiano para a teoria feminista e discutir como interpretar as observações do filósofo sobre o feminino, essas têm sido as vias adotadas.

Quanto à primeira delas, deparam-se inúmeros trabalhos, que procuram avaliar as vantagens e desvantagens do uso dos textos de Nietzsche para as questões colocadas pelo feminismo.[2] Há quem advogue a ideia de que a sua escrita é feminina[3] e quem defenda a posição de que ele é antifeminista.[4] Há também quem sustente que o seu pensamento permite proceder a uma releitura do cânon filosófico em voga, cânon esse que sempre afastou de seu horizonte de reflexão as mulheres e o feminino,[5] e quem afirme que se deveria estender à sociedade patriarcal a crítica radical que ele faz do racionalismo, do cientificismo, do positivismo, em suma, da cultura ocidental.[6] Mas essa nova maneira de encarar os discursos e práticas patriarcais da

---

[2] Cf., por exemplo, MELLO, Rosaria Dell'Anna. *Nietzsche e le donne del suo tempo: filosofia, misoginia, femminismo*. Roma: Stamen, 2017; OLIVER, Kelly; PEARSALL, Marilyn (ed.). *Feminist Interpretations of Friedrich Nietzsche*. Pennsylvania: The Pennsylvania State University Press, 1998; OLIVER, Kelly. *Womanizing Nietzsche*. New York: Routledge, 1995; PATTON, Paul (ed.). *Nietzsche, Feminism and Political Theory*. London: Routledge, 1993; ALCOFF, Linda; POTTER, Elizabeth (ed.). *Feminist Epistemologies*. London: Routledge, 1993; ANSELL-PEARSON, Keith. Who Is the *Übermensch*? Time, Truth, and Woman by Nietzsche. *Journal of the History of Ideas*, v. 53, n. 2, p. 301-331, Apr.-June 1992; ACKERMAN, Robert John. *Nietzsche: A Frenzied Look*. Amhers: University of Massachusetts Press, 1990; WHITFORD, Margaret; GRIFFITHS, Morwenna (ed.). *Feminist Perspectives in Philosophy*. Bloomington: Indiana University Press, 1988.

[3] Cf. KRELL, David Farrell. *Postponements: Women, Sensuality and Death in Nietzsche*. Bloomington: Indiana University Press, 1986. p. 10, onde se lê: "[Nietzsche] escreve com a mão de mulher".

[4] Cf. SCHUTTE, Ofelia. Nietzsche on Gender Difference: A Critique. *Newsletter on Feminism and Philosophy*, v. 89, n. 2, 1990, p. 64, onde se lê: "[Nietzsche] sustenta o que se pode fundamentalmente caracterizar como uma posição antifeminista tanto sobre a diferença de gêneros quanto sobre a igualdade social e política". Cf. também *Beyond Nihilism: Nietzsche without Masks*. Chicago: The University of Chicago Press, 1984.

[5] Cf. OLIVER. *Womanizing Nietzsche*.

[6] É o que defende, por exemplo, Debra Bergoffen no seu artigo "On the Advantage and Disadvantage of Nietzsche for Women" (*In*: DALLERY, Arleen B.; SCOTT, Charles E. (ed.). *The Question of the Other: Essays in Contemporary Continental Philosophy*. New York: State University of New York, 1989. p. 77).

nossa sociedade acabou por levar a questionar os próprios discursos e práticas feministas.⁷

Em nome do feminismo ou da pós-modernidade, evoca-se com frequência o pensamento nietzschiano, em particular nos Estados Unidos.⁸ Em que pese a seriedade e o rigor desses escritos, ocorrem casos em que, em vez de utilizar o filósofo como caixa de ferramentas, para diagnosticar os valores de nossa época, acabam por convertê-lo em instrumento para corroborar posições teóricas ou ideológicas já estabelecidas. Operam, em geral, recortes arbitrários em seus textos; a eles recorrem para sustentar determinadas concepções de feminismo ou mesmo de democracia. Adotando um ponto de vista demasiado específico, alguns escritos se atêm a polêmicas localizadas. Por demais marcados pelo tempo e pelo espaço em que surgem, respondem, por vezes, a interesses pontuais.

Importa ressaltar que vários trabalhos feministas tomam como ponto de partida, tanto na Inglaterra quanto nos Estados Unidos, a leitura desconstrutivista inaugurada por Derrida. Em *Esporas: os estilos de Nietzsche*,⁹ livro publicado em 1978, o pensador francês fez um uso metafórico da "mulher", uso esse que inspirou diversos trabalhos. Seguindo a trilha por ele aberta, Sarah Kofman e Luce Irigaray contribuíram com seus estudos para que leituras feministas tomassem o filósofo por um valioso interlocutor.¹⁰

---

⁷ Cf., a propósito, TAPPER, Marion. Ressentiment and Power: Some Reflections on Feminist Practices. *In*: PATTON, Paul (ed.). *Nietzsche, Feminism and Political Theory*. London: Routledge, 1993. p. 130-143.

⁸ Entre várias publicações que caminham nessa direção, cf. LORRAINE, Tamsin. *Gender, Identity, and the Production of Meaning*. Boulder: Westview Press, 1990; OWENS, Craig. The Discourse of Others: Feminists and Postmodernism. *In*: FOSTER, Hal. *Postmodern Culture*. London: Pluto Press, 1985. p. 57-82.

⁹ DERRIDA, Jacques. *Éperons: les styles de Nietzsche*. Paris: Flammarion, 1978 [em português: *Esporas: os estilos de Nietzsche*. Trad. Rafael Haddock-Lobo e Carla Rodrigues. Rio de Janeiro: Nau, 2013].

¹⁰ Adotando perspectivas diversas, várias autoras também caminharam nessa direção; julgaram que ideias de Nietzsche podiam oferecer interessantes pontos de partida para a teoria feminista. Cf., por exemplo, CLARK, Maudemarie. Nietzsche's Misogyny. *In*: *Nietzsche on Ethics and Politics*. Oxford: Oxford University Press, 2015. p. 141-150. Perguntando-se por que não se desenvolveu no mundo acadêmico anglo-americano uma forma feminista da filosofia de Nietzsche, Maudemarie Clark avança duas hipóteses. Por um lado, enquanto Nietzsche se proclama imoralista, o feminismo parece ser essencialmente uma

É bem verdade que, nos anos de 1890, Nietzsche pareceu vir arejar o século burguês que então se encerrava, século esse marcado pelo moralismo vitoriano e wilhelmiano. Traduções de seus textos eram publicadas na França,[11] na Itália,[12] na Inglaterra.[13] Foram as vanguardas literárias e artísticas e os movimentos de emancipação, geracionais ou sociais e até nacionais, que primeiramente se reclamaram de suas ideias. Não só na Alemanha,[14] mas também em outros países da Europa, ele se converteu no mentor intelectual dos que se batiam pela liberação corporal e sexual, em particular da mulher. Figurando nos meios libertários cosmopolitas, aparecia como o pensador iconoclasta, destruidor dos ídolos e demolidor da moral tradicional, burguesa e cristã.

Mas, logo no início do século XX, também ocorre que, caminhando em direções por vezes opostas, escritoras alertam para o caráter perigoso dos escritos do filósofo. Vale lembrar, por exemplo,

---

atitude moral, e, por outro, a misoginia de Nietzsche impediu que as feministas anglo-americanas levassem a sério o seu pensamento.

[11] Henri Albert foi o editor e tradutor das *Œuvres complètes de Frédéric Nietzsche*, publicadas em Paris pela Société du Mercure de France. Elas englobaram: *Ainsi parlait Zarathoustra* (1898), *Nietzsche contre Wagner* (1899), *L'Antéchrist* (1899), *Le Crépuscule des idoles* (1899), *Pages choisies de Frédéric Nietzsche* (1899), *Le Cas Wagner* (1899), *La Généalogie de la morale* (1900), *Le Gai savoir* (1901), *Aurore* (1901), *L'Origine de la tragédie* (1901), *Le Voyageur et son ombre* (1902), *La Volonté de puissance* (1903), *Par-delà le bien et le mal* (1903), *Considérations inactuelles* (1907), *Ecce homo* (1909), *Poésies* (1909).

[12] Ao que tudo indica, o primeiro livro a ser traduzido na Itália foi *Al di là del bene e del male: preludio d'una filosofia dell'avvenire* (Trad. Edmondo Weisel. Torino: Fratelli Bocca, 1898). A segunda edição apareceu em 1902, e a terceira, em 1907. A ele se seguiu *Così parlò Zarathustra: un libro per tutti e per nessuno* (Trad. Edmondo Weizel. Torino: Fratelli Bocca, 1899). A segunda edição veio a público em 1906; a terceira, em 1910; a quarta, em 1915; a quinta, em 1921. A partir da virada do século, apareceram vários outros: *Gaia scienza* (Trad. Antonio Cippico. Torino: Fratelli Bocca, 1901); a segunda edição apareceu em 1905; a terceira, em 1921; *Ecce homo: come si diventa ciò che si è* (Trad. Adolfo Oberdofer. Torino: Fratelli Bocca, 1910).

[13] Na Inglaterra, surgiram *The Works of Friedrich Nietzsche in Eleven Volumes*, editados por Alexander Tille (London: Henry & Co., 1896-1909. 11 v.).

[14] Para uma discussão sobre a recepção positiva das ideias de Nietzsche pelo feminismo alemão nos primeiros tempos, cf. THOMAS, R. Hinton. *Nietzsche in German politics and society, 1890-1918*. Manchester: University Press, 1983. p. 80-95.

que Jane Michaux declara, numa conferência intitulada "Nietzsche. Suas ideias sobre o feminismo. Sua moral", que ele é "um inimigo" das mulheres que querem emancipar-se.[15] E, alguns anos depois, Emilie Sirieyx de Villers deplora que a moda nietzschiana do início do século XX leve as mulheres a se esquecerem de seus deveres para com a família em proveito de um "egoísmo sobre-humano".[16]

Vale lembrar ainda que, em 1905, a propósito das observações que se encontram no capítulo "A mulher e a criança", do primeiro volume de *Humano, demasiado humano*, Rémy de Gourmont escreve: "Os aforismos de Nietzsche sobre as mulheres constituem a parte menos interessante de sua obra".[17] E logo adiante afirma: "Nietzsche conhece tão mal as mulheres que ele, o grande criador de ideias, de relações novas, acha-se reduzido a redigir, sob uma forma nietzschiana, lugares comuns".[18]

Se os primeiros estudos sobre "Nietzsche e as mulheres" apareceram nos anos 1930,[19] 50 anos depois, depararam-se uma vez mais muitos trabalhos elaborados por mulheres, com perspectivas e abordagens múltiplas, sobre as reflexões de Nietzsche acerca das mulheres. Basta lembrar que, praticamente na mesma época, Luce Irigaray, escritora, psicanalista e feminista, de um lado, e Noëlle Hausmann, religiosa do Sagrado Coração de Maria, de outro, trataram do assunto.

Luce Irigaray lança em 1981 o livro intitulado *Amante Marina de Friedrich Nietzsche*.[20] Adotando uma maneira pessoal de se confrontar com o filósofo, ela compõe uma espécie de novo lamento de Ariadne,

---

[15] MICHAUX, Jane. *Nietzsche. Ses idées sur le féminisme. Sa morale*. Paris: Henri Charles Lavauzelle éditeur militaire, 1909. Conferência proferida em 18 de fevereiro de 1909 no Salon International de la Femme Française.

[16] VILLIERS, Emilie Sirieyx de. *La Faillite du surhomme et la psychologie de Nietzsche*. Paris: Nilsson, 1920. p. 102.

[17] GOURMONT, Remy. *Proménades littéraires*. Paris: Mercure de France, 1922. p. 89. A passagem citada foi extraída de um texto intitulado "Nietzsche et l'amour", que data de 1905 e se acha incluído nessa coletânea.

[18] GOURMONT. *Proménades littéraires*, p. 93.

[19] Um caso particular é o livro publicado por Elisabeth Förster-Nietzsche, *Friedrich Nietzsche und die Frauen seiner Zeit* (München: C. H. Beck, 1935).

[20] IRIGARAY, Luce. *Amante Marine de Friedrich Nietzsche*. Paris: Minuit, 1980.

constituído por três partes e 29 seções, cujos títulos sublinham bem a distância que toma em relação a modos de proceder acadêmicos. Perseguindo o propósito de se engajar numa relação agonística com os homens, interroga Nietzsche sobre sua própria obra, explica-lhe o que significa o eterno retorno e alerta-o quanto a seus problemas em relação às mulheres.

Noëlle Hausmann, por sua vez, publica em 1984 o estudo que tem por título *Frédéric Nietzsche, Thérèse de Lisieux: duas poéticas da modernidade*.[21] Entendendo que, na segunda metade do século XIX, Thérèse de Lisieux e Friedrich Nietzsche fizeram a experiência da noite e do nada, quer mostrar que dela extraíram consequências opostas. Embora para ambos fosse determinante a imagem da criança, o filósofo e a santa a viram de modo distinto. Um considerava que a criança era ao mesmo tempo criador e resultado de seu próprio vir-a-ser; a outra entendia que, adormecendo cheia de confiança nos braços do Pai, ela traduzia a experiência original de Deus. Embora aceitasse o sofrimento enquanto tal, Nietzsche não estaria pronto a sofrer por outrem; Thérèse, ao contrário, viveria sua existência como dom permanente e sacrifício ao amor misericordioso de Deus.

Até hoje, são posições diversas e, por vezes, opostas as que as reflexões do filósofo sobre as mulheres suscitam.[22] É o que bem mostra, aliás, Angelika Schrober em seu trabalho sobre a recepção do pensamento nietzschiano na França.[23] Ao examinar diversos escritos de mulheres acerca de Nietzsche, ela se pergunta se a mulher, esse "animal doméstico delicado" com sua "garra de tigre por baixo da luva", esse "pássaro" raro que deveria permanecer engaiolado, teria algo a dizer a respeito dele. É precisamente um dos problemas de que trata Renate Reschke. Reunindo textos de mulheres, mas também de homens, ela levanta a dupla questão de saber se as

---

[21] HAUSMANN, Noëlle. *Frédéric Nietzsche, Thérèse de Lisieux: deux poétiques de la modernité*. Paris: Beauchesne, 1984.

[22] Cf., por exemplo, DIETHE, Carol. *Nietzsche's Women: Beyond the Whip*. Berlin: Walter de Gruyter, 1996 (Monographien und Texte zur Nietzsche-Forschung, 31); LEIS, Mario. *Frauen um Nietzsche*. Hamburg: Rowohlt Taschenbuch Verlag, 2000.

[23] SCHOBER, Angelika. La Réception de Nietzsche en France: écrits de femmes. In: LE RIDER, Jacques (éd.). *Nietzsche: cent ans de réception en France*. Paris: Éditions Suger, 1999. p. 147-162.

mulheres constituem um tema nietzschiano e se Nietzsche constitui um tema feminino.[24]

Não são poucos os trabalhos sobre as considerações de Nietzsche a respeito das mulheres. Contudo, no meu entender, faltam os que lidam com a estrutura filosófica em que se baseiam. É bem verdade que não é fácil a tarefa do comentador que se dispõe a examiná-las.[25] Elas constituem uma pletora que vai de clichês a complexas e refinadas análises da condição humana, de digressões esparsas a reflexões que provêm de serrada argumentação. Excetuando-se os primeiros escritos, estão presentes praticamente em todo o *corpus* nietzschiano. Aparecem, por exemplo, num capítulo de *Humano, demasiado humano*, numa sequência de parágrafos do Segundo Livro da *Gaia ciência*, em diversos discursos de *Assim falava Zaratustra*, num grupo de aforismos de *Para além de bem e mal*, em certo número de passagens do *Crepúsculo dos ídolos*.

Examinar as imagens das mulheres que o filósofo constrói e os papéis que lhes atribui, indagar de que modo ele recorre à tipologia em suas análises das figuras femininas, inquirir a respeito das personificações femininas de entidades abstratas que cria, perguntar acerca das posições que assume sobre as mulheres que querem emancipar-se, investigar as razões que o levam a combater frontalmente as intelectuais são os problemas que presidem minha investigação.

É preciso deixar claro, desde logo, que não é meu intuito examinar o comportamento de Nietzsche em relação às mulheres com quem se relacionou. Tampouco é comparar suas reflexões sobre a emancipação feminina e o modo como lidou com as mulheres emancipadas que encontrou no decorrer da vida. As ambivalências que me interessam são essencialmente as que se encontram nos seus próprios escritos.

Neste livro, defendo a tese de que suas considerações sobre as mulheres não têm um lugar marginal em sua obra; elas não se reduzem a preferências pessoais e, menos ainda, a desvios eventuais.

---

[24] RESCHKE, Renate (Hrsg.). *Frauen: ein Nietzschethema? Nietzsche: ein Frauenthema?*. Berlin: Akademie Verlag, 2012. (Nietzscheforschung, B. 19.)

[25] Se "Nietzsche e as mulheres" é um tema que hoje atrai a atenção dos estudiosos, "Nietzsche e os homens" poderia muito bem constituir outro.

Bem ao contrário, inscrevem-se em sua empresa filosófica. É por essa razão que me empenho em relacioná-las com temas centrais do seu pensamento, como o perspectivismo e o experimentalismo, a crítica da metafísica e a luta contra o dogmatismo, a psicologia e a tipologia, os espíritos livres e os filósofos do futuro, a vontade de verdade e a ideia de interpretação, o conceito de vontade de potência e a noção de força, o eterno retorno do mesmo e o *amor fati*, as "ideias modernas" e a *décadence*.

A partir de uma leitura imanente dos textos do filósofo, tanto dos livros publicados quanto das anotações póstumas, segundo a ordem cronológica, persigo o propósito de realçar as estratégias a que ele recorre, para desmontar suas armadilhas. Conto examinar as ambivalências múltiplas e variadas presentes em suas considerações: elas concernem ao comportamento das mulheres casadas em face dos espíritos livres, às atitudes das mulheres que amam em relação a seus amantes, aos traços das mulheres bem-amadas de Zaratustra comparados aos das mulheres simplesmente humanas. E pretendo mostrar que, quando se trata das mulheres que querem emancipar-se, Nietzsche não é de modo algum ambivalente. Mais contundente ainda será a sua crítica às mulheres que pretendem se expressar publicamente sobre política ou filosofia. Quanto a esse ponto, suas posições trazem a marca da exclusão que caracteriza a modernidade.

Capítulo 1
Algumas mulheres:
emancipadas, mães, solteironas

Ao tratar das mulheres, Nietzsche subverte a tradição filosófica, que até então raramente tinha encarado as diferenças sexuais como objeto de estudo. Ao distinguir o masculino e o feminino, ele desenvolve uma reflexão sobre as relações humanas que se poderiam chamar de sexuadas. A primeira pergunta que se impõe consiste, pois, em investigar de que modo concebe as diferenças sexuais.[1]

É certo que o filósofo dificilmente as encararia como meras diferenças biológicas. E isso, antes de tudo, porque recusa a opacidade dos fatos, rejeita a pretensa objetividade da ciência. "Contra o positivismo, que se detém no fenômeno, 'só existem fatos'", anota num conhecido fragmento póstumo, "eu diria: não, justamente não há fatos, apenas interpretações".[2] Renunciando a interpretar, os positivistas insistem na necessidade de o ser humano ater-se aos fatos; com

---

[1] A esse propósito, cf., por exemplo, PIEPER, Annemarie. Nietzsche und die Geschlechterfrage. *In*: RESCHKE (Hrsg.). *Frauen: ein Nietzschethema? Nietzsche: ein Frauenthema?*, p. 53-63.

[2] *Fragmento póstumo* 7 [60] do final de 1886/primavera de 1887 (tradução de Scarlett Marton, a partir de agora designada como SM), *KSA* 12.315. Ao criticar o positivismo, Nietzsche faz ver que, procurando espelhar a ordem exterior, ele acaba por ter como pressuposto a crença na verdade e caminha assim de mãos dadas com o ideal ascético. Cf., por exemplo, *Genealogia da moral*, "Terceira dissertação", § 24, *KSA* 5.399s.

isso, não percebem que a visão que propõem não passa de mais uma interpretação. Da perspectiva nietzschiana, não há, pois, fato biológico que já não se apresente como uma interpretação de um suposto fato biológico. Daí decorre que não se pode entender as diferenças sexuais simplesmente como dados da natureza; é preciso inscrevê-las num quadro histórico.³ Ignorar a determinação cultural das diferenças sexuais implica, no limite, acreditar na natureza humana e, com isso, comprometer-se com o pensar metafísico.

Na ótica nietzschiana, a ideia de natureza humana apresenta-se completamente desprovida de sentido. O homem, como o animal e o vegetal, é feito de uma pluralidade de adversários em luta inevitável.⁴ Falar em planta, animal ou homem já é pressupor grosseiramente uma unidade: a dos ínfimos seres vivos que constituem cada um deles.⁵ Admitir a existência de uma natureza humana implica, pois, atribuir estatuto privilegiado ao homem, diferenciando-o de tudo o que existe. Essa atitude estaria, por um lado, em franca contradição com a tese nietzschiana, que afirma serem o domínio inorgânico e a vida orgânica constituídos por forças que agem e resistem umas em relação às outras. Revelaria, por outro, um "defeito hereditário dos filósofos": o de tomar a mais recente configuração do homem por uma verdade eterna, o que apenas comprovaria, uma vez mais, que lhes falta o sentido histórico.⁶

---

³ Cf., por exemplo, a conhecida passagem de *Humano, demasiado humano* I § 2 (tradução de Rubens Rodrigues Torres Filho, a partir de agora designado como RRTF), *KSA* 2.25: "Tudo veio a ser; *não há fatos eternos:* assim como não há verdades absolutas. – Portanto, o *filosofar histórico* é necessário de agora em diante e, com ele, a virtude da modéstia".

⁴ Entre os inúmeros textos de Nietzsche a que se pode remeter para argumentar contra a ideia de natureza humana, cf., por exemplo, *Fragmento póstumo* (356) 11 [111] de novembro de 1887/março de 1888 (SM), *KSA* 13.52, onde se lê: "Para compreender o que é a vida, que espécie de aspiração e tensão é a vida, a fórmula deve ser válida tanto para a árvore e a planta quanto para o animal".

⁵ Cf., por exemplo, *Fragmento póstumo* 7 [25] do final de 1886/primavera de 1887 (SM), *KSA* 12.304: "O próprio indivíduo como combate das partes (por alimentação, espaço etc.): sua evolução ligada a um *vencer*, um *predominar* de certas partes, a um definhar, um 'tornar-se órgão' de outras partes".

⁶ Cf. *Humano, demasiado humano* I § 2 (RRTF), *KSA* 2.25, onde se lê: "Falta de sentido histórico é o defeito hereditário de todos os filósofos; muitos chegam a tomar, despercebidamente, a mais jovem das configurações do homem, tal como

Mas também é certo que Nietzsche não conceberia o masculino e o feminino como meras construções culturais. Se ele se limitasse a negar as diferenças biológicas em proveito das construções culturais, abraçaria uma interpretação do ser humano tão parcial e débil quanto aquela que critica. A lógica dualista, que opera a partir de polos antagônicos, acaba por se voltar contra si mesma, na medida em que barra o caminho a novas perspectivas. Constrangendo a um único e mesmo procedimento, ela se mostra em certa medida autodestrutiva. Razões bastantes para não se proceder a uma inversão, desprezando o polo antes valorizado para privilegiar o depreciado. Para combater a distinção entre diferenças biológicas e construções culturais, é preciso reverter e ultrapassar o dualismo milenar entre corpo e alma.

A reversão leva a conceber o corpo não mais como o que se opõe à alma, mas como o que de algum modo a integra, de sorte que não se tem mais dois, e sim apenas um. Importa notar, porém, que esse um é múltiplo. É o que Nietzsche deixa claro em *Assim falava Zaratustra*. Na primeira parte do livro, depois de discorrer sobre os ultramundanos, com seus princípios últimos e suas verdades definitivas, o protagonista fala dos desprezadores do corpo.[7] Depois de atacar o dualismo de mundos inventado pela metafísica e fabulado pela religião cristã, ele combate a distinção entre corpo e alma. Enquanto os que dela partem sempre enfatizam a importância da alma, Zaratustra afirma: "sou todo corpo e nada além disso; e alma é apenas uma palavra para algo no corpo".[8] Se nessa passagem o autor, através de sua personagem, serve-se do termo "alma" para

---

surgiu sob a pressão de determinadas religiões, e até mesmo de determinados acontecimentos políticos, como a forma firme de que se tem de partir".

[7] Procedimento recorrente no livro, esse discurso vem elucidar dois parágrafos do anterior. Nesse caso, presta-se, a meu ver, como comentário e desenvolvimento desta passagem do discurso intitulado "Dos ultramundanos": "Acreditai-me, meus irmãos! Era o corpo que desesperava do corpo – quem tateava com os dedos do espírito transtornado as últimas paredes. Acreditai-me, meus irmãos! Era o corpo que desesperava da Terra – quem ouvia falar-lhe o ventre do ser" (*Assim falava Zaratustra* I, "Dos ultramundanos" (SM), *KSA* 4.36).

[8] *Assim falava Zaratustra* I, "Dos desprezadores do corpo" (SM), *KSA* 4.39. A esse propósito, cf. MARTON, Scarlett. Do dilaceramento do sujeito à plenitude dionisíaca. *Cadernos Nietzsche*, n. 25, p. 53-82, 2009.

se referir a "algo no corpo", em outras a ele atribui sentido diverso. Num fragmento póstumo, afirma: "A fé no corpo é mais fundamental que a fé na *alma*; esta provém da contemplação não científica da agonia do corpo".[9] Aqui, Nietzsche chega a empregar o termo "alma" no sentido em que o tomam a religião cristã e a metafísica; está preocupado em reafirmar sua posição. Contrapondo-se às concepções metafísico-religiosas, quer ressaltar que elas carecem de um conhecimento de base fisiológica. Mas é à mesma palavra que recorre quando se refere aos ínfimos elementos que constituem o organismo. Em *Para além de bem e mal*, declara: "Nosso corpo nada mais é do que um edifício coletivo de várias almas".[10] Entendendo que a consciência não passa de um "órgão de direção", acaba por inscrevê-la no quadro das considerações fisiológicas. Com os estudiosos de sua época Roux e Rolph, concebe o organismo como um aglomerado de ínfimos seres vivos.[11] A partir daí, julga que todos eles possuem consciências elementares e conclui que estas, articuladas de alguma forma, constituem a consciência do organismo.[12] Ao contrário do que defendem a religião cristã e a metafísica, sustenta que consciência e corpo não se opõem, mas se acham estreitamente vinculados. Com isso, pretende operar nova inversão. Tendo em vista que, na linguagem filosófica, tradicionalmente se entende "alma" como sinônimo de "consciência", quer então dar-se o direito de

---

[9] *Fragmento póstumo* 2 [102] do outono de 1885/outono de 1886 (SM), *KSA* 12.112.

[10] *Para além de bem e mal* § 19 (SM), *KSA* 5.33.

[11] Segundo Charles Andler, Nietzsche consultou o tratado de Wilhelm Roux sobre a luta seletiva das partes do organismo (*Der züchtende Kampf der Teile oder die Teilauslese im Organismus, zugleich eine Theorie der funktionellen Anpassung*) e o trabalho de Rolph sobre questões de biologia (*Biologische Probleme, zugleich als Versuch zur Entwicklung einer rationellen Ethik*), ambos de 1881. Cf. ANDLER, Charles. *Nietzsche, sa vie et sa pensée*. Paris: Gallimard, 1958. v. 2. p. 525-532. De Roux, Nietzsche teria retido a ideia de que, no próprio organismo, entre órgãos, tecidos e células, existe concorrência vital, e, de Rolph, a noção de que a concorrência, em vez de prejudicar a vida, aumenta sua quantidade. No meu entender, as duas ideias vão achar-se subsumidas no conceito de vontade de potência.

[12] Ainda de acordo com Andler, Nietzsche encontrou subsídios para essa tese na psicologia positivista francesa, em especial na obra de Ribot e Espinas. Cf. ANDLER. *Nietzsche, sa vie et sa pensée*, v. 2, p. 533-537.

atribuir ao termo um novo sentido: ele passa a designar apenas os seres vivos microscópicos que compõem o corpo.[13]

No entender de Nietzsche, o corpo não é, pois, um aglomerado de órgãos, tecidos e células, cuja natureza se mostra nas estruturas anatômicas; tampouco é a sede de sentimentos e pensamentos, que emergem e interagem, concebidos segundo o modelo da consciência; e, menos ainda, é a combinação dos dois registros. Ao contrário, o corpo consiste em impulsos que interagem, fazendo surgir diversas configurações e assumindo várias formas de coordenação e conflito, organização e desintegração.[14] Numa palavra, é um complexo de impulsos em permanente combate.

Em seus escritos, o filósofo parece tratar dos processos básicos da vida, adotando, às vezes, o ponto de vista da fisiologia, e, outras, o da psicologia. Mas a aparente oscilação que manifesta entre essas abordagens é uma tentativa calculada de pôr uma contra a outra, de forma a enriquecê-las e ao mesmo tempo ultrapassá-las. Com isso, seu objetivo imediato é dar conta dos esclarecimentos que as duas perspectivas podem oferecer, sem permanecer sujeito às limitações que lhes são intrínsecas. É por isso que ele não adota como ponto de partida exclusivo de suas investigações nem a vida considerada em termos fisiológicos nem a vida encarada do ponto de vista psicológico.

Cabe lembrar que o conceito de fisiologia, termo que Nietzsche prefere a "biologia", não é de modo algum inequívoco na sua obra. Quando recorre à fisiologia para combater o idealismo em *Para além de bem e mal*, ele a encara de modo tradicional, como a ciência que estuda as funções e propriedades dos órgãos e tecidos dos seres

---

[13] A esse respeito, cf. MARTON, Scarlett. Nietzsche, Kant et la métaphysique dogmatique. *Nietzsche-Studien*, v. 40, p. 106-129, 2011, em particular p. 114-121. Importa notar que só se pode falar em "seres" vivos microscópicos no momento em que Nietzsche introduz em sua obra o conceito de vontade de potência. Mais adiante, quando elabora a teoria das forças, ele deixa clara a opção que faz pela energética, opção essa que desautoriza quaisquer resquícios de concepções atomistas ou materialistas.

[14] Entre os textos de Nietzsche a esse propósito, cf. por exemplo *Fragmento póstumo* 27 [8] do verão/outono de 1884, *KSA* 11.276s; 40 [21] de agosto-setembro de 1885, *KSA* 11.638s.

vivos.¹⁵ Mas, se por momentos parece aderir ao espírito científico de sua época, não toma jamais a fisiologia por fisiologismo, como bem mostra na *Genealogia da moral*. Nessa obra, o filósofo concebe a fisiologia como o que determina de modo somático os seres humanos, ou seja, os seus afetos;¹⁶ são esses afetos que levam os homens a se submeterem aos valores estabelecidos ou a criarem novos valores. Não é por acaso que a fisiologia, ao lado da medicina, deve doravante contribuir para "determinar a hierarquia dos valores".¹⁷

Ao psicólogo Nietzsche atribuirá a tarefa de questionar o valor dos valores, examinando as condições e circunstâncias de sua proveniência e de suas modificações. Mas cabe notar que a noção de psicologia sofre transformações ao longo de sua obra. Ocupando-se dessa noção em *Humano, demasiado humano*, ele a concebe como "essa ciência que investiga a origem e a história dos sentimentos morais".¹⁸

---

¹⁵ Cf. *Para além de bem e mal* § 15, *KSA* 5.29. Isso não causa surpresa se levarmos em conta que Nietzsche sempre se interessou pelas questões científicas, como se pode constatar quando se examina a sua biblioteca; ele está bem atento às pesquisas fisiológicas, que, aliás, têm um grande desenvolvimento na segunda metade do século XIX na Alemanha e na França.

¹⁶ Essas considerações lançam luz sobre um dos equívocos da leitura heideggeriana. Depois de alertar sobre a maneira frequente como Nietzsche se deixa levar a enunciados fisiológico-naturalistas acerca da arte, Heidegger afirma ser necessário ao leitor livrar-se de tudo o que ele partilha de nefasto com a sua época, "para que possamos nos aproximar e permanecer próximos da vontade essencial de seu pensamento" (*Nietzsche*. Berlin: Gunther Neske Verlag, 1961. v. 1. p. 149 [em português: *Nietzsche*. Trad. Marco Antônio Casanova. Rio de Janeiro: Forense Universitária, 2007. v. 1. p. 116]). Heidegger não se dá conta de que, nesse caso, é apenas numa primeiríssima abordagem que Nietzsche parece endossar o espírito do seu tempo. Ao recorrer aos estudos científicos, ele já os reinterpreta – e sempre a seu favor. A esse propósito, cf. o texto esclarecedor de MÜLLER-LAUTER, Wolfgang. *Décadence* artística enquanto *décadence* fisiológica: a propósito da crítica tardia de Friedrich Nietzsche a Richard Wagner. Trad. Scarlett Marton. *Cadernos Nietzsche*, n. 6, p. 11-30, 1999.

¹⁷ *Genealogia da moral*, "Primeira dissertação", § 17 nota (SM), *KSA* 5.289, onde se lê: "*todas as ciências devem doravante preparar a tarefa futura do filósofo, tarefa essa assim entendida: o filósofo deve resolver o* problema do valor, *deve determinar a hierarquia dos valores*".

¹⁸ *Humano, demasiado humano* I § 37, *KSA* 2.59s. Acerca da influência do livro *Observações psicológicas*, de Paul Rée, no pensamento nietzschiano, cf. o belo estudo de Emmanuel Salanskis, "Moralistes darwiniens: les psychologies évolutionnistes de Nietzsche et Paul Rée" (*Nietzsche-Studien*, v. 42, p. 44-66, 2013). O autor

Numa primeira abordagem, essa concepção parece assemelhar-se à de Christian Wolff, que concebia a psicologia como o estudo dos fenômenos intelectuais e morais.[19] Wolff tomava como ponto de partida a noção leibniziana de alma, entendida como uma substância simples e incorpórea, capaz de representar o mundo. Se plenamente adequadas, suas representações eram perfeitas; caso contrário, imperfeitas. Quando claramente conhecidas, as ideias de perfeição e imperfeição, por sua vez, engendravam as de bem e mal. Concebida dessa maneira, a psicologia constituía a base, por assim dizer, dos juízos de realidade e dos juízos de valor. Intimamente ligada à lógica e à moral, ela encontrava o seu fundamento na metafísica.

Mas, nos parágrafos de *Humano, demasiado humano*, quando trata da psicologia, o filósofo insiste justamente na necessidade de romper com a metafísica no exame das questões morais. Em vez de deduzir os fenômenos morais dos princípios gerais da metafísica, a psicologia deveria comprometer-se em inscrevê-los num quadro histórico, perguntando por sua proveniência e sua história. Nietzsche se nega, pois, a considerar a psicologia uma parte da filosofia geral; por conseguinte, recusa a ideia de que os fenômenos morais estejam fundados na noção de alma. Bem ao contrário, eles surgem, modificam-se e desaparecem.

No *Crepúsculo dos ídolos*, o filósofo vem elucidar que a psicologia, tal como a concebe, não se confunde com a mera observação, seja ela simplesmente reflexiva ou voltada para o mundo circundante. Opondo-se à divisa socrática, não admite que a busca interna possa dar diretrizes para a ação. A recusa dessa ideia constitui, por certo, uma das razões que o levam a afirmar que a psicologia deve vincular-se estreitamente à história. Mas Nietzsche não se detém aí. Com o

---

sustenta que "Rée define um programa de pesquisa 'moralista darwinista', inédito na história das ideias, em que Nietzsche se inspira quando investiga a história dos sentimentos morais" (p. 65).

[19] Christian Wolff foi um dos primeiros a considerar a psicologia uma disciplina específica. Testemunha e cúmplice do processo geral de naturalização que então se iniciava, dedicou-se a mostrar que a psicologia estava mais distante das questões sobre a origem do universo do que dos problemas acerca da interação do homem com o que o rodeava. Cf. WOLFF, Christian. *Psychologia rationalis*. New York: G. Olms, 1972.

intuito de nos convidar a tomar a precaução de evitar uma eventual identificação entre a atitude do psicólogo e a do observador, afirma, no capítulo intitulado "Incursões de um extemporâneo": "Não fazer psicologia de livreiro ambulante! Nunca observar *por* observar! Isso resulta num defeito de ótica, num estrabismo, em algo forçado e excessivo".[20] Desprezando o simples acúmulo de dados, ele não aceita que os fatos por si só possam orientar a conduta humana. Nem a introspecção nem o livro do mundo estão em condições de contribuir para estabelecer o critério de avaliação das avaliações.

Ao introduzir a noção de valor em *Assim falava Zaratustra*, Nietzsche passa a identificá-la ao procedimento genealógico.[21] Ao psicólogo caberia relacionar os valores com as avaliações de que procedem e investigar de que valor estas partiram para criá-los. Numa palavra, ao psicólogo competiria doravante a tarefa de avaliar as avaliações.

Certo de que todas as formas orgânicas tomam parte no pensar, no sentir e no querer, o filósofo investiga a condição fisiopsicológica dos seres humanos. Considerando o cérebro um enorme aparelho centralizador, ele defende a ideia de que entre físico e psíquico não

---

[20] *Crepúsculo dos ídolos*, "Incursões de um extemporâneo", § 7 (SM), *KSA* 6.115. Cf. também *Fragmento póstumo* 14 [27] da primavera de 1888 (SM), *KSA* 13.230, onde se lê: "nós, psicólogos do futuro, somos pouco inclinados à auto-observação, tomamos quase por um sinal de degenerescência o fato de um instrumento procurar 'conhecer-se a si mesmo'". Cf. ainda *Fragmento póstumo* 14 [28] da primavera de 1888 (SM), *KSA* 13.231: "desconfiamos de todos os que contemplam o próprio umbigo, tão somente pela razão de que a auto-observação nos parece uma *forma de degenerescência* do gênio psicológico, um ponto de interrogação quanto ao instinto do psicólogo".

[21] Sobre a concepção e o estatuto da psicologia na obra nietzschiana, remeto aos seguintes estudos: KAUFMANN, Walter. Nietzsche als der erste grosse Psychologue. *Nietzsche-Studien*, v. 7, p. 261-275, 1978; HABERKAMP, Günter. *Triebgeschehen und Wille zur Macht: Nietzsche zwischen Philosophie und Psychologie*. Würzburg: Königshausen & Neumann, 2000; PIPPIN, Robert. *Nietzsche, Psychology, and First Philosophy*. Chicago: The University of Chicago Press, 2010; MARTON, Scarlett. À la recherche d'un critère d'évaluation des évaluations: les notions de vie et de valeur chez Nietzsche. In: DENAT, Céline; WOTLING, Patrick (éd.). *Les hétérodoxies de Nietzsche: lectures du* Crépuscule des idoles. Reims: Épure, 2014. p. 321-342. Cf. ainda MARTON, Scarlett. *Nietzsche e a arte de decifrar enigmas: treze conferências europeias*. São Paulo: Loyola, 2014, em particular o décimo capítulo.

existe traço distintivo fundamental. Portanto, tampouco pode haver diferença significativa entre fisiologia e psicologia. Isso explica que, em vários textos, para se referir ao mesmo objeto, ora utilize o termo "instintos" (*Instinkte*) ou a palavra "impulsos" (*Triebe*), ora empregue o vocábulo "afetos" (*Affekte*). Isso também permite compreender que, em *Para além de bem e mal*, escreva: "uma fisiopsicologia propriamente dita tem de lutar contra resistências inconscientes no coração do pesquisador".[22]

Nesse contexto, não me parece temerário afirmar que, enquanto elaborações culturais, as diversas concepções historicamente situadas do feminino e do masculino são ditadas pela condição fisiopsicológica de indivíduos que pertencem a certo grupo social num determinado momento. Mas, uma vez que os valores estabelecidos por esses indivíduos são incorporados de uma maneira ou de outra à sua condição fisiopsicológica, eles acabam por transformá-la. Desse modo, em suas diversas expressões, o masculino e o feminino convertem-se numa segunda natureza, que também está em constante mutação.

Mas seria preciso ainda ressaltar a estreita relação que Nietzsche estabelece entre a fisiopsicologia e a tipologia. Em seus textos, ele se lança num constante trabalho de questionamento do essencialismo, não se furtando a criticar os princípios de unidade, identidade e permanência. Em vez de encarar o ser humano como uma totalidade independente, completa, permanente e unitária, o filósofo o concebe como uma configuração pulsional que se apresenta sob diversas formas. A noção de "tipo" vem designar cada uma dessas formas, caracterizadas por traços distintivos recorrentes. A determinação de diferentes condições fisiopsicológicas leva a estabelecer diferentes tipos, que, embora não sejam imutáveis, têm certa duração no tempo.

É nesse quadro teórico que se situam as reflexões de Nietzsche sobre as mulheres. Aqui, impõe-se uma observação de caráter filológico. Em seus escritos, o filósofo prefere o substantivo neutro "*Weib*" ao termo "*Frau*". Na maior parte das vezes, recorre ao termo "*Frau*" apenas para designar a mulher casada ou a dona de casa. Seguindo os usos de seu tempo, ele se serve do vocábulo "*Weib*" para se

---

[22] *Para além de bem e mal* § 23 (SM), *KSA* 5.38.

referir à mulher em geral, ou seja, ao ser humano que não pertence ao gênero masculino, independentemente da idade ou da posição social.[23] Ao contrário do que se passa hoje, a palavra *"Weib"* não tem sentido pejorativo nos textos nietzschianos.

Considerando o masculino e o feminino como uma segunda natureza em permanente mudança, Nietzsche põe em cena várias configurações do feminino.[24] Ao tratar das mulheres, ele se exprime, por exemplo, sobre as emancipadas, as mães, as solteironas. Numa passagem de *Ecce homo*, assegura: "'Emancipação da mulher' – isso é o ódio instintivo da mulher *mal lograda*, ou seja, incapaz de procriar, contra a mulher bem constituída – a luta contra o 'homem' é sempre apenas meio, pretexto, tática".[25] Num aforismo de *Humano, demasiado humano*, assevera: "Há mães que necessitam de filhos felizes e respeitados; outras, de filhos infelizes: senão, não poderiam mostrar sua bondade como mães".[26] E, num parágrafo de *Para além de bem e mal*, afirma: "Em relação a um gênio, isto é, um ser que *engendra* ou *dá à luz*, ambas expressões tomadas em sua máxima extensão –, o erudito, o homem de ciência médio, tem sempre algo da velha solteirona, pois, como ela, não entende nada das duas funções mais valiosas do ser humano".[27]

Lançando um olhar crítico às mulheres que querem emancipar-se, o filósofo julga que, ao saírem em defesa dessa causa, elas cometem um erro de cálculo. Mais valeria que, em vez de se servirem de argumentos, recorressem aos talentos que lhes são tão próprios. Dirigindo a atenção às mães, denuncia o caráter possessivo do amor que devotam

---

[23] Acerca dos sentidos do termo *"Weib"* e do vocábulo *"Frau"* no século XIX, cf. GRIMM, Jacob; GRIMM, Wilhelm. *Deutsches Wörterbuch*. Leipzig: Verlag von S. Hirzel, 1878, respectivamente t. 28, p. 333-335, e t. 4, p. 71-74.

[24] Adotando uma via similar, Barbara Smitmans-Vajda apresenta diferentes figuras da mulher na filosofia nietzschiana em sua obra *Melancholie, Eros, Musse: das Frauenbild in Nietzsches Philosophie* (Würzburg: Königshausen & Neumann, 1999).

[25] *Ecce homo*, "Por que escrevo livros tão bons", § 5 (SM), *KSA* 6.306. Na sequência do texto, pode-se ler: "Ao elevarem a *si mesmas*, como 'mulher em si', 'mulher superior', 'mulher idealista', querem rebaixar o nível geral da mulher; nenhum meio mais seguro para isso do que a educação secundária, calças e direitos políticos de gado eleitoral".

[26] *Humano, demasiado humano* I § 387 (SM), *KSA* 2.267.

[27] *Para além de bem e mal* § 206 (SM), KSA 5.133.

aos filhos. Pouco lhes importa que seus filhos sejam felizes ou não; o que conta é que a eles possam prodigar bondade e, por essa via, sobre eles exercer poder. Voltando-se para as solteironas, deprecia a fraqueza que revelam, por não cumprirem a tarefa a que toda mulher é destinada. Incapazes de engendrar e criar, a elas só resta buscar se fazerem respeitar.

Emancipadas, mães, solteironas, esses tipos poderiam muito bem ser encarnados por mulheres que Nietzsche teve a ocasião de encontrar no decorrer da vida. E elas não foram poucas. Já na infância, em Naumburgo, é sobretudo com mulheres que ele convive: as velhas tias, a avó, a irmã, a mãe. Aos 24 anos, professor de Filologia Clássica na Universidade da Basileia, torna-se frequentador assíduo de Tribschen, onde se entretém com Cosima Wagner. A partir de então, multiplicam-se os seus encontros com mulheres singulares. Malwida von Meysenbug, Meta von Salis e Lou Salomé são algumas delas.

Solteirona,[28] a irmã de Nietzsche, ao que consta, sempre se mostrou possessiva a seu respeito; sempre procurou interferir em sua vida.[29] Utilizou-se de seus contatos para ingressar na sociedade da época; frequentou seus amigos mesmo contra sua vontade. Além disso, Elisabeth teve participação decisiva na sua relação com Lou Salomé. Tornou-se inimiga declarada da "jovem russa" e chegou a tentar expulsá-la da Alemanha.[30] É nessa ocasião que Nietzsche toma a decisão de se distanciar da irmã. Numa carta a Franz Overbeck de 9 de setembro de 1882, referindo-se a ela como a "virtude de Naumburgo", afirma que, enfim, teriam rompido.[31]

---

[28] Foi apenas em maio de 1885, com quase 40 anos, que Elisabeth se casou com o antissemita notório Bernhard Förster. Como se sabe, partiu com ele para o Paraguai, onde pretendiam fundar uma colônia ariana, La Nueva Germania. A colônia não vingou, e o empreendedor suicidou-se. No final de 1890, a viúva Förster voltou endividada para a Alemanha.

[29] Acerca das relações de Nietzsche com Elisabeth (1846-1935), cf., por exemplo, o importante trabalho de PETERS, Heinz Frederick. *Zarathustra's Sister: The Case of Elisabeth and Friedrich Nietzsche*. New York: Crown, 1977.

[30] A esse propósito, cf. GOCH, Klaus. Sternenfeindschaft: Elisabeth Nietzsche contra Lou von Salomé. *In*: RESCHKE (Hrsg.). *Frauen: ein Nietzschethema? Nietzsche: ein Frauenthema?*, p. 156-173.

[31] Cf. carta a Franz Overbeck de 9 de setembro de 1882, *KSB* 6.256.

Muitos anos depois, em 1935, Elisabeth publicará o livro intitulado *Friedrich Nietzsche e as mulheres de seu tempo*,[32] em que ainda uma vez tenta de modo falacioso apresentar uma imagem do filósofo que contemple os próprios interesses. Então, procura justificar de várias maneiras suas observações hostis em relação às mulheres, opondo-se frontalmente aos que o acusam de misoginia. Antes disso, escreveu uma biografia em três volumes sobre o filósofo, além de vários ensaios e artigos.[33] Nela, apresentava o irmão como um homem patriota e marcial. Tanto é que, a partir de um episódio ocorrido na guerra franco-prussiana, quando o regimento da Prússia, apesar da enorme fadiga, atacou as tropas inimigas, ele teria elaborado o conceito de vontade de potência. Isso teria sido suficiente para se convencer de que era um conceito de vida bem mais apropriado do que a luta darwiniana pela existência.

A partir de 1882, Nietzsche passa a ter em relação à mãe reações similares às que tem com a irmã.[34] Ao que parece, várias vezes no

---

[32] Cf. FÖRSTER-NIETZSCHE. *Friedrich Nietzsche und die Frauen seiner Zeit*.

[33] Cf. FÖRSTER-NIETZSCHE, Elisabeth. *Das Leben Friedrich Nietzsches in drei Bänden*. Leipzig: C. G. Naumann, 1895 (Bd. I), 1897 (Bd. II/1), 1904 (Bd. II/2); *Der junge Nietzsche*. Leipzig: Alfred Kröner Verlag, 1914. (Das Leben Friedrich Nietzsches. Biographie in zwei Bänden, B. 1); *Der einsame Nietzsche*. Leipzig: Alfred Kröner Verlag, 1914. (Das Leben Friedrich Nietzsches. Biographie in zwei Bänden, B. 2.)

[34] As relações entre o filósofo e sua mãe, Franziska Nietzsche (1826-1897), foram exploradas a partir de diversas perspectivas. Elisabeth Förster-Nietzsche, que delas foi testemunha e cúmplice, não hesitou em deixar registradas as suas impressões a respeito (cf. *Das Leben Friedrich Nietzsches in drei Bänden*), e Adalbert Oehler, sobrinho de Franziska, não se furtou a fazer a esse propósito minucioso relato (cf. *Nietzsche's Mutter*. München: Beck, 1941). Num trabalho detido sobre comportamentos e atitudes de Elisabeth Förster-Nietzsche, Heinz Frederick Peters também tratou das relações entre o filósofo e a mãe (cf. *Zarathustra's Sister: The Case of Elisabeth and Friedrich Nietzsche*). Mais recentemente, Jorgen Kjaer, partindo de um referencial psicanalítico, examinou a influência nefasta que Franziska teria exercido sobre o filho (cf. *Nietzsche: die Zerstörung der Humanität durch Mutterliebe*. Opladen: Westdeutscher Verlag, 1990), e Hermann Josef Schmidt investigou o impacto desastroso que sua maneira de educar teria causado a ele (cf. *Nietzsche Absconditus oder Spurenlesen bei Nietzsche...* Berlin; Aschaffenburg: IBDK Verlag, 1991). Partindo das análises de Julia Kristeva, Kelly Oliver sublinhou a identificação de Nietzsche com a mãe (cf. Nietzsche's Abjection. In: BURGARD, Peter J. (ed.). *Nietzsche and the Feminine*. Charlottesville: University of Virginia Press, 1994. p. 53-67). Na coletânea de citações de Nietzsche sobre as mulheres,

correr da vida, assim como interrompeu e retomou a correspondência com Elisabeth, cortou e reatou relações com Franziska. Em 6 de março de 1883, escreve de modo confidencial a Franz Overbeck: "A separação dos meus começa a se apresentar, para mim, como um verdadeiro benefício; ah! se você soubesse as vitórias que tive de conquistar nesse sentido (desde meu nascimento)! Não posso suportar minha mãe, e chega a ser desagradável ouvir a voz de minha irmã; *sempre* ficava doente quando estava com elas".[35] E, em 27 de outubro do mesmo ano, confidencia em outra carta ao amigo: "*Não* viver na Alemanha nem com minha família é tão importante para mim quanto o martírio da dieta".[36]

Tudo leva a crer, porém, que o filósofo se sentia à vontade junto de figuras maternas. Que se lembre, à guisa de exemplo, de duas mulheres que podem muito bem ter desempenhado esse papel em sua vida. Nos anos 1864 e 1865, ele esteve próximo de Sophie Ritschl,[37] esposa do eminente helenista Friedrich Ritschl, com quem estudou em Bonn e Leipzig. E, entre 1875 e 1877, frequentou Marie Baumgartner,[38] mãe de um de seus estudantes na Basileia, que se dispôs a traduzir para o francês a terceira *Consideração extemporânea: Schopenhauer como educador*.

Klaus Goch comentou a frieza da mãe do filósofo, que não soube expressar seu afeto por ele (cf. *Nietzsche über die Frauen*. Frankfurt am Main: Insel Verlag, 1992). Jean Graybeal explorou as relações de Nietzsche com sua mãe tal como foram apresentadas no *Ecce homo* (cf. *Language and "the Feminine" in Nietzsche and Heidegger*. Bloomington: Indiana University Press, 1990), e Carol Diethe procurou ressaltar a situação peculiar em que se encontrava Franziska Nietzsche (cf. *Nietzsche's Women: Beyond the Whip*).

[35] Carta a Franz Overbeck de 6 de março de 1883 (SM), *KSB* 6.338s.
[36] Carta a Franz Overbeck de 27 de outubro de 1883 (SM), *KSB* 6.450.
[37] A propósito das relações entre Nietzsche e Sophie Ritschl (1820-? [data de morte desconhecida]), cf. JANZ, Curt Paul. *Friedrich Nietzsche: Biographie*. München: Carl Hanser Verlag, 1978-1979. 3 v., em particular v. 1, p. 235 [em português: *Friedrich Nietzsche: uma biografia*. Trad. Markus A. Hediger. Petrópolis: Vozes, 2015. v. 1. p. 194]; DIETHE. *Nietzsche's Women: Beyond the Whip*, p. 30-32.
[38] Acerca das relações de Nietzsche com Marie Baumgartner (1831-1897), cf. JANZ. *Friedrich Nietzsche: Biographie*, em particular v. 1, p. 645-652 [em português: v. 1, p. 655-660]; DIETHE. *Nietzsche's Women: Beyond the Whip*, p. 36-38.

Mas Nietzsche também conviveu com mulheres emancipadas. Em maio de 1872, ele conhece Malwida von Meysenbug[39] nas festividades de lançamento da pedra fundamental do Festspielhaus, em Bayreuth. Desde então, uma forte amizade se estabelece entre eles. Malwida admirava Wagner e interessava-se pela filosofia de Schopenhauer. Sua participação nos eventos revolucionários de 1848 valera-lhe o exílio. Feminista e militante, em Hamburgo, fundou uma "comunidade livre"; em Londres, entrou em contato com refugiados políticos de vários países. Colaborava em diversos jornais importantes: a *Gazeta de Frankfurt* (*Frankfurt Gazette*) e o *Novo Jornal de Zurique* (*Neue Zürcher Zeitung*), entre outros. Em 1876, publica uma autobiografia em três volumes: *Memórias de uma idealista*,[40] em que faz um balanço de suas atividades políticas.

Foi a leitura dessa obra, aliás, que levou Meta von Salis[41] a estudar e trabalhar pela emancipação feminina. Embora pertencesse a uma nobre família suíça, cujos filhos habitualmente se alistavam nos regimentos austríacos ou franceses, a ela se opôs ao decidir prosseguir

---

[39] A respeito das relações de Nietzsche e Malwida von Meysenbug (1816-1903), cf. LE RIDER, Jacques. *Malwida von Meysenbug: une européenne du XIXe siècle*. Paris: Bartillat, 2005. p. 353-411; JANZ. *Friedrich Nietzsche: Biographie*, em particular v. 1, p. 675-692, v. 2, p. 119-126, p. 176-179, p. 199-203 [em português: v. 1, p. 532-545, p. 584-590, v. 2, p. 99-103, p. 116-119]; DIETHE. *Nietzsche's Women: Beyond the Whip*, p. 77-80. Em 1901, Malwida von Meysenbug inclui na sua obra *Individualidades* um longo ensaio intitulado "Friedrich Nietzsche". Cf. MEYSENBUG, Malwida von. *Individualitäten*. Berlin: Schuster und Loeffler, 1901.

[40] Cf. MEYSENBUG, Malwida von. *Memoiren einer Idealistin*. Berlin: Schuster, 1899. Nietzsche leu, ao menos em parte, o livro que Malwida lhe ofereceu em 1872, recomendando-o ao amigo Gersdorff. Cf. carta a Carl von Gersdorff de 5 de outubro de 1872, *KSB* 5.151. De acordo com Brobjer, é possível que a leitura desse livro tenha levado Nietzsche a votar, em 1874, a moção a favor do direito das mulheres de prestar exame de admissão na Faculdade de Filosofia da Universidade da Basileia. Em 1876, ele comprou a edição alemã da obra recém-publicada (*Memorien einer Idealistin*. Stuttgart: [s.n.], 1876), que leu com atenção. Cf. carta a Erwin Rohde de 14 de abril de 1876, *KSB* 5.150, e carta a Carl von Gersdorff de 15 de abril de 1876, *KSB* 5.151. Cf. BROBJER, Thomas. Nietzsche's Reading of Women Authors. *In*: KNOCHE, Michael; ULBRICH, Justus H.; WEBER, Jürgen (Hrsg.). *Zur unterirdischen Wirkung von Dynamit*. Wiesbaden: Harrassowitz Verlag, 2006. p. 39-42.

[41] Acerca das relações entre Nietzsche e Meta von Salis (1855-1929), cf. JANZ. *Friedrich Nietzsche: Biographie*, em particular v. 2, p. 297-307 [em português: v. 2, p. 233-242]; DIETHE. *Nietzsche's Women: Beyond the Whip*, p. 81-90.

os estudos; tendo cursado Filosofia e Direito, doutorou-se na Universidade de Zurique. Para ter acesso ao mundo dos livros, não hesitou em se empregar como governanta. Ainda estudante, encontrou Nietzsche em 1884; nos verões de 1886, 1887 e 1888, com ele se entreteve em Sils Maria. Anos depois, em 1897, publicará o estudo de caráter biográfico *Filósofo e aristocrata: contribuição para caracterizar Friedrich Nietzsche*.[42]

Também Resa von Schirnhofer[43] e Hélène von Druskowitz[44] estudaram na Universidade de Zurique e lá concluíram o doutorado. Também advogaram em favor do feminismo que então surgia, também conheceram Nietzsche nos anos 1884-1885. Ao lado de Meta von Salis, elas constituem exemplos das "novas mulheres", que, com frequência, eram rotuladas "*mannish*" pela simples razão de terem aspirações intelectuais.[45] Na sociedade em que viviam, o fato de uma mulher exigir o direito à educação universitária implicava que quisesse abraçar uma carreira. Isso bastava para fazer dela uma defensora da igualdade sexual aos olhos dos homens e uma radical feminista aos olhos das mulheres.

---

[42] Cf. SALIS-MARSCHLINS, Meta von. *Philosoph und Edelmensch: ein Beitrag zur Characteristik Friedrich Nietzsches*. Leipzig: [s.n.], 1897.

[43] A respeito das relações entre Nietzsche e Resa von Schirnhofer (1855-1948), cf. JANZ. *Friedrich Nietzsche: Biographie*, em particular v. 2, p. 317-326 [em português: v. 2, p. 213-222]; DIETHE. *Nietzsche's Women: Beyond the Whip*, p. 90-95. Importa lembrar que, a pedido da irmã do filósofo, Resa von Schirnhofer escreveu em 1937 o texto intitulado "Sobre o homem Nietzsche", em que narra seu encontro com ele em abril de 1884. Tendo permanecido inédito durante várias décadas, só foi descoberto em meio a seus papéis depois da sua morte, sendo publicado na íntegra em 1968. Cf. SCHIRNHOFER, Resa von. Vom Menschen Nietzsche. *Zeitschrift für Philosophische Forschung*, v. 22, n. 2, p. 250-260, 1968.

[44] A propósito das relações de Nietzsche e Hélène von Druskowitz (1856-1918), cf. JANZ. *Friedrich Nietzsche: Biographie*, em particular v. 2, p. 352-355 [em português: v. 2, p. 273-276]; DIETHE. *Nietzsche's Women: Beyond the Whip*, p. 95-100. De acordo com Brobjer, Nietzsche leu provavelmente, ao menos em parte, *Drei englische Dichterinnen*, que ela publicou em 1885. Cf. BROBJER. "Nietzsche's Reading of Women Authors", p. 44. Sobre suas relações com as jovens estudantes da Universidade de Zurique, cf. ANDLER. *Nietzsche, sa vie et sa pensée*, v. 2, p. 508, note 4.

[45] Cf. WEEKS, Jeffrey. *Sex, Politics and Society: The Regulation of Sexuality since 1800*. London: Longman, 1982. p. 115 e seguintes.

Como Meta von Salis, Resa von Schirnhofer e Hélène von Druskowitz, Lou Salomé[46] tinha o desejo de se aprimorar; como essas "novas mulheres", desafiava normas e convenções sociais. De origem russa, gozava de uma independência de espírito e liberdade de comportamento, que, embora usuais em seu país natal, eram desconcertantes para a época. Em abril de 1882, Nietzsche a conhece em Roma; então, ela começava a frequentar os meios intelectuais europeus e decidira dedicar-se à literatura. Mas, ao que parece, não é enquanto mulher emancipada que o filósofo a considera. Quando dessa curta e estreita convivência, sente-se atraído pela sua presença de espírito e capacidade de escuta; está seduzido pelo seu ardor intelectual e desejo de vida. Em Nietzsche, a "jovem russa" julga encontrar um homem brilhante que poderia auxiliá-la a prosseguir a sua formação; em Lou, ele espera ter "uma discípula", "uma herdeira" que continuasse seu pensamento. Das conversas que então entabulam surge a ideia de um ensaio de caracterização do filósofo. Nietzsche entusiasma-se com o projeto. Juntos, discutem a primeira parte do trabalho e trechos da segunda. Interrompido, o ensaio será retomado anos depois, quando já estiverem separados.

Será apenas em 1894 que Lou Salomé publicará *Nietzsche em suas obras*.[47] Atenta à repercussão de seu pensamento e sensível às distorções

---

[46] Vários são os trabalhos acerca das relações entre Nietzsche e Lou Salomé (1861-1937). Entre eles, cf., por exemplo, PETERS, Heinz Frederick. *My Sister, my Spouse*. New York: W. W. Norton, 1962 [em português: *Lou, minha irmã, minha esposa*. Trad. Waltensir Dutra. Rio de Janeiro: Zahar, 1986]. Cf. também PFEIFFER, Ernst (Hrsg.). *Friedrich Nietzsche, Paul Rée, Lou von Salomé: die Dokumente ihrer Begegnung*. Frankfurt am Main: Insel Verlag, 1970, que, a partir da correspondência, esclarece ideias e posições do filósofo; FAYE, Jean-Pierre. *Nietzsche et Salomé: la philosophie dangereuse*. Paris: Grasset, 2000. p. 50-58, que, entre vários assuntos, procura refletir sobre as relações entre o autor de *Zaratustra* e a "jovem russa"; RIZZI, Susanna. *Friedrich Nietzsche e Lou Salomé: Il femminile e le donne*. Milano: Mimesis, 2018, que, nesse trabalho recente, tenta elucidar, a partir da correspondência, a presença de Lou Salomé na filosofia de Nietzsche. Cf. ainda WENDT, Gunna. Denn alle Lust will Wandel: Lou Andreas-Salomé und Friedrich Nietzsche. *In*: RESCHKE (Hrsg.). *Frauen: ein Nietzschethema? Nietzsche: ein Frauenthema?*, p. 141-153.

[47] Trata-se de *Friedrich Nietzsche in seinen Werken* (Wienn: Verlag von Carl Konegen, 1894; Frankfurt am Main: Insel Verlag, 1983 [em português: *Nietzsche em suas obras*. Trad. José Carlos Martins Barbosa. São Paulo: Brasiliense, 1992]). Antes do colapso psíquico de Nietzsche, em 1889, Lou Salomé publicara com o pseudônimo de Henri Lou um único livro, *Im Kampf um Gott* (Leipzig; Berlim: [s.n.], 1885), que o filósofo

por que passam suas ideias, lança o livro, antes mesmo de *Ecce homo* vir a lume. Seu intuito é descrever o pensador para compreender seu pensamento. Nas duas primeiras partes da obra, refaz o percurso do filósofo, e, na última, discute as ideias em seu conjunto. Recorrendo a um modo de proceder presente em outros textos que virá a elaborar, procura revelar a gênese psicológica de um sistema intelectual. A perspicácia do espírito que desvenda a personalidade e a acuidade do olhar que devassa a alma são os seus instrumentos. Guiada pela ideia de que "o instinto religioso" sempre governou a "essência" e o "pensamento" de Nietzsche, ela acaba por fazer uma leitura bastante peculiar de alguns dos temas centrais presentes em sua reflexão. A morte de Deus transforma-se assim em "desejo de endeusamento de si mesmo"; o além-do-homem converte-se em "representação de uma pura ilusão divina"; o eterno retorno torna-se parte integrante de uma "mística". A seu ver, todas as teses nietzschianas teriam nascido de uma concepção básica: "a monstruosa divinização do filósofo-criador". Se, por um lado, Lou ressalta a atração que Nietzsche sentiu pelo positivismo, os estudos que consagrou às ciências da natureza e a importância que atribuiu à teoria do conhecimento, aspectos de sua atividade intelectual que os comentadores negligenciarão por muito tempo, por outro, não se propõe a inscrevê-lo na história da filosofia nem a aprofundar os seus conceitos.

Relações extremamente complexas são as que Nietzsche entretém com Cosima Wagner. Como Marie Baumgartner e Sophie Ritschl, Cosima[48] era alguns anos mais velha do que Nietzsche; como

---

leu em outubro desse mesmo ano. Cf. carta a Heinrich von Stein de 15 de outubro de 1885, *KSB* 7. 100, onde ele se refere ao livro como "um meio romance". Cf. BROBJER. "Nietzsche's Reading of Women Authors", p. 42 e seguintes.

[48] São vários os estudos sobre as relações entre Nietzsche e Cosima Wagner (1837-1930) e o que elas vieram a simbolizar na obra do filósofo. Cf. BERNOULLI, Carl-Albrecht. *Franz Overbeck und Friedrich Nietzsche*. Jena: Eugen Diederichs Verlag, 1908. v. 2. p. 79-86; PODACH, Eric. *Ein Blick in die Notizbücher Nietzsches: Ewige Wiederkunft, Wille zur Macht, Ariadne*. Heidelberg: Rothe, 1963; REINHARDT, Karl. *Nietzsches Klage der Ariadne*. Frankfurt am Main: Vittorio Klostermann, 1936; BRANN, Henry Walter. *Nietzsche und die Frauen*. Bonn: Bouvier, 1976. p. 81; HOLLINGDALE, R. J. *Nietzsche*. London: Ark, 1985. p. 70; SALAQUARDA, Jörg. Noch einmal *Ariadne*: die Rolle Cosima Wagners in Nietzsches literarischem Rollenspiel. *Nietzsche-Studien*, v. 25, p. 99-125, 1996. Cf. ainda

elas, também tinha filhos, quando o filósofo a conheceu. Filha de Liszt e anteriormente casada com o maestro Hans von Bülow, já era mãe de quatro meninas e vivia com Wagner em 1869. Mas, ao que tudo indica, não é enquanto figura materna que Nietzsche passa a considerá-la. Com ela, estabelece vínculos que, além de serem marcados pela presença do compositor, acham-se impregnados pelos aspectos simbólicos que ele mesmo lhes confere. As posições que assume em relação a Cosima são tão ambivalentes quanto as que adota com a mãe e a irmã. Ao mesmo tempo que suspeita ser ela responsável pela conversão de Wagner ao misticismo cristão, testemunha-lhe respeito e admiração. Ao mesmo tempo que a insulta em suas últimas cartas, a ela escreve um bilhete em que conta dedicar-lhe um exemplar do *Ecce homo*: "Dama venerada, no fundo, a única mulher que venerei".[49]

Vale lembrar que, nesse livro, ao se pronunciar sobre *Assim falava Zaratustra*, Nietzsche comenta a propósito do "Canto noturno" da segunda parte: "Nunca se compôs nada igual, nunca se sentiu, nunca se *sofreu*: assim sofre um deus, um Dioniso. A resposta a semelhante ditirambo de solidão do sol na luz seria *Ariadne…*". E arremata: "Quem sabe, além de mim, o que é *Ariadne*!…".[50] Chama a atenção que ele escreva "o que é Ariadne" e não "quem é Ariadne". Nessas linhas, recorre ao substantivo para designar um universo, que não se resume a uma pessoa ou a uma personagem, mas, ao contrário, engloba significações múltiplas. Se Ariadne remete a todo um mundo cultural, Dioniso assinalará uma concepção de filosofia.

Em várias passagens da sua obra, Nietzsche se apresenta como "um discípulo do filósofo Dioniso".[51] Ele espera assim deixar clara a

---

BORCHMEYER, Dieter. Nietzsche und Cosima Wagner: Geschichte einer Verblendung. *In*: RESCHKE (Hrsg.). *Frauen: ein Nietzschethema? Nietzsche: ein Frauenthema?*, p. 191-208.

[49] Carta que Nietzsche envia de Turim a Cosima Wagner em 25 de dezembro de 1888, assinando "O Anticristo", *KSB* 8.551.

[50] *Ecce homo*, "Assim falava Zaratustra", § 8 (SM), *KSA* 6.348. Em outra passagem, ele se refere ao "Canto noturno" como "o canto mais solitário já composto" (*Ecce homo*, "Assim falava Zaratustra", § 4 (SM), *KSA* 6.341).

[51] Cf. *Ecce homo*, "Prefácio", § 2, *KSA* 6.258. Cf. também *Para além de bem e mal* § 295, *KSA* 5.238, e *Crepúsculo dos ídolos*, "O que falta aos alemães", § 5, *KSA* 6.160.

maneira como concebe a própria filosofia. No *Crepúsculo dos ídolos*, associa Dioniso ao pensamento do eterno retorno.[52] Sustentando que tudo retorna sem cessar, concebe o mundo como um processo constante de destruição e criação. Quer afirmar este mundo tal como ele é, "esse meu mundo *dionisíaco* do eternamente-criar-a-si-próprio e do eternamente-destruir-a-si-próprio, esse mundo secreto da dupla volúpia, esse meu 'para além de bem e mal'". Quer afirmar esta vida tal como ela é, interpretando seu caráter efêmero "como gozo da força procriadora e destruidora, como criação contínua".[53] No *Ecce homo*, o filósofo atribui a si mesmo "uma natureza dionisíaca que não sabe separar o 'fazer não' e o 'dizer sim'".[54] Suprimindo o dualismo entre mundo verdadeiro e mundo aparente, sustenta que o homem é uma parte do mundo e nela se manifesta a totalidade. Tendo por objetivo acabar com a primazia da subjetividade, defende a ideia de que o ser humano não pode mais colocar-se como um sujeito frente à realidade; ao contrário, o homem é parte do mundo, e nela se manifesta a totalidade. Uma vez que a ideia de representação implica necessariamente a separação de sujeito e objeto no ato de conhecer, a filosofia dionisíaca não será a que representa o mundo, mas a que o exprime.[55]

Entre os últimos dias de 1888 e 2 de janeiro de 1889, quando se multiplicam os sinais precursores do colapso psíquico, Nietzsche concebe os *Ditirambos de Dioniso* em sua forma atual. Entre os nove poemas que o compõem, encontra-se "Lamento de Ariadne", extraído do primeiro parágrafo do capítulo "O mago", da quarta parte de *Assim falava Zaratustra*. Um pouco modificado, esse poema traz a

---

[52] Nas últimas linhas do último capítulo do livro, Nietzsche escreve: "Com isso, volto ao ponto de onde parti outrora – o 'Nascimento da Tragédia' foi minha primeira transvaloração de todos os valores; com isso, volto a me situar outra vez no terreno de onde brota o meu querer, meu *poder* – eu, o último discípulo de Dioniso, – eu, o mestre do eterno retorno..." (*Crepúsculo dos ídolos*, "O que devo aos antigos", § 5 (SM), *KSA* 6.160).

[53] Respectivamente *Fragmento póstumo* 38 [12] de junho/julho de 1885 (RRTF), *KSA* 11.611 e 2 [106] do outono de 1885/outono de 1886 (SM), *KSA* 12.113.

[54] *Ecce homo*, "Por que sou um destino", § 2 (SM), *KSA* 6.366.

[55] Cf. a esse propósito MARTON, Scarlett. Por uma filosofia dionisíaca. *In*: *Nietzsche, seus leitores e suas leituras*. São Paulo: Barcarolla, 2010. p. 143-156.

resposta de Dioniso às queixas de Ariadne: "Não é preciso primeiro odiar-se, quando se deve amar?".[56] Filha do rei de Creta, Ariadne, seduzida por Teseu, ajuda-o a escapar do labirinto. Por ele abandonada na ilha de Naxos, será encontrada por Dioniso. Seguindo o relato de Hesíodo, Nietzsche concebe Ariadne em seu poema como a esposa de Dioniso.[57] Nas cartas datadas dos primeiros dias de janeiro de 1889, que dirige a Cosima Wagner, é como Dioniso que ele se apresenta.[58] Ocupando um lugar central em sua vida, Cosima será a sua Ariadne, ao mesmo tempo a sua bem-amada e a figuração do complemento inevitável de Dioniso.

À primeira vista, se são mulheres zelosas, que se desdobram em cuidados, aquelas com quem Nietzsche convive na infância, serão mulheres independentes, fortes e determinadas aquelas com quem ele escolherá vincular-se no decorrer da vida. Cartas, depoimentos e relatos parecem indicar que em relação tanto às primeiras quanto às últimas ele sempre se mostrou gentil e solícito.[59] Mas a atenção e delicadeza que demonstra para com as mulheres em geral contrastam com o antifeminismo por vezes expresso em seus textos. A amizade que devota às mulheres tidas por emancipadas contrapõe-se à misoginia por vezes presente em seus escritos.[60]

---

[56] *Ditirambos de Dioniso*, "Lamento de Ariadne" (SM), *KSA* 6.401.

[57] Cf. HESÍODO. *Teogonia*. Trad. Jaa Torrano. São Paulo: Iluminuras, 1995. p. 159, onde se pode ler: "Dioniso de áureos cabelos à loira Ariadne virgem de Minos tomou por esposa florescente e imortal e sem velhice tornou-a o Cronida".

[58] Cf. os três bilhetes a Cosima Wagner de 3 de janeiro de 1889, *KSB* 8.572s. Sigo aqui a posição de SALAQUARDA. Noch einmal *Ariadne*: die Rolle Cosima Wagners in Nietzsches literarischem Rollenspiel, p. 101, onde se lê: "A identificação de Cosima com Ariadne nas últimas cartas [de Nietzsche] não se opõe à utilização simbólica dessa figura em seus textos, mas a completa". Nessa mesma direção, cf. NEGRI, Federica. *Ti temo vicina, ti amo lontana: Nietzsche, il femminile e le donne*. Milano: Mimesis, 2011. p. 107-124.

[59] Cf., por exemplo, os testemunhos de Meta von Salis, Emily Fynn, Hélène Zimmern, recolhidos por BIANQUIS, Généviève (éd.). *Nietzsche devant ses contemporains*. Paris: Éditions du Rocher, 1959. Cf. igualmente o belo trabalho de BRAUM, Helmut Walther. *Nietzsche und die Frauen seiner Zeit*. Leipzig: Felix Meiner, 1931; e os depoimentos que se encontram no livro organizado por GILMAN, Sander. *Begegnungen mit Nietzsche*. Bonn: Bouvier, 1985.

[60] No entender de Carol Diethe, essas mulheres emancipadas optaram por não levar em conta as considerações misóginas de Nietzsche, porque acreditaram –

Contudo, lançar mão de dados biográficos do autor é de pouca valia para elucidar suas posições filosóficas.⁶¹ Assinalar a presença de diversas mulheres com quem ele se relacionou de nada serve para iluminar os tipos femininos que concebe. Trazer à cena sua irmã, Elisabeth, não contribui para esclarecer suas reflexões sobre as solteironas; dar destaque a Franziska Nietzsche, Marie Baumgartner e Sophie Ritschl não colabora para explicar suas observações sobre as mães; pôr em evidência Meta von Salis, Resa von Schirnhofer e Hélène von Druskowitz não concorre para lançar luz sobre suas considerações acerca das mulheres emancipadas. E ressaltar a presença de Cosima Wagner e Lou Salomé em sua vida só vem acrescer as dificuldades.

É bem verdade que, em alguns textos, Nietzsche parece retomar sua trajetória, rever fases de sua vida, reavaliar momentos de sua existência. Em outros, parece referir-se a pessoas que dela fizeram parte, a lugares que nela deixaram marcas. Em outros mais, parece remeter a episódios, incidentes ou peripécias suas que acredita relevantes ou a traços de caráter, atitudes e comportamentos seus que julga significativos.

Exemplos desse modo de proceder se encontrariam, talvez, em certas máximas de *Humano, demasiado humano*. Numa delas, o autor afirma: "Contra a doença masculina do autodesprezo, o remédio mais seguro é ser amado por uma mulher inteligente".⁶² Apressado, o leitor poderia supor que Nietzsche estaria aqui evocando as suas dificuldades com o dito sexo oposto. Por se desmerecer, ele buscaria sempre mulheres dignas de apreço intelectual. Prova disso seriam suas

---

equivocando-se – que poderiam ser incluídas na noção de além-do-homem por ele formulada (Cf. *Nietzsche's Women: Beyond the Whip*, p. 11).

⁶¹ Essa é, porém, a via adotada por vários comentadores, que se empenham em explicar a obra de Nietzsche através da sua vida. É o caso de Jean-Luc Berlet, que, no livro *Et si la vérité était femme: l'échec sublime de Nietzsche* (Saint-Léger: Saint-Léger Éditions, 2017), lança-se numa "pesquisa intelectual e psicológica 'iconoclasta'" sobre o que levou o filósofo a escrever o que ele escreveu (p. 10-11); no seu entender, Nietzsche teria associado a busca romântica da mulher ideal à busca filosófica da verdade. Em outra direção, no livro *Nietzsche: la verdad es mujer* (Santiago de Chile: Editorial Universitaria, 1994), Susana Münnich Busch dedica-se de uma maneira bem pessoal a esclarecer também o que nos escritos do filósofo está dito sobre a verdade e está pensado sobre a mulher.

⁶² *Humano, demasiado humano* I § 384 (SM), *KSA* 2.266.

tentativas para encontrar alguém com quem se casar; em geral, elas esbarravam nas suas próprias exigências. Anos depois, a relação que estabeleceu com Lou Salomé, apesar de temporária, viria confirmar essa máxima; não haveria remédio mais seguro para a sua tendência à autodepreciação do que ser amado pela "jovem russa". Mas tais suposições, ainda que procedentes, em nada contribuiriam para a intelecção desse texto.

No parágrafo intitulado "Consequências habituais do casamento", o autor sustenta: "Os homens demasiado intelectuais necessitam do casamento tanto quanto resistem a ele, como a um amargo remédio".[63] Açodado, o leitor poderia presumir que Nietzsche estaria agora se referindo aos impulsos contrários que dele se apoderavam. Refratário a se casar, mas desejoso de encontrar uma esposa, ele seria presa de um movimento pendular; vacilaria entre o autodesprezo e a autovalorização, entre a impotência e a onipotência. Mas tais presunções, ainda que pertinentes, em nada colaborariam para a apreensão desse escrito.

No aforismo, que tem por título "Corrigir a natureza", o autor assegura: "Se não se tem um bom pai, é preciso providenciar um".[64] Afoito, o leitor poderia inferir que Nietzsche estaria, dessa vez, evocando a ausência da figura paterna. Bem sabemos que, aos 4 anos de idade, perdeu o pai, Karl Ludwig. Na infância, em Naumburgo, é sobretudo com mulheres que conviveu – as velhas tias, a avó, a irmã, a mãe. Mas tais inferências, ainda que pertinentes, em nada contribuiriam para o entendimento dessas linhas.

E, na passagem intitulada "Os míopes se apaixonam", o autor declara: "Às vezes bastam óculos mais fortes para curar o apaixonado; e quem tivesse força de imaginação para representar um rosto ou uma figura 20 anos mais velha, talvez passasse pela vida sem perturbações".[65] Precipitado, o leitor poderia pretender que Nietzsche estaria, então, remetendo-se a seus próprios problemas de visão. Desde 1873, ele estivera de alguma forma doente. As dores na vista interferiam no seu ritmo de trabalho, a miopia e a sensibilidade à luz o obrigavam a usar

---

[63] *Humano, demasiado humano* I § 394 (SM), *KSA* 2.268.

[64] *Humano, demasiado humano* I § 381 (SM), *KSA* 2.266. Cf. também *Humano, demasiado humano* I § 386, *KSA* 2.266.

[65] *Humano, demasiado humano* I § 413 (SM), *KSA* 2.273.

lentes grossas e escuras. Mas tais pretensões, ainda que consequentes, em nada concorreriam para a compreensão desse trecho.

Nesse caso, seria mais profícuo aproximar esse parágrafo de uma passagem dos *Pensamentos*, de Pascal. Perguntando-se o que é o eu, o "Nietzsche de Port-Royal"[66] levanta a questão:

> Um homem que se põe à janela para ver os passantes, se eu estiver passando, posso dizer que se pôs à janela para ver-me? Não, pois não pensa em mim em particular. Quem gosta de uma pessoa por causa de sua beleza, gostará dela? Não, pois a varíola, que tirará a beleza sem matar a pessoa, fará que não goste mais; e, quando se gosta de mim por meu juízo, ou por minha memória, gosta-se de mim? Não; pois posso perder essas qualidades sem me perder.[67]

Entendendo que o eu se mostra nas qualidades pelas quais ele se percebe e os outros o percebem, Pascal faz ver que são essas qualidades, ao mesmo tempo permanentes e mutáveis, que constituem as particularidades psicológicas do indivíduo. Nos *Pensamentos*, ao tratar do eu, recorre a um procedimento característico de suas reflexões no domínio do espírito de finura. Ao lidar com o eu, lança mão da reviravolta do pró ao contra. No fragmento em tela, como etapa desse processo, ele quer mostrar que o eu-substância não existe. Tanto é que pergunta: "Onde está, pois, esse *eu*, se não se encontra no corpo nem na alma? E como amar o corpo ou a alma, senão por essas qualidades, que não são o que faz o *eu*, de vez que são perecíveis?".[68] O eu afirma-se para si mesmo e para os outros não como algo constituído, mas enquanto relação. Daí se segue que o eu não existe em si.

Procurando romper com a metafísica, no domínio das investigações morais, Pascal e Nietzsche põem em causa a noção de sujeito. É o que os leva a questionar a ideia de eu. Para Pascal, o eu é odioso, quando se vê como o centro do mundo, mas, desapegando-se de si mesmo, nele pode resplandecer a luz divina; é na relação a Deus que o

---

[66] A expressão é de Gérard Lebrun, em seu livro *Blaise Pascal, voltas, desvios e reviravoltas* (Trad. Luiz Roberto Salinas Fortes. São Paulo: Brasiliense, 1983).

[67] PASCAL, Blaise. *Pensamentos*. Trad. Sérgio Milliet. 2. ed. São Paulo: Abril Cultural, 1979. (Os Pensadores). Fragmento 323.

[68] PASCAL. *Pensamentos*, fragmento 323.

eu é salvo, porque nele se aniquila.⁶⁹ Para Nietzsche, o eu é arrogante quando acredita conhecer tudo o que se passa no corpo, mas, como o corpo que o criou, ele expressa uma pluralidade de afetos, manifesta uma multiplicidade de impulsos. Não seria desmedido afirmar que tanto Nietzsche quanto Pascal reconstroem o conceito de eu para destruir o que tradicionalmente ele representa.

Bem sabemos da estima que Nietzsche tem por Pascal; em *Humano, demasiado humano*, ele expressa com clareza sua admiração, ao considerar o pensador francês um grande moralista.⁷⁰ De fato, como não respeitar nele a estratégia da reviravolta do pró ao contra, a adoção de múltiplas perspectivas e até o estilo aforismático que assumiram os *Pensamentos*? Como não apreciar sua concepção de verdade, suas considerações acerca da linguagem, sua desconfiança em relação à razão?⁷¹

Retomando uma ideia do senso comum, Pascal dedica-se a mostrar que o homem sempre se ilude a respeito de si mesmo. É por se desconhecer que se imagina grande; é para evitar o espetáculo da própria condição que recorre a dissimulações. As conveniências sociais transformam seus móveis verdadeiros, e a máscara da vaidade esconde seus apetites inconfessáveis. De igual modo, Nietzsche. Com um agudo sentido de análise, eles buscam desvendar o funcionamento secreto das paixões do homem; procuram desmontar o mecanismo insidioso que impedia de questioná-las. Assim é que, ao afirmar que a varíola tira a

---

[69] A esse respeito, cf. MARTON, Scarlett. Pascal: a busca do ponto fixo e a prática da anatomia moral. *In:* DE BONI, Luís A. (org.). *Finitude e transcendência: Festschrift em homenagem a Ernildo J. Stein*. Petrópolis: Vozes; Porto Alegre: EDIPUCRS, 1996. p. 713-726.

[70] Cf. *Humano, demasiado humano* I § 282, *KSA* 2.230; cf. também *Miscelânea de opiniões e sentenças* § 408, *KSA* 2.534. Nietzsche tinha em sua biblioteca a tradução alemã dos textos de Pascal: *Gedanken, Fragmente und Briefe, nach der Ausgabe P. Faugère's* (Trad. Dr. C. F. Schwartz. 2. ed. Leipzig: [s.n.], 1865). Cf. CAMPIONI, Giuliano *et al.* (ed.). *Nietzsches persönliche Bibliothek*. Berlin: Walter de Gruyter, 2003. p. 442.

[71] Diante de tantas afinidades, só resta a Nietzsche marcar distância. Sublinhando a diferença que julga existir entre o pensamento pascaliano e o seu próprio, ele insiste em ressaltar que, embora próximos, não se confundem; é sobretudo o cristianismo que os separa. Cf. *Fragmento póstumo* 14 [28] da primavera de 1888 (SM), *KSA* 13.231, onde o filósofo assegura: "Não somos Pascal; não nos interessamos particularmente pela 'salvação da alma', por nossa própria felicidade, por nossa própria virtude…".

beleza sem tirar a vida, Pascal mostra quão frágil é o amor humano. E, ao declarar que a miopia pode levar ao arrebatamento, Nietzsche faz ver quão efêmera é a empolgação dos homens. Num caso, Pascal se serve da varíola; no outro, Nietzsche se vale da miopia. Ambos querem evidenciar a que ponto o ser humano se engana em relação a seus próprios sentimentos.

No meu entender, longe de revelar dados biográficos, os textos de Nietzsche expressam antes de tudo suas posições filosóficas. Recorrendo a máximas vigorosas e sentenças veementes, assim como os moralistas franceses, o autor de *Humano, demasiado humano* lança-se em análises psicológicas. Procurando conhecer o homem sem recorrer à ideia de natureza humana universal, ele busca criar uma nova psicologia dos móveis humanos.

É bem verdade, também, que Nietzsche é um autor pródigo em escritos a respeito da própria vida. Já em 1858, ele escreve um texto sobre a sua infância; a partir de 1860, mantém uma espécie de diário em Pforta; em 1865 e em 1869, toma notas sobre assuntos de ordem pessoal; em diversas ocasiões, faz depoimentos e registra experiências; numa carta de 10 de abril de 1888, confia a Georg Brandes um verdadeiro balanço de sua existência; por fim, em abril do mesmo ano, subvertendo por completo o estilo autobiográfico, redige *Ecce homo*.

Contudo, é com prudência que se deve encarar a relação entre vida e obra no caso do pensamento nietzschiano. No prólogo de *Ecce homo*, o autor faz esta advertência a seus leitores: "*Ouçam! Pois eu sou tal e tal. Não me confundam, sobretudo!*".[72] Algumas linhas antes, elucidara o objetivo que perseguia nesse livro. A "difícil exigência", que trará ao ser humano, exige dele mesmo que antes se apresente. Para realizar a transvaloração de todos os valores, ele tem de se dar a conhecer. Certo de que ninguém possa pintar uma imagem sua que lhe faça justiça, previne-se. De desfigurações e acusações, eventuais ou efetivas, defende-se. Mas não é para "os outros" que se apresenta; é sobretudo para si que anuncia quem é e o que lhe cabe. "E por isso me conto minha vida",[73] escreve nas primeiras páginas de *Ecce homo*.

---

[72] *Ecce homo*, "Prefácio", § 1 (RRTF), *KSA* 6.257.
[73] *Ecce homo* (RRTF), *KSA* 6.263.

Aos 44 anos, ele conta libertar-se das máscaras que criou: o espírito livre, Zaratustra, o filósofo do futuro. Mas não busca impor-se enquanto sujeito; não tem a ilusão de atingir seu "eu" mais profundo. Tudo o que faz é refletir sobre o modo como encara hoje o seu percurso, como avalia o processo que lhe permitiu tornar-se o que é. *Ecce homo* não é o relato de um sujeito que se mantém idêntico em sua individualidade.[74] Em vez de personagem, o "eu" surge como palco; em vez de sujeito, aparece enquanto *topos*. Ponto de convergência de forças que agem e resistem umas em relação às outras, campo instável de *quanta* dinâmicos em permanente tensão, complexos pulsionais que coexistem e se sucedem, o "eu" nada mais é do que configurações temporárias, efêmeras. Escrito na primeira pessoa do singular, *Ecce homo* se faz a partir da terceira do plural.

Elucidar a obra pela vida resulta, porém, de uma opção metodológica. Assim é que, ao procurar compreender posições teóricas de Nietzsche, certos comentadores sustentam que um componente homossexual latente ou manifesto constituiria um traço marcante de sua personalidade.[75] Há quem defenda a ideia de que sua homossexualidade fora exacerbada pela atmosfera repressora que imperava na casa familiar em Naumburgo; apenas com a sua ida para Pforta atenuara-se a repressão; nos seus estudos sobre a Grécia antiga, ele percebera que, então, eram consideradas normais as práticas homossexuais.[76] Se alguns buscam no componente homossexual as causas da misoginia expressa em alguns de seus textos, outros julgam que o antifeminismo presente em escritos seus teve como fonte primeira as mulheres de

---

[74] Quanto a esse ponto, alinho-me à posição de Sarah Kofman. Cf. *Explosion I: de l'"Ecce homo" de Nietzsche*. Paris: Galilée, 1992, em particular p. 21-33. Na página 22 desse livro, pode-se ler a propósito de *Ecce homo*: "é o próprio 'relato' autobiográfico que constitui o 'eu' e o 'sujeito' do qual ele deveria fazer o simples relato".

[75] Cf. KAUFMANN. *Nietzsche, Philosopher, Psychologist, Antichrist*, em particular o primeiro capítulo; KÖHLER, Joachim. *Zarathustras Geheimnis*. Greno: Nördlingen, 1989, por exemplo, p. 315 e p. 330; SAUTET, Marc. Les femmes de Nietzsche. *In:* WAGNER, Cosima; NIETZSCHE, Friedrich. *Lettres*. Trad. Stephen Kämpfer. Paris: Le Cherche Midi Editeur, 1995. p. 11-49. No que diz respeito a este último texto, cf. em particular a passagem onde se lê: "No caso de Nietzsche, o componente homossexual é patente" (p. 29).

[76] É o que sustenta GOCH. *Nietzsche über die Frauen*, p. 154-155.

sua casa.⁷⁷ Tanto num caso quanto no outro, tentam esclarecer a obra de Nietzsche partindo do exame de sua vida.

Tomando essa via, seria possível, por exemplo, defender a ideia de que Nietzsche muda de atitude em relação às mulheres, se se compara a sequência do parágrafo 57 ao 75 do Segundo Livro da *Gaia ciência* com textos posteriores. Ele passaria de certa abertura a uma total intransigência em relação a elas. Tal mudança se explicaria, ao menos em parte, pela "suposta traição" de Lou Salomé, que teria preferido a companhia de Paul Rée à sua própria. Romper com a "jovem russa" no inverno de 1882-1883, depois de publicar *A gaia ciência* com suas quatro primeiras partes, teria levado Nietzsche a radicalizar suas posições.⁷⁸ Ora, como conhecer os rumos que seu pensamento teria tomado se ele e Lou tivessem mantido um relacionamento profundo e duradouro? De igual modo, como avaliar o impacto que teriam tido sobre suas ideias as frustrações ocasionadas por um desejo que não se realizou?

Também seria possível advogar a tese de que as relações peculiares de Nietzsche com a irmã e a mãe concorreriam para elucidar sua doutrina do eterno retorno do mesmo. No *Ecce homo*, ele chega a ser contundente: "Confesso que a mais profunda objeção contra o 'eterno retorno', meu pensamento verdadeiramente *abissal*, são sempre minha mãe e minha irmã".⁷⁹ Então, parece horrorizar-se com a ideia de ter de retornar um número infinito de vezes como filho dessa mãe e irmão dessa irmã. Mas que aspectos da doutrina do eterno retorno do mesmo essa declaração poderia vir a esclarecer? Suas implicações éticas, sua vertente cosmológica, seu caráter dionisíaco? E o que fazer com o resto da história? Afinal, logo depois, o colapso psíquico

---

[77] É o que defende DIETHE. *Nietzsche's Women: Beyond the Whip*, p. 24. Na casa familiar em Naumburgo, ao que parece, a mulher era considerada um ser humano dotado de capacidade intelectual inferior à do homem.

[78] É o que sustenta Julien Young em seu texto "Nietzsche and Women" (*In*: GEMES, Ken; RICHARDSON, John (ed.). *The Oxford Handbook of Nietzsche*. Oxford: University Press, 2013. p. 51 e seguintes).

[79] *Ecce homo*, "Por que sou tão sábio", § 3, *KSA* 6.267s (SM). Ao estabelecer a edição do livro, Montinari trouxe esclarecimentos filológicos quanto ao lugar que esse parágrafo veio a ocupar no escrito. Cf. MONTINARI, Mazzino. Ein neuer Abschnitt in Nietzsches *Ecce homo*. *Nietzsche-Studien*, v. 1, p. 380-418, 1972.

obrigou-o a interromper suas atividades intelectuais e conviver com essas duas mulheres – com a mãe até a morte dela, em 1897, e com a irmã até a sua própria morte, em 1900.

Os escritos autobiográficos de Nietzsche não constituem um relato objetivo de fatos de sua vida ou mesmo de seu percurso intelectual. Nesses textos, aliás, como em todos os outros, a vida e a obra se acham mescladas. Mas não é porque eles constituam o relato de uma existência; nem porque exibam itinerários, percursos, caminhos e desvios da vida de seu autor; ou porque contem fatos, acontecimentos, aventuras, peripécias que a constituíram; ou ainda porque tragam estados psicológicos, situações emocionais, experiências, vivências. Em suma: não é porque esses textos teriam caráter informativo. No fim das contas, na ótica nietzschiana, toda informação seria parcial, porque dada a partir de uma perspectiva determinada. Não há como ter um ponto de vista privilegiado em relação a nós mesmos; estamos enredados nas nossas próprias vidas. Pretender fazer um relato objetivo, neutro e impessoal da própria existência implicaria excluir-se do texto.

Para aprofundar a reflexão a esse respeito, vale a pena recorrer a um raciocínio bem nietzschiano. Com a filosofia da representação, o ser humano converte-se em sujeito e, pelo mesmo movimento, converte tudo o mais em objeto; fixando-se dessa maneira em relação ao mundo, coloca-se como a cena em que doravante este terá de se apresentar; mas como poderia ele pôr-se fora do mundo? Ao investigar seus acertos e competências, o ser humano volta-se sobre si mesmo e, nesse movimento reflexivo, atribui-se o duplo papel de réu e de juiz; mas como poderia ele pôr-se fora de si mesmo? Com o otimismo teórico, ao colocar na balança a sua existência, o ser humano acaba por julgá-la e condená-la como um erro a refutar; mas como poderia ele pôr-se fora de sua própria vida? Não há, pois, como dissociar a vida e a obra. No limite, podemos afirmar que todo escrito é autobiográfico, todo pensamento traz à luz uma existência.[80]

---

[80] Valeria a pena conceber de outro modo a autobiografia. É o que Derrida indica no seu livro *Otobiographies* (Paris: Galilée, 1984. p. 39-40): "A biografia de um 'filósofo', não a consideramos mais como um *corpus* de acidentes empíricos, que deixa um nome e uma assinatura fora de um sistema, que se ofereceria a uma leitura filosófica imanente, a única tida por filosoficamente legítima. [...] Nem as leituras 'imanentistas' dos sistemas filosóficos, sejam elas estruturais ou não,

Como o próprio Nietzsche escreve em *Para além de bem e mal*: "Aos poucos se evidenciou para mim o que toda grande filosofia foi até o momento: a autoconfissão de seu autor, uma espécie de memórias involuntárias e inadvertidas".[81]

Um filósofo que considera a própria existência, mesmo se deixa claras as suas intenções, só poderá oferecer aos leitores suas próprias interpretações. Seus textos revelam atitudes teóricas precisas, denunciam determinadas escolhas estratégicas, deixam transparecer certas disposições afetivas; acham-se marcados pelo pensar, querer e sentir do autor no momento mesmo em que ele os escreve. Exemplo disso é o que Nietzsche declara a propósito de seus livros. É certo que tanto os prefácios de 1886 às obras já publicadas quanto a suposta autobiografia de 1888, textos em que reexamina seus escritos, auxiliam na compreensão de suas ideias. Mas eles são muito mais valiosos para esclarecer suas posições, quando os redige, do que para elucidar suas colocações nos livros a que então se refere.

Nietzsche bem sabe que, uma vez publicados, os escritos seguem o seu próprio caminho. No *Ecce homo*, ele afirma: "Uma coisa sou eu, outra são meus escritos".[82] Mas é preciso cuidado ao ler essa frase, mesmo porque se pode sentir-se tentado a interpretá-la como a expressão de uma distinção que Nietzsche estabeleceria entre a sua vida e a sua obra. Antes de tudo, importa notar que essa passagem abre o capítulo intitulado "Por que escrevo livros tão bons", onde o filósofo trata precisamente da recepção de seus escritos. Dez anos antes de redigir *Ecce homo*, ele já procurara mostrar que os livros acabam por se tornar independentes de seus autores. Em *Humano, demasiado humano*, escreve:

> Todo escritor se surpreende que seu livro, assim que se separa dele, continue a viver a própria vida [...]. Talvez ele se esqueça quase por completo desse livro, talvez se eleve acima das ideias que nele expressou, talvez não o compreenda mais e tenha perdido as asas com que voava outrora, quando o concebeu; enquanto isso, o livro

---

nem as leituras empírico-genéticas externas jamais interrogaram a *dynamis* dessa borda entre a 'obra' e a 'vida', o sistema e o 'sujeito' do sistema".

[81] *Para além de bem e mal* § 6 (SM), *KSA* 5.19.

[82] *Ecce homo*, "Por que escrevo livros tão bons" (RRTF), § 1, *KSA* 6.298.

procura seus leitores, inflama vidas, alegra, espanta, engendra novas obras, converte-se na alma de projetos e ações, em suma: vive como um ser dotado de espírito e alma e todavia não é humano.[83]

Se Nietzsche dá a entender que não é responsável pela recepção de seus escritos, nem por isso se furta a se pôr em questão. Não é pondo de lado a existência que elabora a própria obra; esta é parte integrante da sua vida. Foi preciso essa vida para que existisse essa obra. Contudo, essa vida não se reduz a uma configuração psicológica individual ou a um mundo interior específico. "Deixemos o Sr. Nietzsche: que importa que o Sr. Nietzsche está outra vez com saúde?...",[84] pode-se ler no prefácio à segunda edição da *Gaia ciência*. Singulares, as vivências do autor do livro não são individuais; é uma forma de vida dada, uma condição fisiopsicológica determinada, que nesses textos se exprime.

Não hesito, pois, em afirmar que recorrer aos dados biográficos de Nietzsche para tentar elucidar a sua obra, em vez de trazer soluções, nada mais faz do que engendrar novos problemas. Por isso mesmo, meu propósito aqui não é examinar a maneira como Nietzsche lidou em sua vida com as mulheres – ou com os homens. É bem verdade que ele foi ambivalente com as mulheres a quem se ligou no decorrer da vida, como na sua relação com Cosima Wagner. Também é verdade que ambivalências mais importantes se mostram quando se compara a maneira como trata as mulheres emancipadas em seus textos e o seu comportamento em relação àquelas com quem se relacionou. Mas as ambivalências que me interessam neste trabalho são as que se encontram nos seus próprios textos.

---

[83] *Humano, demasiado humano* I § 208 (SM), KSA 2.171.
[84] *A gaia ciência*, "Prefácio", § 2 (RRTF), KSA 3.347.

Capítulo 2
Certas mulheres:
esposas e concubinas

Não há dúvida de que, comparado aos escritos precedentes, *Humano, demasiado humano* inova do ponto de vista tanto da forma quanto do conteúdo.¹ Alguns sustentam que, então, Nietzsche se abre ao positivismo francês; outros argumentam que, ao privilegiar o aforismo como modo de expressão, ele toma distância de todo pensamento sistemático e, por conseguinte, também do positivista.² Se então o filósofo adota, por vez primeira, o estilo aforismático, ele lança mão igualmente de sentenças e máximas. Se sublinha a importância do conhecimento histórico, empenha-se também em análises psicológicas. Esclarecendo quem considera seus aliados, afirma: "La Rochefoucauld e os outros mestres franceses do estudo psicológico (a quem se juntou também nestes últimos tempos um alemão, o autor das

---

¹ Sobre a gênese de *Humano, demasiado humano*, cf. D'IORIO, Paolo. *Le Voyage de Nietzsche à Sorrente*. Paris: CNRS Éditions, 2012 [em português: *Nietzsche na Itália: a viagem que mudou os rumos da filosofia*. Trad. Joana Angélica d'Ávila Melo. Rio de Janeiro: Zahar, 2014]. Cf. também D'IORIO, Paolo; PONTON, Olivier (éd.). *Nietzsche: philosophie de l'esprit libre*. Paris: Éditions Rue d'Ulm, 2004.

² Para aprofundar essas questões, cf. por exemplo RESCHKE, Renate (Hrsg.). *Nietzsche: Radikalaufklärer oder radikaler Gegenaufklärer?*. Berlin: Akademie Verlag, 2004; KREMER-MARIETTI, Angèle. Menschliches-Allzumenschliches: Nietzsches Positivismus?. *Nietzsche-Studien*, v. 26, p. 260-275, 1997; COLLI, Giorgio. *Écrits sur Nietzsche*. Trad. Patricia Farazzi. Paris: Éditions de l'Éclat, 1996.

Observações psicológicas) assemelham-se a atiradores com pontaria, que sempre acertam no escuro – mas no escuro da natureza humana".[3]

Nos moralistas franceses, Nietzsche encontra alimento para suas reflexões morais.[4] Em vez de buscar algum princípio transcendente para a conduta do homem, eles procuram estudá-lo tal como é. Querem tomar por objeto de estudo o homem, tal como neles mesmos se encontra, "o homem", como diz Montaigne, "isolado, abandonado a si próprio, armado unicamente de suas armas e desprovido da graça e do conhecimento divinos".[5] Estudando o livro do mundo, observando a vida em sociedade, analisando a conduta humana, os moralistas franceses propõem-se dissecar os usos e costumes estabelecidos. Descobrindo a desordem, a contradição e o abismo no coração do ser humano, dedicam-se sobretudo a examinar as paixões, não do ponto de vista do céu, mas do ponto de vista da vida.[6] Atendo-se ao que veem, ouvem e sentem, eles observam gestos e atitudes, notam palavras, espiam movimentos secretos. Preocupados com o relativo e o contingente, o acidental e o concreto, consideram, antes de tudo, o vivido. E, mesmo ao fazerem incursões em outros domínios, sempre

---

[3] *Humano, demasiado humano* I § 36 (SM), *KSA* 2.59. Anos depois, na *Genealogia da moral*, Nietzsche deixará claro que Paul Rée, o autor das *Observações psicológicas*, teria sido objeto de um juízo equivocado na passagem citada. Cf. *Genealogia da moral*, "Prólogo", § 4, *KSA* 5.250. Cf. também *Ecce homo*, "Humano, demasiado humano", § 6, *KSA* 6.328.

[4] Charles Andler foi um dos primeiros a apontar a influência que os moralistas franceses exerceram sobre o pensamento nietzschiano. A seu ver, antes mesmo de ser nomeado professor na Universidade de Basileia, o filósofo entrava em contato com eles – e sua estima crescia, com o passar do tempo, à medida que aumentava a intimidade. Cf. ANDLER. *Nietzsche, sa vie et sa pensée*, v. 1, p. 105-176. Anos depois, foi publicado o importante estudo de DONNELLAN, Brendan. *Nietzsche and the French Moralists*. Bonn: Bouvier, 1982.

[5] MONTAIGNE, Michel. *Essais*. Paris: Garnier-Flammarion, 1969. v. 2. p. 116. Nietzsche possuía dois exemplares das obras de Montaigne: *Essais, avec des notes de tous les commentateurs* (Paris: [s.n.], 1864) e *Versuche, nebst des Verfassers Leben, nach der neuesten Ausgabe des Herrn Peter Coste*. Leipzig: [s.n.], 1753-1754. 3 v. Cf. CAMPIONI et al. (ed.). *Nietzsches persönliche Bibliothek*, p. 399-402.

[6] Acerca do modo de proceder dos moralistas franceses, cf. VAN DELFT, Louis. *Le Moraliste classique: essai de définition et de typologie*. Genève: Librairie Droz, 1982; LEVI, Anthony. *French Moralists: The Theory of The Passions 1585 to 1649*. Oxford: Clarendon Press, 1964.

retornam ao homem. Este é o ponto de partida e o ponto de chegada de suas reflexões.

Atento às dificuldades que se apresentam, quando se trata de definir o que se entende por "moralista", Nietzsche adverte: "Os moralistas precisam agora aceitar serem tratados como imoralistas, porque dissecam a moral. Mas quem quer dissecar precisa matar, apenas para que se saiba melhor, se julgue melhor, se viva melhor; e não para que todo mundo disseque. Infelizmente, os homens ainda acreditam que o moralista também deveria ser, pela sua conduta, um modelo, que os outros teriam de imitar; eles confundem-no com o pregador da moral".[7] Nessa passagem de *O andarilho e sua sombra*, uma das primeiras em que trata da questão, ao distinguir os moralistas dos moralizadores, o filósofo enfatiza que eles não pretendem impor preceitos a serem seguidos, não procuram forjar regras de comportamento, não esperam produzir uma obra de caráter normativo.

Se, em *Humano, demasiado humano*, ecoa uma voz com timbre moralista, nesse livro também se faz ouvir outra com acentos iluministas. É certo que, à diferença do *Nascimento da tragédia*, em que dava especial atenção à arte, agora Nietzsche privilegia a ciência. Também é certo que julga que, ao se impor, o conhecimento científico virá rechaçar crenças e superstições. A posição que assume, ao lado das críticas que faz à religião, revela sua proximidade com Voltaire. Bem sabemos que foi ao enciclopedista que, em 1878, dedicou *Humano, demasiado humano: um livro para espíritos livres*, em sua primeira edição. Queria que a homenagem fosse tão completa que chegou a escrever a seu editor no sentido de garantir que a data da publicação coincidisse com o centenário da morte do iluminista.[8] Em que pese os estudiosos não se porem de acordo quanto ao filósofo ter lido ou não os textos de Voltaire,[9] não há como deixar de notar sua presença nessa obra. O pensador francês está discretamente presente, quando o autor se dedica

---

[7] *O andarilho e sua sombra* § 19 (SM), *KSA* 2.553.

[8] Cf. carta a Ernst Schmeitzner de 3 de dezembro de 1877, *KSB* 5.293.

[9] A esse respeito, cf. entre outros MÉTAYER, Guillaume. *Nietzsche et Voltaire*. Paris: Flammarion, 2011, em especial o primeiro capítulo e o Anexo 2; HELLER, Peter. *Studies on Nietzsche*. Bonn: Bouvier, 1980, em particular o capítulo "Nietzsche in His Relation to Voltaire and Rousseau", p. 51-117. Cf. também JANZ. *Friedrich Nietzsche: Biographie*, em particular v. 1 [em português: em especial v. 1]. Nietzsche

ao exame de problemas morais ou às críticas da religião, às análises históricas ou à concepção mesma de espírito livre. Comparece, de algum modo, quando o autor se põe a criticar a metafísica, tratar de temas relativos ao otimismo e ao pessimismo, defender a necessidade de se levar adiante o Renascimento e as Luzes. Aparece em passagens em que o autor elogia seus talentos de dramaturgo, que se revelam na tragédia *Maomé*, o deboche com que lida com as instituições, as ressalvas que faz ao povo.[10]

É bem verdade que, quando da segunda edição de *Humano, demasiado humano*, Nietzsche suprime a dedicatória a Voltaire. Mas também é verdade que retomará uma de suas frases mais célebres na conclusão de *Ecce homo*.[11] E, nessa obra, ao tratar do "livro para espíritos livres", a ele remeterá uma vez mais. Tanto é que afirma: "Voltaire é, por oposição a tudo o que se escreveu depois dele, sobretudo um *grand seigneur* do espírito: exatamente o que também eu sou. – O nome Voltaire num escrito meu – isso era de fato um progresso – *até mim...*".[12] Duas ideias exigem aqui atenção. De um lado, Nietzsche dá a entender que a nobreza de caráter é um dos pontos que tem em comum com Voltaire. Ao considerá-lo "um *grand seigneur* do espírito", acaba por convertê-lo num espírito livre com gosto aristocrático. Então, a ele opõe Rousseau, o tipo do "plebeu mascarado". Nesse embate, é do lado de Voltaire que se põe, a ponto de encarar como se fossem inimigos seus os que vieram a se posicionar contra ele, a começar pelos românticos, Victor Hugo[13] e até mesmo os irmãos

---

tinha em sua biblioteca exemplares das obras e das cartas de Voltaire. Cf. CAMPIONI *et al.* (ed.). *Nietzsches persönliche Bibliothek*, p. 633-635.

[10] Cf. respectivamente *Humano, demasiado humano* I § 26, *KSA* 2.46s; § 221, *KSA* 2.181s; § 240, *KSA* 2.201s; § 438, *KSA* 2.285s. Cf. ainda *Miscelânea de opiniões e sentenças*, § 4, *KSA* 2.382, e *O andarilho e sua sombra*, § 4, *KSA* 2.659.

[11] Cf. *Ecce homo,* "Por que sou um destino", § 8, *KSA* 6.374, onde se lê a célebre frase: "Écrasez l'infâme!".

[12] *Ecce homo,* "Humano, demasiado Humano", § 1 (SM), *KSA* 6.322.

[13] Nietzsche menciona Victor Hugo em várias anotações póstumas desde 1880. Nas obras publicadas, refere-se a ele em *Para além de bem e mal* § 254, *KSA* 5.198; *Crepúsculo dos ídolos*, "Incursões de um extemporâneo", § 1, *KSA* 6.111; *O caso Wagner* § 8, *KSA* 6.30; § 11, *KSA* 6.38; "Epílogo", *KSA* 6.52 nota. Ao criticar Victor Hugo, não deixa de compará-lo a Wagner.

Goncourt.[14] Nietzsche também deixa entrever que Voltaire representa, antes de tudo, um passo em direção a si mesmo.[15] De fato, *Humano, demasiado humano*, esse "monumento de uma crise", como o seu autor o descreve no *Ecce homo*, vem inaugurar uma nova fase de seu percurso intelectual. De um momento em que se achava permeável à filosofia schopenhaueriana e ao pensamento wagneriano, ele passa a outro em que, buscando deles libertar-se, torna-se "espírito livre". Talvez seja também nesse sentido que se refira a Voltaire como "um dos maiores libertadores do espírito"[16] e acabe por fazer dele, como fez de Schopenhauer e Wagner, mais um de seus nomes, de "todos os nomes da história".[17]

É nesse contexto que será preciso examinar o capítulo "A mulher e a criança", do primeiro volume de *Humano, demasiado humano*.[18] Logo no primeiro parágrafo, Nietzsche começa por afirmar que "a mulher perfeita é um tipo humano mais elevado que o homem perfeito; também algo muito mais raro".[19] E, no último, termina

---

[14] Em fragmentos póstumos de 1884, Nietzsche já se refere aos irmãos Goncourt. Voltará a fazê-lo em anotações póstumas a partir de 1887 e em três cartas a Heinrich Köselitz, além de uma missiva a Georg Brandes. A partir de 1851, Edmond e Jules de Goncourt, historiadores e escritores franceses, mantiveram um diário, em que anotavam suas impressões pessoais. Publicado por Edmond em 1870, logo após a morte prematura de Jules, o *Journal des Goncourt* consistiu em fonte preciosa de informações sobre a vida literária e artística na França do século XIX. Nietzsche possuía em sua biblioteca vários livros dos irmãos Goncourt, inclusive o *Journal des Goncourt, deuxième volume, 1862-1865* (Paris: G. Charpentier et Cie, 1887), e o *Journal des Goncourt, troisième volume, 1866-1870* (Paris: G. Charpentier et Cie, 1888). Cf. CAMPIONI *et al.* (ed.). *Nietzsches persönliche Bibliothek*, p. 259-261.

[15] Cf. nessa direção KOFMAN, Sarah. Et pourtant elle tremble! (Nietzsche et Voltaire). *Furor*, n. 26, p. 135-154, 1994.

[16] *Humano, demasiado humano* I, "Nota de Nietzsche na primeira edição de 1878" (SM), *KSA* 2.10.

[17] Cf. carta a Jacob Burckhardt de 6 de janeiro de 1889, *KSB* 8.578.

[18] Entre os estudos mais recentes dedicados a *Humano, demasiado humano*, é preciso mencionar COHEN, Jonathan R. *Science, Culture, and Free Spirits: A Study of Nietzsche's* Human, All-Too-Human. New York: Humanity Books, 2009; FRANCO, Paul. *Nietzsche's Enlightenment: The Free-Spirit Trilogy of the Middle Period*. Chicago: The University of Chicago Press, 2011. Embora os autores dessas obras entendam que se deve considerar na íntegra o livro de Nietzsche, eles não tratam das reflexões sobre as mulheres nele presentes.

[19] *Humano, demasiado humano* I § 377 (SM), *KSA* 2.265.

por asseverar que, sempre que se impõe ao espírito livre tomar um cálice de cicuta, as mulheres à sua volta não hesitam em perturbar seus últimos momentos com gritos e lamentações. Remetendo à cena em que, rodeado de amigos na prisão de Atenas, Sócrates se prepara para tomar o veneno, escreve: "'Ó Críton, diga a alguém para levar para fora essas mulheres!' – falou enfim Sócrates".[20] Tudo se passa como se houvesse um grande contraste entre o parágrafo que abre e o que fecha esse capítulo. Se ele se inicia introduzindo a ideia de uma mulher perfeita, mais ainda, de uma mulher que, na escala da perfeição, estaria além do homem, encerra-se com a imagem de mulheres carpideiras que nada mais fazem, com seus prantos e lamentos, do que perturbar o espírito livre.

Para compreender as razões desse contraste, que se comece a investigar a maneira como Nietzsche concebe o espírito livre. Como vimos, no último parágrafo do capítulo em tela, ele associa o espírito livre à figura de Sócrates. A associação corre o risco de surpreender, se se levar em conta as críticas que dirige ao filósofo grego no *Nascimento da tragédia*. Mas, em outra passagem de *Humano, demasiado humano*, o filósofo faz questão de apresentar Sócrates como um espírito livre. Então, no parágrafo intitulado "Xantipa", assegura: "Sócrates encontrou a mulher de que precisava – mas não a teria buscado, se a tivesse conhecido bastante bem: nem mesmo o heroísmo desse espírito livre teria ido tão longe".[21] Vendo em Xantipa uma megera, atribui-lhe o "mérito" de contribuir para o exercício dos talentos de seu esposo. Tornando sua vida insuportável, obrigou-o a deixar o lar e, vivendo fora de casa, a se entreter com seus compatriotas. Liberto das coerções, Sócrates pôde, então, desenvolver suas aptidões intelectuais e tornar-se "o maior dialético das ruas de Atenas".

Nietzsche procura elucidar sua concepção de espírito livre em outra passagem; considerando essa noção relativa, dela fornece uma

---

[20] *Humano, demasiado humano* I § 437 (SM), *KSA* 2.284. Cf. PLATÃO. *Fédon*. Trad. Jorge Paleikat e João Cruz Costa. 2. ed. São Paulo: Abril Cultural, 1983. 116b e 117c-e.

[21] *Humano, demasiado humano* I § 433 (SM), *KSA* 2.282. Em *Humano, demasiado humano* I § 388 (SM), *KSA* 2.267, Nietzsche retoma a configuração do feminino encarnada por Xantipa: "Alguns homens suspiraram pelo rapto de suas mulheres; a maioria, porque ninguém quis raptá-las".

definição bem precisa no capítulo intitulado "Sinais de cultura superior e inferior", do primeiro volume de *Humano, demasiado humano*: "Chama-se espírito livre quem pensa de modo distinto do que se espera por causa de sua procedência, seu meio, sua posição e sua função ou por causa das opiniões dominantes em sua época. Ele é a exceção, os espíritos submissos são a regra".[22] A noção de espírito livre é relativa, porque é por oposição ao espírito submisso que o define. Mas também porque só se pode defini-lo se se levar em conta seu contexto social. É precisamente na medida em que seus princípios divergem dos que estão em vigor que o espírito livre pode destacar-se da sociedade a que pertence.

A esse parágrafo seguem-se cinco outros, em que o filósofo se empenha em caracterizar o espírito livre por oposição ao espírito submisso. Se o primeiro exige que o indivíduo se revolte contra toda autoridade, o último reclama a obediência incondicional a tudo o que lhe é imposto. Enquanto aquele se liberta da tradição e das crenças e se livra das maneiras de pensar e agir habituais, este permanece vítima da dependência dos princípios intelectuais tradicionais e da submissão às normas de conduta usuais. Para os que desejam a uniformização dos membros de uma organização social, em vez de se deixar guiar por razões, é indispensável adotar convicções. Em suma, é essencial incorporá-las a ponto de transformá-las numa segunda natureza.

Nos cinco parágrafos em que caracteriza o espírito livre, Nietzsche revela as cadeias concebidas para tentar aprisioná-lo: a cultura, a religião, a moral, a educação. Assim é que, na tentativa de promover o nivelamento dos membros da sociedade, pais, amigos, mestres, príncipes, educadores rapidamente se convertem em "diretores de consciência". Não hesitam em impor a todos os indivíduos certas maneiras de agir e pensar; veem em cada ser a oportunidade de dispor de um novo objeto. O Estado procura moldar os que se acham sob sua tutela, incutindo-lhes o orgulho da pátria e o respeito à bandeira: a educação cívica. O partido político tenta formar os que

---

[22] *Humano, demasiado humano* I § 225 (SM), *KSA* 2.189. Sobre a concepção nietzschiana de espírito livre, cf. CAMPIONI, Giuliano. Von der Auflösung der Gemeinschaft zur Bejahung des "Freigeistes". *Nietzsche-Studien*, v. 5, p. 83-112, 1976; VIVARELLI, Vivetta. Montaigne und der "Freie Geist". *Nietzsche-Studien*, v. 23, p. 79-101, 1994.

a ele se filiam, infundindo-lhes a disciplina partidária e os deveres do militante: a educação política. A Igreja busca preparar os que a ela se agregam, impondo-lhes a aceitação dos dogmas e mistérios da fé: a educação religiosa. Os bons cidadãos, os partidários incondicionais e os fiéis convictos devem limitar-se a cumprir ordens, executar tarefas, submeter-se a ditames. Em compensação, os subversivos são banidos pelo Estado, os dissidentes, expulsos do partido, os hereges, excomungados pela Igreja. Se os pais não toleram que os filhos tenham ideias e preceitos diferentes dos seus, o Estado, o partido político e a Igreja não admitem que os cidadãos, os partidários e os fiéis discordem de seus preceitos e ideias. A educação – familiar, cívica, política ou religiosa – implica um processo que tem em vista tornar o educando semelhante ao educador. Esse seria, aliás, o princípio de toda organização gregária: eliminar as diferenças e suprimir as singularidades. É nesse sentido que o filósofo afirma: "Todos os Estados e organizações sociais: as classes, o casamento, a educação, o direito, tudo isso só tem força e duração devido à fé que os espíritos submissos lhe devotam – portanto, devido à ausência de razões, pelo menos, à recusa em inquirir por razões".[23]

Em escritos posteriores a *Humano, demasiado humano*, Nietzsche retoma sua concepção de espírito livre; insiste no papel de primeira importância desempenhado pelo respeito à tradição e pela incorporação das convicções na submissão dos espíritos. No Quinto Livro da *Gaia ciência*, por exemplo, enfatiza a necessidade de se livrar de toda crença, seja ela metafísica, religiosa ou moral. Recorrendo uma vez mais à oposição entre o espírito livre e o espírito submisso, escreve:

> Onde um homem chega à convicção fundamental de que é preciso que mandem nele, ele se torna "crente"; inversamente seria pensável um prazer e uma força de autodeterminação, uma *liberdade* da vontade, em que um espírito se despede de toda crença, de todo desejo de certeza, exercitado, como ele está, em poder manter-se sobre leves cordas e possibilidades, e mesmo diante de abismos dançar ainda. Um tal espírito seria o *espírito livre par excellence*.[24]

---

[23] *Humano, demasiado humano* I § 227 (SM), *KSA* 2.191.

[24] *A gaia ciência* § 347 (RRTF), *KSA* 3.583.

É bem verdade que, no prefácio de 1886 ao primeiro volume de *Humano, demasiado humano*, Nietzsche assegura que "os espíritos livres não existem nem nunca existiram".[25] Mas, no período de elaboração desse livro, desse "monumento de uma crise", é a eles que se dirige. Alguns anos depois, quando redige *Para além de bem e mal*, recorrerá aos filósofos do futuro. Então, afirma que é provável que eles serão "novos amigos da 'verdade'", mas é certo que "não serão dogmáticos".[26] À diferença dos pensadores dogmáticos, os filósofos do futuro recusariam toda sorte de crença; enquanto *Versucher*, eles se engajariam na via de um pensamento experimental.

Experimentador no mais alto grau, Nietzsche não deixa de convidar o leitor à experimentação, seja por entender que nós, humanos, não passamos de experiências, seja por acreditar que não nos devemos furtar a fazer experiências com nós mesmos. Em seus textos, querer fazer experimentos com o pensar encontra tradução em perseguir uma ideia em seus múltiplos aspectos, abordar uma questão a partir de vários ângulos de visão, tratar de um tema assumindo diversos pontos de vista, enfim, refletir sobre uma problemática adotando diferentes perspectivas. Delineando-se em seus primeiros escritos, essa intenção surge com toda a clareza desde *Humano, demasiado humano* e acaba por ser tematizada e reivindicada a partir de *Assim falava Zaratustra*.

Desconfiando de toda e qualquer atitude dogmática, o filósofo avança posições para imediatamente colocá-las em questão. Pondo sob suspeita toda e qualquer certeza adquirida de uma vez por todas, antecipa ideias para fazer experimentos com o pensar.[27] Por isso mesmo, pode ser arriscado considerar verdadeiras as suas colocações. Nem verdades na acepção da filosofia dogmática nem opiniões no sentido do que preexiste à reflexão, as *suas* verdades possuiriam caráter

---

[25] *Humano, demasiado humano* I, "Prefácio", § 2 (SM), *KSA* 2.15.

[26] *Para além de bem e mal* § 43 (SM), *KSA* 5.60.

[27] Tanto Löwith quanto Kaufmann ressaltam o caráter fundamentalmente experimental do pensamento nietzschiano e insistem no fato de o filósofo ter colocado o estilo aforismático a serviço de seu experimentalismo. Os aforismos, tentativas renovadas de refletir sobre algumas questões, possibilitariam experimentos com o próprio pensar. Cf. KAUFMANN. *Nietzsche, Philosopher, Psychologist, Antichrist* e LÖWITH, Karl. *Nietzsches Philosophie der ewigen Wiederkehr des Gleichen*. 3. ed. Hamburg: Felix Meiner Verlag, 1978.

experimental. Nem verdades doutrinárias nem meras opiniões, elas seriam temporárias; teriam validade apenas até que surgissem outras mais em consonância com o próprio movimento reflexivo.

Não hesito em afirmar que Nietzsche considera dogmáticos não apenas os filósofos que buscam atingir as verdades últimas e definitivas, mas sobretudo aqueles que concebem a própria filosofia como a busca da verdade, acreditando que essa concepção seja a única possível. Tanto é que ele afirma: "Esse mau gosto, essa vontade de verdade, de 'verdade a qualquer preço', esse delírio adolescente no amor à verdade – nos horroriza, para isso somos por demais experimentados, sérios, alegres, escaldados, profundos...".[28] No seu entender, o verdadeiro filósofo tem o dever "das 100 tentativas, das 100 tentações da vida". Ao escolher a expressão "Prelúdio de uma filosofia do porvir" como subtítulo de *Para além de bem e mal*, ele não só acena para outra maneira de conceber a atividade filosófica, como também de certo modo já a põe em prática. Não se limita a anunciar o aparecimento dos filósofos do futuro, mas se toma por um deles.[29] É bem possível que proceda de modo similar em *Humano, demasiado humano*; não se contentaria em assinalar a presença de espíritos livres, mas se incluiria entre eles.

Mais importante, porém, neste momento da investigação é sublinhar a incompatibilidade que parece existir em *Humano, demasiado humano* entre o espírito livre e o casamento. É o que Nietzsche dá a entender, aliás, em várias passagens do capítulo "A mulher e a criança". No parágrafo que traz justamente o título "O espírito livre e o casamento", ele declara que, em vez de viver com mulheres, os espíritos livres preferirão "voar sós".[30] No parágrafo seguinte, pergunta-se sobre a "Felicidade do casamento", convidando seus pares a evitarem os perigos dessa associação. Concebendo o espírito livre como aquele

---

[28] *A gaia ciência*, "Prefácio", § 4 (SM), *KSA* 3.352. Cf., entre os inúmeros textos nessa direção, uma conhecida passagem desse mesmo livro: "'Vontade de verdade' – isso poderia ser uma velada vontade de morte" (*A gaia ciência* § 344 (RRTF), *KSA* 3.576).

[29] Para aprofundar essa problemática, remeto ao meu estudo: MARTON, Scarlett. Afternoon Thoughts: Nietzsche and Dogmatism. In: CONSTÂNCIO, João; BRANCO, Maria (ed.). *Nietzsche on Instinct and Language*. Berlin: Walter de Gruyter, 2011. p. 167-184.

[30] *Humano, demasiado humano* I § 426 (SM), *KSA* 2.280.

que não hesita em mudar de perspectiva, desprezar tudo o que até então apreciava e apreciar tudo o que até então desprezava, sustenta que ele "odeia todas as regras e hábitos, tudo o que é duradouro e definitivo".[31] Nessa medida, nada é mais oposto ao espírito livre do que o casamento, esse contrato que, no entender do filósofo, impõe todo tipo de coerção e exerce efeito paralisante sobre os que com ele se envolvem. É nesse sentido que sublinha que "nos assuntos de natureza filosófica superior, todos os homens casados são suspeitos".[32]

Nesse livro, o filósofo insiste em deixar clara a distância que separa as mulheres e os espíritos livres. Num parágrafo intitulado "Dissonância de duas consonâncias", afirma: "As mulheres querem servir e assim encontram a felicidade; o espírito livre não quer ser servido e assim encontra a felicidade".[33] Enquanto as mulheres foram feitas para servir, sendo por isso mesmo dependentes daqueles a quem servem, os espíritos livres prezam acima de tudo a própria autonomia. Assim, revelam uma condição superior, que lhes permite assumir grandes tarefas. Em compensação, por desejarem servir, as mulheres não se mostram capazes de se dedicar ao trabalho de reflexão.

Mas Nietzsche vai além em suas observações acerca das mulheres. Dependentes, elas chegam a se comportar conforme o desejo dos homens com quem vivem. É o que ele deixa entrever no parágrafo intitulado "Natureza de Proteu".[34] Então, assevera que, "por amor", as mulheres assumem a forma "sob a qual vivem na imaginação dos homens por quem são amadas".[35] Incapazes de tomar em mãos a própria

---

[31] *Humano, demasiado humano* I § 427 (SM), *KSA* 2.280.

[32] *Humano, demasiado humano* I § 436 (SM), *KSA* 2.284.

[33] *Humano, demasiado humano* I § 432 (SM), *KSA* 2.282. Cf. nessa direção *Humano, demasiado humano* I § 408, *KSA* 2. 271, onde Nietzsche dá a entender que, não se parecendo mais com Fausto, os homens cultos na Alemanha já não buscam mais Margaridas, e estas desaparecem.

[34] Na mitologia grega, Proteu é uma divindade marinha, mencionada em particular na *Odisseia*, de Homero. Filho de Poseidon, guarda os rebanhos de monstros marinhos que pertencem a seu pai. Tem o dom da adivinhação, mas se recusa a vaticinar a menos que seja forçado a tanto. Também tem o poder de se metamorfosear; é esse aspecto de sua natureza que Nietzsche pensa reencontrar nas mulheres que amam. Cf. HOMERO. *Odisseia*. Trad. Antônio Pinto de Carvalho. São Paulo: Nova Cultural, 2002. Rapsódia I-VII.

[35] *Humano, demasiado humano* I § 400 (SM), *KSA* 2.269.

vida, limitam-se a viver a existência imaginada pelos seus amantes. Desprovidas de natureza própria, caráter e propriedades que poderiam lhes dar uma identidade, não passam de simulacros de mulheres.

Em várias passagens do capítulo em tela, Nietzsche reflete sobre imagens idealizadas. Discorre acerca das mulheres que estão prontas a renunciar por amor ao que as constitui e, em decorrência, a levar uma vida conforme às imagens idealizadas pelos seus amantes. Mas também se empenha em pesquisar as razões que conduzem o ser humano a produzir tais idealizações. No parágrafo que tem por título "Inteligência feminina", tenta precisar o que caracteriza os homens e as mulheres. Promovendo uma inversão de perspectivas, afirma, bem ao contrário do senso comum, que as mulheres possuem o entendimento (*Verstand*), enquanto os homens têm a sensibilidade (*Gemüth*) e a paixão. Mas, à diferença do que se poderia esperar, é precisamente graças ao que os caracteriza que os homens têm condições de desenvolver o entendimento. Introduzindo um novo ponto de inflexão na sua argumentação, o filósofo sustenta que isso não impede, porém, que os homens procurem encontrar mulheres apaixonadas e sensíveis, com profundeza de alma, e tampouco que as mulheres, por sua vez, tentem encontrar homens inteligentes, dotados de sagacidade e presença de espírito. Daí decorre que, no fundo, "o homem busca um homem idealizado, e a mulher, uma mulher idealizada; portanto, não um complemento, mas um aperfeiçoamento das próprias qualidades".[36]

As análises precedentes permitem notar dois resultados. Por um lado, as mulheres não são as únicas que sentem necessidade de construir uma imagem idealizada dos seres a quem elas se associam; os homens procedem da mesma maneira. Por outro, as imagens idealizadas que os homens e as mulheres formam de seus parceiros limitam-se a remeter às imagens que eles têm de si mesmos. Em suma: é para manter imagens consistentes de si mesmos que precisam construir imagens idealizadas de seus parceiros. E estas vêm prolongar e aprimorar as

---

[36] *Humano, demasiado humano* I § 411 (SM), *KSA* 2.272. Recorrendo em certa medida à leitura psicanalítica, Derrida interpreta esse parágrafo sublinhando o mecanismo de inversão que Nietzsche faria da atividade e da passividade. Cf. DERRIDA. *Éperons: les styles de Nietzsche*, em particular p. 75, nota 1 [em português: em especial p. 66, nota 39].

que têm de si mesmos. Não hesito, pois, em afirmar que, quando se trata das relações amorosas, a idealização do outro nada mais é do que uma necessidade de autoidealização.

A Nietzsche ocorre também investigar como se dá a construção das imagens idealizadas. Voltando-se para o que, a seu ver, constitui o modo de proceder masculino, ele introduz a ideia de que "todo homem traz em si uma imagem de mulher que provém da mãe".[37] Devido à função materna, as mulheres tornam-se responsáveis pelo comportamento dos homens em relação a elas. Talvez seja exagerado pretender que o filósofo assim espere justificar as mais diversas atitudes dos homens em face das mulheres. Outro texto poderia, porém, confirmar essa hipótese interpretativa. Retomando a ideia de que a figura materna é determinante na imagem da mulher que o homem carrega, ele assegura que "em toda espécie de amor feminino está presente algo do amor materno".[38] Uma vez que as mulheres que amam têm um comportamento maternal em relação a seus amantes, elas reforçam a imagem da mulher que lhes vem de suas mães. Daí se segue que cabe às mulheres a responsabilidade pelas atitudes que os homens adotam em face delas.

Contudo, no capítulo "A mulher e a criança", Nietzsche também se porá a tratar da figura paterna. Assim é que, no parágrafo "Sensata insensatez", ele declara que "na maturidade da vida e da inteligência, sobrevém ao homem o sentimento de que seu pai fez mal em gerá-lo".[39] Tudo se passa como se assumisse aqui um tom autobiográfico.[40] Mas, se se fizer o esforço de buscar o conteúdo filosófico dessas linhas, será possível interpretá-las de outro modo. Não haverá dificuldade em associá-las ao parágrafo intitulado "Pais

---

[37] *Humano, demasiado humano* I § 380 (SM), *KSA* 2.265.

[38] *Humano, demasiado humano* I § 392 (SM), *KSA* 2.267.

[39] *Humano, demasiado humano* I § 386 (SM), *KSA* 2.266. Cf. também *Humano, demasiado humano* I § 381, *KSA* 2.266.

[40] Várias passagens do capítulo "A mulher e a criança" poderiam ser encaradas de um ponto de vista autobiográfico. Cf. por exemplo *Humano, demasiado humano* I § 423, *KSA* 2.277; *Humano, demasiado humano* I § 422, *KSA* 2.277 e, ainda com mais razão, *Humano, demasiado humano* I § 379 (SM), *KSA* 2.265, onde Nietzsche escreve: "As dissonâncias não resolvidas entre o caráter e as ideias dos pais continuam ressoando na forma de ser da criança e constituem a história íntima de seus sofrimentos". Numa primeiríssima abordagem, essa passagem remeteria aos parágrafos iniciais do capítulo "Por que sou tão sábio", de *Ecce homo*.

e filhos", presente nesse mesmo capítulo, em que se lê: "Os pais têm muito a fazer para reparar o fato de terem filhos".⁴¹ Ao assumirem o encargo de fundar um lar, eles se dobrariam à maneira de pensar e agir habituais e se submeteriam às coerções sociais, em suma, os pais se furtariam a se tornar espíritos livres.

Mas, da perspectiva nietzschiana, são sobretudo as mulheres que constituem entraves à libertação dos espíritos. É o que o filósofo dá a entender, ao escrever: "O espírito livre dá um suspiro de alívio, quando afinal decide desvencilhar-se dos cuidados e atenção maternos com que as mulheres o rodeiam".⁴² Aqui, ele parece queixar-se do excesso de zelo das mães em relação a seus filhos. Em vez de participar de seu desenvolvimento, elas contribuem ao contrário para sufocá-los. Em outra passagem, sustenta que "as mães sentem facilmente ciúme dos amigos de seus filhos, quando eles têm sucesso extraordinário". E, na sequência do texto, acrescenta uma asserção bastante esclarecedora: "Habitualmente, no seu próprio filho, a mãe ama mais *a si mesma* do que a seu filho".⁴³ Importa notar que o que se poderia tomar numa primeira abordagem por um gesto de atenção logo se converte em atitude egoísta: as preocupações das mães em relação aos filhos nada mais são do que a necessidade que sentem de dar a ver a sua bondade e, por conseguinte, exibir as imagens idealizadas que têm de si mesmas. Assim se revela o valor do procedimento do filósofo: operando uma espécie de "reviravolta do pró ao contra", ele é um mestre na arte de desmascarar o que o ser humano insiste em esconder.

É como psicólogo que Nietzsche se exprime sobre várias espécies de sentimento em *Humano, demasiado humano*: a gratidão é "uma forma atenuada de vingança" da parte de quem tem poder; inspirar piedade é o único poder que possuem os fracos; a injustiça do poderoso não é tão grave quanto parece a quem se crê vítima de um ato injusto; a maldade não tem o propósito de fazer mal a outrem, mas proporcionar o prazer que suscita o fato de exercer o poder sobre ele.⁴⁴

---

⁴¹ *Humano, demasiado humano* I § 382 (SM), *KSA* 2.266.

⁴² *Humano, demasiado humano* I § 429 (SM), *KSA* 2.281.

⁴³ *Humano, demasiado humano* I § 385 (SM), *KSA* 2.266.

⁴⁴ Cf. respectivamente *Humano, demasiado humano* I § 44, *KSA* 2.66s; § 50, *KSA* 2.70s; § 81, *KSA* 2.85s; § 103, *KSA* 2.99s.

Na *Aurora*, o filósofo analisa o que denomina "preconceitos morais": na adversidade, outrora o homem fazia alguém sofrer, o que lhe permitia tomar consciência do poder que lhe restava; o "gozo da crueldade" é o maior gozo do poder; quem se sacrifica se embebeda com a ideia de se identificar com o poderoso a quem se dedica; por toda parte onde havia um grande poder reconheceu-se a necessidade de simular bondade; "o primeiro efeito da felicidade é o sentimento de poder".[45] Tanto a gratidão, a piedade, a injustiça e a maldade quanto o ato de se consolar, a crueldade, o desprezo, a ação de sacrificar, a bondade e a felicidade são sentimentos e atitudes em que o poder está presente.

Na *Gaia ciência*, o autor dedica-se a examinar a íntima relação entre o amor e o poder. Pouco importa de que espécie de amor se trata, ele revela sempre um desejo de posse. Pouco importa se é o amor ao conhecimento ou à verdade, lá onde há amor há também cobiça. Vale lembrar, porém, que antes de tudo é no contexto da relação amorosa entre duas pessoas de sexo diferente que o amor aparece com maior clareza como uma aspiração a se apoderar do outro: "O amante quer a posse incondicional e exclusiva da pessoa desejada, quer o poder também incondicional sobre sua alma e sobre seu corpo, quer ser o único amado, habitando e dominando a outra alma como algo supremo e absolutamente desejável".[46] O amante quer tornar-se senhor do ser que ama, porque visa dominá-lo. O desejo de posse aparece, pois, como um móvel visando aumentar o poder.

Essa ideia, que virá a ser desenvolvida na *Gaia ciência*, já aparece em germe em *Humano, demasiado humano*. Um parágrafo intitulado "Amor", que se acha no capítulo "A mulher e a criança", apresenta uma fina análise de como as mulheres se situam em relação a esse sentimento. "A idolatria que as mulheres têm pelo amor é, no fundo e originalmente, uma invenção da esperteza, na medida em que, através de todas as idealizações do amor, elas aumentam seu poder e mostram-se

---

[45] Cf. respectivamente *Aurora* § 15, *KSA* 3.28s; § 18, *KSA* 3.30s; § 215, *KSA* 3.191s; § 248, *KSA* 3.204s; § 356 (SM), *KSA* 3.240. Cf. também *Fragmento póstumo* 5 [21] do verão de 1880 (SM), *KSA* 9.185: "O homem pode suportar o maior desprezo, se experimentar um sentimento de poder".

[46] *A gaia ciência* § 14 (SM), *KSA* 3.386s.

cada vez mais desejáveis aos olhos dos homens".[47] Não é porque as mulheres têm o intuito de cultivar o amor que dele constroem imagens idealizadas, mas é porque querem exercer o poder sobre os homens. Mas o hábito de ter o amor sempre em alta conta as leva a esquecer que o idealizaram. Quando se trata da relação amorosa, as mulheres são, pois, "mais iludidas" que os homens.

Mas Nietzsche empenha-se também em ponderar sobre o que, no seu entender, constitui o modo de proceder feminino: "As mulheres percebem facilmente quando a alma de um homem já foi tomada; elas querem ser amadas sem rivais e o censuram pelos objetivos de sua ambição, por seus encargos políticos, por suas ciências e artes, quando ele tem paixão por essas coisas".[48] Para exercer poder sobre os homens, as mulheres que amam procuram apoderar-se completamente de seus amantes. E só renunciam a isso quando percebem que podem se beneficiar de suas competências e seus talentos para brilhar em sociedade. Retomando essa ideia em várias passagens do capítulo em tela, o filósofo enfatiza que, em diferentes ocasiões, as mulheres cedem à vaidade: uma jovem pouco experiente percebe rapidamente que a vaidade feminina "exige que um homem seja mais do que um marido feliz";[49] uma mulher tranca sem hesitar um homem de valor para guardá-lo para si e só se abstém de fazê-lo se a sua vaidade chegar a dissuadi-la.[50] Quando se empenha em examinar as atitudes femininas, é sempre como psicólogo que Nietzsche procede.

Insistindo na ideia de que são sobretudo as mulheres que constituem entraves à libertação dos espíritos, o filósofo se dedica a mostrar, no parágrafo "Amáveis adversárias", que, por apreciarem a existência harmoniosa, calma e regular, elas trabalham "involuntariamente contra o íntimo impulso heroico do espírito livre".[51] Mas, ao contrário do que essas linhas poderiam levar a pensar, ele assevera em outra passagem que "tomadas pelo ódio, as mulheres são mais perigosas que

---

[47] *Humano, demasiado humano* I § 415 (SM), *KSA* 2.274.
[48] *Humano, demasiado humano* I § 410 (SM), *KSA* 2.271s.
[49] *Humano, demasiado humano* I § 407 (SM), *KSA* 2.271.
[50] Cf. *Humano, demasiado humano* I § 401, *KSA* 2.269, que Nietzsche intitula "Amor e posse".
[51] *Humano, demasiado humano* I § 431 (SM), *KSA* 2.282.

os homens".[52] Em vez de apreciarem uma existência harmoniosa, calma e regular, elas cedem a sentimentos que lhes são hostis. Sem levarem em conta a equidade, empenham-se em encontrar os pontos fracos dos homens para "espicaçá-los". Enquanto eles se mostram capazes de se controlar, elas não se contentam em exprimir seus sentimentos, servindo-se deles para apunhalar seus adversários. Donde se segue que, ao contrário dos homens, que sempre se engajam numa luta leal, as mulheres recorrem aos mais variados subterfúgios, a começar pela astúcia, para atingi-los. Desse ponto de vista, elas teriam em comum com os diplomatas a habilidade de levar os homens a não se oporem a seus desejos. Assim é que tentam fatigá-los e enfraquecê-los, atormentando-os com "inquietações, medos, sobrecarga de trabalho e de pensamentos", de modo a acabarem por ceder a seus caprichos.[53] No fim das contas, pouco importa se se trata de circunstâncias em que se deixam levar pelo ódio ou de situações em que têm em vista uma existência harmoniosa, calma e regular, é sempre com astúcia que as mulheres se comportam. É por isso que são maliciosas. Lançando mão do embuste, da astúcia e da malícia, elas buscam suprir a própria fraqueza.

Contudo, Nietzsche está longe de pretender que exista uma natureza feminina. Não aceita que se proceda a uma essencialização da mulher; tal iniciativa estaria em total desacordo com o seu projeto filosófico. Bem se sabe que, em *Humano, demasiado humano*, ele critica o pensar metafísico e pretende elaborar um filosofar histórico. Recusa toda pesquisa que vise estabelecer verdades definitivas; investiga os processos constitutivos dos pensamentos e das ideias. No capítulo "A mulher e a criança", empenha-se em desenvolver uma espécie de história da condição feminina. Durante milênios, as mulheres tiveram de se submeter aos homens, de sorte que se habituaram a desaprovar "toda rebeldia contra o poder público". Tendo feito há muito tempo a experiência da submissão a todos os senhores, incorporaram o respeito pelas maneiras de agir e pensar habituais. Por isso, mesmo que respeitem os maridos, elas têm ainda em mais alta estima tudo o que é reconhecido pela sociedade. Incapazes de irreverência, censuram

---

[52] *Humano, demasiado humano* I § 414 (SM), *KSA* 2.273.
[53] Cf. *Humano, demasiado humano* I § 403, *KSA* 2.270.

"como que por instinto" que os espíritos se tornem livres e, por conseguinte, obstruem a independência de ação e pensamento de seus esposos. Mas a situação se agrava quando eles se persuadem de que é por amor que elas agem assim. Nesse momento, Nietzsche não hesita em se voltar para os seus pares com o intuito de levá-los a tomar consciência das posições que adotam: "desaprovar os meios empregados pelas mulheres e respeitar generosamente os motivos desses meios – essa é a maneira dos homens e, com frequência, o desespero dos homens".[54] O desacordo entre os meios que as mulheres empregam e os motivos que as inspiram leva os homens ao desespero. Convencidos de que as esposas agem por amor, eles censuram as suas ações ao mesmo tempo que elogiam os seus sentimentos.

A análise psicológica do "comportamento feminino" é uma das tarefas que aqui Nietzsche se propõe assumir. Insistindo na ideia de que as mulheres não contribuem para o desenvolvimento de seus maridos, ele quer mostrar que, à semelhança do amor maternal, o sentimento que lhes devotam visa bem mais protegê-los de dificuldades do que encorajá-los a enfrentar desafios. Tendo uma compreensão bastante limitada do sofrimento, elas não são capazes de avaliar a sua importância para o desenvolvimento do ser humano. É por isso que "sempre conspiram em segredo contra a alma superior de seus maridos; querem frustrar o seu futuro, em favor de um presente confortável e indolor".[55] Nessa passagem, o filósofo introduz um novo elemento: não é simplesmente para proteger os maridos que as mulheres tentam impedir que eles se lancem em novos projetos; é sobretudo para se assegurarem de ter uma vida agradável.

No parágrafo intitulado "Um julgamento de Hesíodo confirmado", Nietzsche afirma que um dos índices da sagacidade das mulheres consiste no fato de que "em quase toda parte elas souberam como se fazer sustentar, como zangões na colmeia". Então, pergunta-se pelas razões que impediram os homens de serem sustentados pelas mulheres. Ao levantar essa questão, defende a ideia de que seria muito mais aceitável que elas os sustentassem, pois os homens são destinados a ter aspirações elevadas e realizar grandes obras. É o que o leva a

---

[54] *Humano, demasiado humano* I § 435 (SM), *KSA* 2.283.

[55] *Humano, demasiado humano* I § 434 (SM), *KSA* 2.283.

questionar o valor que, desde sempre, atribuiu-se às ocupações das mulheres. Tendo consciência da vaidade e presunção dos homens, elas invocaram as tarefas domésticas e o cuidado dos filhos como pretexto para se furtar ao trabalho.[56] O acordo entre a vaidade e presunção masculinas, de um lado, e a astúcia feminina, de outro, explica assim por que até o presente as mulheres foram mantidas pelos homens.

Resta saber por que o filósofo intitula esse parágrafo "Um julgamento de Hesíodo confirmado". É provável que tenha em mente uma passagem bem particular da *Teogonia*, em que Hesíodo relata o aparecimento "da funesta geração e grei das mulheres, grande pena que habita entre homens mortais, parceiras não da penúria cruel, porém do luxo".[57] De acordo com o espírito dessas linhas, Nietzsche indica várias vezes que uma das preocupações constantes das mulheres consiste em garantir o próprio conforto material. Quando jovens, graças a seus encantos, elas pretendem assegurar "o sustento de toda a vida" e "querem o mesmo que as hetairas, apenas são mais espertas e menos honestas do que elas".[58]

Importa notar que o filósofo não descarta inteiramente o matrimônio. Concebido sob certas condições, ele não seria de todo desastroso. Em primeiro lugar, o casamento não deveria jamais ser por amor.[59] A favor dessa posição, encontram-se vários argumentos em *Humano, demasiado humano*, a começar pela ideia de que o amor

---

[56] Cf. *Humano, demasiado humano* I § 412, *KSA* 2.272s. Nietzsche insiste na ideia de que as mulheres não apreciam o trabalho em *Humano, demasiado humano* I § 391 (SM), *KSA* 2.267, onde se lê: "Muitas pessoas, sobretudo as mulheres, não conhecem o tédio, porque nunca aprenderam a trabalhar regularmente".

[57] HESÍODO. *Teogonia*, p. 139. Nas suas notas em *Humain, trop humain* I e II (Trad. Alexandre Desrousseaux et Henri Albert. Paris: Librairie Générale Française, 1995), Angèle Kremer-Marietti indica duas outras obras redigidas por Hesíodo: *Grandes fadas*, um texto sobre as mulheres amadas pelos deuses, e um catálogo de *Mulheres ilustres* (nota 148).

[58] *Humano, demasiado humano* I § 404 (SM), *KSA* 2.270.

[59] Cf. *Humano, demasiado humano* I § 389 (SM), *KSA* 2.267, onde Nietzsche escreve: "Os casamentos que são contraídos por amor (os chamados casamentos por amor) têm o erro como pai e a penúria (necessidade) como mãe". No *Crepúsculo dos ídolos*, "Incursões de um extemporâneo", § 39 (SM), *KSA* 6.141, ele insiste em combater o casamento por amor. Além disso, critica o casamento moderno e afirma que "a racionalidade do casamento residia na responsabilidade jurídica exclusiva do homem".

não constitui um ingrediente indispensável às associações entre dois seres de sexo diferente. No entender de Nietzsche, são as mulheres que, querendo aumentar o poder em relação aos homens, lançam-se em idealizações do amor.[60] Mas, uma vez que, em geral, há uma pessoa que ama e outra que é amada, esse sentimento aparece como um fator de desequilíbrio nas relações amorosas.[61] É por isso que um casamento por conveniência tem muito mais chances de vingar. No fim das contas, "um casamento se mantém quando cada um quer alcançar um objetivo individual através do outro; por exemplo, quando a mulher quer se tornar famosa através do homem e o homem quer se tornar amado através da mulher".[62]

Para ser bem-sucedido, é preciso que o matrimônio não seja encarado segundo sua concepção habitual. Em vez de considerá-lo uma relação amorosa, deve-se concebê-lo como uma associação que "se baseia no talento para a amizade".[63] Bem se sabe que Nietzsche elogia os laços amicais muitas vezes em sua obra. Mas no capítulo "A mulher e a criança", ele insiste em precisar que uma relação de amizade entre um homem e uma mulher só é possível se houver "uma pequena antipatia física".[64] Essa asserção pode contribuir para esclarecer a sua concepção do casamento. Uma vez que encara a união matrimonial como uma relação de amizade e um homem e uma mulher só podem ter laços amicais se não houver atração física, então, a vida conjugal não deve incluir relações sexuais. Compreende-se assim que ele julgue

---

[60] Cf. *Humano, demasiado humano* I § 415, *KSA* 2.274, que analisei nas páginas precedentes.

[61] Cf. *Humano, demasiado humano* I § 418 (SM), *KSA* 2.275, onde se lê: "posto que, de duas pessoas que se amam, de hábito uma ama e a outra é amada, surgiu a crença de que em toda relação amorosa há uma quantidade constante de amor: quanto mais uma delas toma para si, menos sobra para a outra". Cf. também *Humano, demasiado humano* I § 420, *KSA* 2. 276, que tem por título "Quem sofre mais?".

[62] *Humano, demasiado humano* I § 399 (SM), *KSA* 2.269. No parágrafo intitulado "Querer apaixonar-se", de *Humano, demasiado humano* I § 396 (SM), *KSA* 2.268, Nietzsche reforça a sua argumentação, mostrando que, ao se enganarem sobre o que constitui o casamento bem-sucedido, "noivos, que se uniram por conveniência, esforçam-se por se apaixonar para escapar da censura de interesse frio e calculista".

[63] *Humano, demasiado humano* I § 378 (SM), *KSA* 2.266.

[64] *Humano, demasiado humano* I § 390 (SM), *KSA* 2.267.

que um casamento teria mais chance de ser bem-sucedido se "os cônjuges não vivessem juntos".[65]

É bem verdade que Nietzsche estima que a proximidade dos seres humanos corre o risco de levar à deterioração tanto da união matrimonial quanto da relação de amizade. É o que ele dá a entender, quando escreve: "sempre se perde numa relação próxima demais com mulheres e amigos; às vezes, perde-se a pérola da própria vida".[66] Dessa ótica, pode-se interpretar a incitação a que os cônjuges não venham a partilhar o mesmo espaço como um alerta: o excesso de intimidade seria nefasto à vida conjugal. Mas também é verdade que, em outra passagem, declarando que o casamento deve ser concebido como "uma longa conversa",[67] o filósofo sustenta que, para ser bem-sucedido, ele deve contribuir para o progresso intelectual do homem.

No parágrafo intitulado "Ocasião para a generosidade feminina", Nietzsche evoca a possibilidade de o homem contrair vários casamentos sucessivos: aos 20 anos, poderia casar-se com uma mulher mais velha que, sendo superior a ele intelectual e moralmente, seria capaz de ajudá-lo a enfrentar as paixões e os perigos da juventude. Aos 30 anos, ele poderia associar-se a uma mulher bem mais jovem, encarregando-se da sua educação. Sua primeira esposa veria o próprio sentimento converter-se em amor maternal, o que a levaria a exigir que seu marido se ligasse a alguém mais jovem. Da perspectiva nietzschiana, sua generosidade consistiria em agir apenas para o maior bem desse homem "da maneira mais salutar". Não há dúvida, porém, de que a segunda esposa seria igualmente generosa, na medida em que o ajudaria a desenvolver seus talentos e capacidades pedagógicas. É, pois, no contexto de suas reflexões sobre a formação que o filósofo encara a união matrimonial. Estimando que ela deveria ter por objetivo o progresso intelectual do homem, declara: "O casamento é uma instituição necessária aos 20 anos; útil, mas não necessária aos 30; para a vida posterior, ele se torna, com frequência, prejudicial e favorece a regressão intelectual do homem".[68]

---

[65] *Humano, demasiado humano* I § 393 (SM), *KSA* 2.268.
[66] *Humano, demasiado humano* I § 428 (SM), *KSA* 2.280.
[67] *Humano, demasiado humano* I § 406 (SM), *KSA* 2.270.
[68] *Humano, demasiado humano* I § 421 (SM), *KSA* 2.276.

Os elementos reunidos até o presente momento permitem entrever uma nítida separação entre o matrimônio e a relação sexual entre os cônjuges; mais ainda, permitem presumir que, para que um casamento seja bem-sucedido, o sexo deva ter lugar fora dele. Seria possível interpretar nessa direção a passagem em que Nietzsche indica o "teste de um bom casamento": "Um casamento prova ser bom quando chega a tolerar uma 'exceção'".[69] Talvez seja exagerado pretender que, ao escrever essas linhas, ele esteja defendendo a ideia de que o concubinato desempenha um papel importante na sociedade. Mas outra passagem poderia muito bem confirmar essa hipótese interpretativa. No parágrafo intitulado "Sobre o futuro do casamento", o filósofo sustenta que, concebido "enquanto amizade de almas entre duas pessoas de sexo diferente, [...] com o fim de gerar e educar uma nova geração", o casamento "provavelmente precisa, como devemos desconfiar, de um auxílio natural, o *concubinato*".[70] No quadro da união matrimonial, a sexualidade só encontraria lugar para realizar "um fim maior": ela seria encarada pelos cônjuges como "um meio raro e ocasional" que visa à *procriação*.

Partindo de sua compreensão da cultura grega, Nietzsche considera que, na Europa, poderá ocorrer uma situação inversa daquela que se deu na Grécia antiga na época de Péricles. No século V a.C., satisfazendo o apetite sexual de seus maridos, as esposas desempenhavam em Atenas o papel de concubinas; em compensação, as concubinas propiciavam aos homens momentos de intenso prazer intelectual. De acordo com o filósofo, uma inversão dos papéis então atribuídos às esposas e concubinas poderá acontecer na sociedade europeia. Acreditando que, no futuro, o concubinato terá seu lugar assegurado ao lado do casamento, ele afirma que, se, "por razões de saúde do marido", a esposa deve empenhar-se em satisfazer suas necessidades sexuais, ela não estará mais em condições de assegurar a educação dos filhos. "Uma boa esposa, que deva ser amiga, ajudante, genitora, mãe, cabeça de família, administradora e talvez tenha até, separadamente do marido, de se ocupar com o seu próprio negócio ou ofício, não pode ser ao mesmo tempo concubina: isso significaria, em geral, exigir demasiado

---

[69] *Humano, demasiado humano* I § 402 (SM), *KSA* 2.269.
[70] *Humano, demasiado humano* I § 424 (SM), *KSA* 2.278.

dela".⁷¹ Em suma: para que as boas esposas possam realizar as tarefas que lhes cabem, é preciso que contem com o apoio das concubinas.

Neste momento da investigação, estou em condições de afirmar que o contraste, que se apresentava entre o primeiro e o último parágrafo do capítulo "A mulher e a criança", explica-se a partir das diferentes configurações do feminino com que Nietzsche opera. A mulher perfeita, a mulher que, na escala da perfeição, acha-se além do homem, é aquela que, contando com o apoio das concubinas, contribui para o progresso intelectual de seu marido e está apta a educar os filhos. Em compensação, a imagem das carpideiras que com seus gritos nada mais fazem do que perturbar o espírito livre remete às mulheres em geral, que invocam as tarefas domésticas e os cuidados dos filhos como pretexto para se furtar ao trabalho e ser assim sustentadas pelos seus maridos; estas são obstáculos para que os espíritos se tornem livres.

Não hesito em apontar as ambivalências que comportam as reflexões de Nietzsche sobre as mulheres nesse capítulo de *Humano, demasiado humano*. Por um lado, incapazes de tomar as rédeas da própria vida, as mulheres que amam se põem a serviço de outrem e, conformando-se às imagens idealizadas concebidas pelos seus amantes, não passam de simulacros de mulher. Por outro, uma vez que a figura materna desempenha um papel determinante na imagem da mulher que os homens carregam e que as mulheres têm um comportamento maternal em face de seus amantes, elas são responsáveis pelas atitudes que eles assumem em relação a elas. Por um lado, de início, as mulheres idolatram o amor, mas, habituando-se às imagens idealizadas que criaram, tornam-se presas de suas próprias idealizações. Por outro, tanto em relação aos filhos quanto aos amantes, elas buscam apenas exercer o poder sobre os homens, a ponto de impedirem o aparecimento dos espíritos livres.

Tampouco hesito em sublinhar as ambivalências das reflexões do filósofo sobre os papéis desempenhados pelas mulheres. Por um lado, no quadro de um casamento bem-sucedido, comparável ao amigo, a mulher proporciona ao cônjuge momentos de intenso prazer intelectual. Por outro, respeitando as regras sociais, ela constitui entrave

---

⁷¹ *Humano, demasiado humano* I § 424 (SM), *KSA* 2.278.

para que ele se torne independente em seus pensamentos e ações. Se, em *Humano, demasiado humano*, Nietzsche considera que a mulher pode contribuir para a formação das gerações por vir, não deixa de intitular esse capítulo "A mulher e a criança". Esse título revela vários aspectos da posição que assume. Colocando os dois substantivos lado a lado, ele dá a entender que a mulher tem a mesma condição que a criança no contexto social; nem uma nem outra poderão igualar-se ao homem. Quer mostrar ainda que o domínio de atividade da mulher se restringe ao lar; a ela cabe acompanhar o esposo e cuidar dos filhos.

Capítulo 3
Diversas mulheres: artistas e atrizes

Será apenas na *Gaia ciência* que aparecerá com clareza a estreita relação entre o empreendimento filosófico de Nietzsche e suas reflexões sobre as mulheres. Na primeira parte do livro, ele discute o estatuto do conhecimento e da crença, examina os sentimentos e as paixões. Nos primeiros parágrafos da segunda, trata de problemas gnoseológicos; em seguida, volta-se para as questões relativas às mulheres na sequência de parágrafos que se inicia com o 57 e se encerra com o 75; por fim, depois de situá-las como artistas e atrizes, passa a tratar da arte. Por isso mesmo, será preciso contextualizar a sequência a que me referi, iniciando a análise a partir dos dois parágrafos que a antecedem.

Ao abrir o Segundo Livro da *Gaia ciência*, Nietzsche começa por definir seu alvo de ataque no parágrafo 57: "vós vos denominais realistas e dais a entender que o mundo é realmente constituído tal como vos aparece".[1] Criticando os realistas, ele se dispõe a combater tanto o positivismo quanto a metafísica. Ambos nada mais são do que interpretações limitadas. Enquanto o positivismo erra por se ater aos fatos, sem notar que a sua visão também é uma interpretação, a metafísica peca justamente por ignorar os "fatos", postulando a existência

---

[1] *A gaia ciência* § 57 (SM), *KSA* 3.421.

de um mundo verdadeiro em detrimento deste em que nos achamos aqui e agora. Em suma: criticando os "realistas", Nietzsche se põe uma vez mais a atacar o que entende por filosofia dogmática.

É então que ele lança mão de mais um procedimento recorrente em seus escritos. Uma vez definido seu alvo de ataque, expõe a posição de seus adversários: "apenas diante de vós a realidade se mostra desprovida de véus e vós próprios seríeis talvez a melhor parte dela".[2] Ao fazê-lo, traz à luz duas convicções que constituem o núcleo mesmo da filosofia dogmática: a crença na objetividade e a propensão ao antropocentrismo. Que se examine de perto cada um desses pontos.

Uma vez que seu projeto filosófico pretende pôr fim à primazia da subjetividade, Nietzsche não pode aceitar a ideia de que a objetividade consista numa maneira de ver desinteressada, neutra e impessoal. A seu ver, os filósofos dogmáticos se iludem ao julgar que se pode aceder a um conhecimento objetivo. Contrastando com esse modo de raciocinar, Nietzsche poderia muito bem sustentar que, ainda que possível, a soma das diferentes perspectivas não proporcionaria uma visão de conjunto; o ser humano está fadado a captar o mundo tal como lhe aparece. Jamais chegará a um conhecimento objetivo, pois é incapaz de se libertar dos erros e distorções inerentes à sua ótica. Desse ponto de vista, a objetividade deixa de ser uma maneira de ver desinteressada, neutra e impessoal, para se impor como o que permite "tornar utilizável para o conhecimento a *diversidade* mesma das perspectivas de ordem afetiva".[3]

Na medida em que um dos pontos centrais de seu projeto filosófico consiste precisamente em conceber o homem como uma parte do mundo e não como um sujeito em face da realidade, Nietzsche não pode admitir que o ser humano considere a si mesmo o centro do universo. A seu ver, os filósofos dogmáticos se enganam ao acreditar que, dotado de uma dupla natureza, o homem seria superior a todas as outras espécies animais. Confrontando-se com essa forma de pensar, Nietzsche poderia muito bem defender a ideia de que, se o mundo não é uma criação divina e o homem não foi feito à imagem de Deus, a relação entre eles tem de mudar. Homem e mundo não mais se opõem;

---

[2] *A gaia ciência* § 57 (SM), *KSA* 3.421.
[3] *Genealogia da moral*, "Terceira dissertação", § 12 (SM), *KSA* 5.364.

acham-se em harmonia. O que se passa em um e no outro não pode ser irredutível. É nessa direção que se pode ler em outra passagem: "já rimos quando encontramos 'homem *e* mundo', colocados lado a lado, separados pela sublime pretensão da palavrinha 'e'".[4]

No Segundo Livro da *Gaia ciência*, imediatamente depois de, por assim dizer, ter dado a palavra a seus adversários, o filósofo vem elucidar a própria posição a respeito deles: "Mas vós também, em vosso estado desprovido de véus, não permaneceríeis seres extremamente apaixonados e sombrios, se comparados aos peixes, e ainda por demais semelhantes a um artista amoroso?".[5] Nessas linhas, ele estabelece duas aproximações. Com a primeira, ao comparar os realistas aos peixes, persegue o objetivo de criticar o antropocentrismo; com a segunda, ao comparar seus adversários a um artista amoroso, tem o propósito de atacar a objetividade.

Mas, ao fazê-lo, Nietzsche continua a apresentar seu projeto filosófico. Nossa "realidade" (sempre entre aspas) é constituída por paixões, impulsos e afetos. São sempre nossos afetos, nossos impulsos e nossas paixões que se exprimem através das palavras e das apreciações de valor. É preciso, então, que nos rendamos à evidência: nossa "realidade" nada mais é do que um feixe de interpretações.

A partir de *Assim falava Zaratustra*, a ideia de interpretação ganha outra dimensão. Ao introduzir o conceito de vontade de potência e, poucos anos depois, elaborar a teoria das forças, Nietzsche passa a considerar que toda existência é interpretativa. As interpretações resultam de relações de forças, melhor ainda, resultam de forças que se relacionam de uma certa maneira. Manifestando-se nas diversas configurações de forças, a vontade de potência, entendida como o caráter intrínseco da força,[6] constitui o próprio interpretar. E eis que

---

[4] *A gaia ciência* § 346 (RRTF), *KSA* 3.581.
[5] *A gaia ciência* § 57 (SM), *KSA* 3.421.
[6] Para aprofundar essa problemática, remeto aos meus trabalhos: MARTON, Scarlett. *Nietzsche: das forças cósmicas aos valores humanos*. Belo Horizonte: Editora UFMG, 1990 (2. ed., 2000; 3. ed., 2010); "La nuova concezione del mondo": volontà di potenza, pluralità di forze, eterno ritorno dell'identico. *In*: BUSELLATO, Stefano (org.). *Nietzsche dal Brasile: contributi alla ricerca contemporanea*. Pisa: Edizioni ETS, 2014. p. 21-40; *Nietzsche y "la nueva concepción del mundo"*. Trad. Pablo Olmedo. Córdoba: Editorial Brujas, 2017.

no Quinto Livro da *Gaia ciência* o filósofo dirá: "O mundo, ao contrário, tornou-se para nós 'infinito' uma vez mais: na medida em que não podemos recusar que ele *encerra infinitas interpretações*".[7]

Que se retome a sequência de parágrafos do Segundo Livro da *Gaia ciência*. No parágrafo 57, atacando os realistas, Nietzsche apresenta seu projeto filosófico; no 58, continua a fazê-lo. Então, contra a ideia de realidade entendida como um mundo essencial que o homem poderia apreender, a partir do momento em que adotasse uma atitude desinteressada, neutra e impessoal, ele recorre a suas considerações sobre a linguagem. O ser humano se esquece de que coloca um mundo de palavras ao lado do mundo de "coisas" (entre aspas); ele se esquece sobretudo de que esses dois mundos são irredutíveis um ao outro. Tanto é que crê nas palavras como se fossem *aeternae veritates*, acredita que a linguagem lhe permite elevar-se acima do animal e, além disso, atingir um conhecimento verdadeiro do mundo. Considerando que a atividade discursiva mais elementar consiste em designar, ou seja, em simplesmente dar nomes às coisas, o filósofo insiste em sublinhar o caráter arbitrário da relação entre as palavras e as coisas. No fim das contas, dirá ele nesse mesmo parágrafo 58, "basta criar novos nomes e estimativas e verossimilhanças para, a longo prazo, criar novas 'coisas'".[8]

Um exame atento dessa sequência de parágrafos do Segundo Livro da *Gaia ciência*, que se inicia com o 57 e se encerra com o 75, bem mostra que nela se pode detectar e trazer à luz certa estrutura. Ela se compõe de três momentos distintos: Nietzsche começa por retomar os traços essenciais de seu projeto filosófico nos parágrafos 57 e 58; passa a elucidar o objeto que elegeu para análise e a perspectiva que pretende adotar para examiná-lo nos parágrafos 59 e 60, reiterando sua posição no 61 e no 62; termina por desenvolver sua investigação sobre as mulheres do parágrafo 63 ao 75. Não é por acaso, pois, que no parágrafo 76 ele busca opor à "racionalidade" o pior perigo, isto é, a loucura; encerrando de modo circular o movimento dessa sequência, o parágrafo 76 aparece assim como a contrapartida do 57, quando aos realistas ele opõe os que são capazes de embriaguez.

---

[7] *A gaia ciência* § 374 (SM), *KSA* 3.627.
[8] *A gaia ciência* § 58 (RRTF), *KSA* 3.422.

Vista de perto, essa estrutura é comparável àquela presente em outra sequência de parágrafos: a que se inicia no 230 e se encerra no 239 do capítulo "Nossas virtudes", de *Para além de bem e mal*.⁹ Então, ao se dispor a tratar da emancipação feminina, Nietzsche elege como alvo de ataque as concepções metafísicas e, ao combatê-las, apresenta pelo mesmo movimento um dos traços essenciais de seu projeto filosófico: o que consiste em "reconverter o homem para a natureza". Ao tratar das mulheres na sequência de parágrafos da *Gaia ciência*, ele se volta para os realistas e, ao criticá-los, procede da mesma maneira. Aqui, sua tentativa de animalizar e naturalizar o ser humano se faz presente na exigência de levar em conta suas paixões, seus impulsos e seus afetos. A crítica da crença na objetividade e da propensão ao antropocentrismo, por sua vez, permite-lhe introduzir de modo implícito a ideia de interpretação. Tendo apresentado o seu projeto filosófico, ele se lança na sua investigação acerca das mulheres.

Ódio, repugnância, desprezo, são esses os sentimentos que o fluxo menstrual provoca nos homens. Ao menos é o que Nietzsche parece dar a entender no parágrafo 59 da *Gaia ciência*. "Se amamos uma mulher, sentimos facilmente ódio pela natureza, pensando nas funções naturais repugnantes a que a mulher está sujeita. [...] sentimo-nos ofendidos, a natureza parece abusar do que nos pertence e com as mãos mais sacrílegas."¹⁰ Asqueroso, o fluxo menstrual não é fruto de deliberação; vítimas, as mulheres a ele têm de se submeter. Nojenta, a menstruação é imposta pela natureza; inconformados, os homens que amam a julgam abjeta. Considerando impuros o processo vital e as funções orgânicas das mulheres, eles rejeitam o que nelas há de natural. Tal procedimento revela, por um lado, que os homens que amam têm uma imagem idealizada das mulheres e não podem aceitar a ideia de que a natureza venha contradizê-la. Faz ver, por outro, que não é por quererem bem às mulheres que sentem ódio, repugnância e desprezo pela natureza, mas por terem a si mesmos em alta conta.

---

⁹ Não quero dizer com isso que todos os textos de Nietzsche apresentam uma articulação precisa; tampouco defendo a ideia de que seus escritos aforismáticos revelam, de maneira geral, uma estrutura bem determinada. Isso implicaria impor-lhes a partir do exterior um princípio de organização interna e levaria a encerrá-los num quadro lógico que lhes é inteiramente estranho.

¹⁰ *A gaia ciência* § 59 (SM), *KSA* 3.422s.

Afinal, entendem eles que as mulheres lhes pertencem e que, enquanto posse sua, constituem também sua extensão.

Introduzindo um ponto de inflexão em sua argumentação, Nietzsche continua no parágrafo 59: "Então, fecham-se os ouvidos a toda a fisiologia e decreta-se em segredo para si mesmo: 'Não quero ouvir dizer que o ser humano é outra coisa além de *alma e forma*!' 'O ser humano por baixo da pele' é, para todos os amantes, uma abominação e um pensamento monstruoso, uma blasfêmia contra Deus e o amor".[11] Não é mais das mulheres nem do que as suas chamadas funções naturais provocam nos homens que o filósofo fala. Agora, passa subitamente a tratar do ser humano em geral. Por possuir um corpo, o ser humano causa repulsa; por fazer parte da natureza, torna-se desprezível. Com isso, ele indica que, com frequência, vê-se a biologia como uma ofensa aos mais nobres sentimentos do ser humano; assinala que, em geral, toma-se a fisiologia, termo que prefere, por um atentado contra o seu caráter divino.

E subitamente Nietzsche se põe a refletir sobre o comportamento dos devotos. Então, por meio de uma comparação, ele empenha-se em desmontar sua maneira de proceder. Assim como os amantes têm uma imagem idealizada das mulheres e não podem aceitar a ideia de que a natureza venha contradizê-la, os devotos possuem uma imagem idealizada de Deus e tampouco toleram que a natureza a ela venha contrapor-se. "Em tudo o que era dito sobre a natureza, por astrônomos, geólogos, fisiologistas, médicos, ele [todo adorador de Deus e sua 'santa onipotência'] via um atentado contra seu bem mais precioso e, por conseguinte, uma agressão – e, além disso, uma falta de pudor do agressor!".[12] Se os amantes julgam ter a posse das mulheres amadas, os devotos acreditam que Deus lhes pertence. Tanto uns quanto os outros sentem ódio, repugnância e desprezo pela natureza, não por respeitarem Deus ou por quererem bem às mulheres, mas por se terem em alta conta.

Ao examinar o modo de proceder dos amantes, Nietzsche bem mostra que a fisiologia é tida por eles como uma ofensa aos mais nobres sentimentos do ser humano, um atentado contra o seu caráter

---

[11] *A gaia ciência* § 59 (SM), *KSA* 3.423.

[12] *A gaia ciência* § 59 (SM), *KSA* 3.423.

divino; ao analisar a maneira de proceder dos devotos, faz ver que não só a fisiologia, mas também a medicina, a astronomia, a geologia, enfim, as ciências naturais são vistas por eles como uma agressão contra o homem. Para o devoto, "a 'lei natural' já lhe soava como uma calúnia em relação a Deus"; nesse embate do espírito religioso contra o espírito científico, "ele *escondeu de si* a natureza e a mecânica, tão bem quanto pôde, e viveu num sonho". Portanto, ao investigar o comportamento dos crédulos, sejam amantes ou devotos, o filósofo detecta preconceitos e pré-juízos, crenças e convicções, não hesitando em afirmar que esses homens "sabiam *sonhar*".[13]

Crenças e convicções similares, preconceitos e pré-juízos análogos Nietzsche julga encontrar nos artistas. Afinal, ao dar a esse parágrafo da *Gaia ciência* o título "Nós, artistas!", é deles que, em princípio, propõe-se tratar. Nessa etapa do seu itinerário intelectual, afirma que o ser humano concebeu o mundo erroneamente, ao encará-lo com pretensões religiosas, morais ou estéticas, e sustenta que só com o processo da ciência poderá vir a se libertar das concepções equivocadas que se acumularam durante milênios.[14] Despertar a desconfiança em relação a preconceitos e pré-juízos, crenças e convicções, é nisso que consistiria a maior contribuição da ciência. Mas o artista não pode renunciar "ao fantástico, mítico, incerto, extremo, ao sentido do simbólico, à exaltação da personalidade, à crença em algo miraculoso no gênio";[15] eis por que a atividade científica, sóbria e moderada, causa-lhe repugnância. Também "nós, artistas", deixamo-nos

---

[13] *A gaia ciência* § 59 (SM), *KSA* 3.423.

[14] Cf., por exemplo, *Humano, demasiado humano* I § 16 (RRTF), *KSA* 2.37, onde se lê: "Será levado a cabo de maneira decisiva o constante e laborioso processo da ciência, que por fim comemora seu triunfo máximo em uma *história genética do pensar*, esse processo cujo resultado talvez pudesse desembocar nesta proposição: aquilo que agora denominamos mundo é o resultado de uma multidão de erros e fantasias, que surgiram pouco a pouco no desenvolvimento total do ser orgânico, cresceram entrelaçados e agora nos são legados como tesouro acumulado do passado inteiro – como tesouro: pois o valor de nossa humanidade repousa nele".

[15] *Humano, demasiado humano* I § 146 (SM), *KSA* 2.142. A ideia de que ao artista repugna a atividade científica aparece, entre várias passagens, em *Humano, demasiado humano* I § 264, *KSA* 2.219, e *Humano, demasiado humano* II, "Miscelânea de opiniões e sentenças", § 265, *KSA* 2.492.

levar por crenças e convicções, preconceitos e pré-juízos. Também nós buscamos desviar o nosso olhar da natureza.

É possível, porém, interpretar de outro modo essa passagem. No final do parágrafo intitulado "Nós, artistas!", ampliando seu campo de análise, Nietzsche vai mais longe: "Basta amar, odiar, desejar, simplesmente sentir, – *imediatamente* o espírito e a força do sonho se apossam de nós e escalamos de olhos abertos e indiferentes ao perigo os mais perigosos caminhos, rumo aos telhados e torres de fantasia, sem qualquer vertigem, como que nascidos para escalar".[16] Associando o sonho aos impulsos, afetos e paixões, ele dá a entender agora que, pouco importa o ponto de vista que o ser humano adote, sonhar é uma atividade inerente à sua maneira de se ver e ver o mundo.

No parágrafo da *Gaia ciência* que acabei de examinar, Nietzsche toma como ponto de partida os sentimentos que julga correntes entre os homens de sua época, quando confrontados com o fluxo menstrual das mulheres que amam; parece solidarizar-se com o ódio, a repugnância e o desprezo causados nos amantes pela menstruação de suas amadas; dirige-se contra esses mesmos sentimentos que agora acredita encontrar entre os devotos; esmiúça então a maneira como eles se põem diante da natureza; volta-se, por fim, para os artistas e neles aponta ainda uma vez o impulso de camuflar o que há de natural no ser humano. Ao tratar dos artistas e dos amantes, não hesita em empregar a primeira pessoa do plural, incluindo-se, ao que parece, entre eles; ao falar dos devotos, ao contrário, recorrendo ao pronome indefinido da terceira pessoa do singular, deixa clara a distância que deles o separa.

Nesse momento do seu percurso intelectual, Nietzsche entende que o mérito da ciência reside sobretudo em lutar contra a teologia de que foi serva até a Reforma, solapar a representação da morte e da vida depois da morte, minar a fé nas verdades últimas e definitivas. Se o cristianismo pretendeu ter a palavra final sobre tais preocupações, a ciência mostrou que eram irrelevantes. Se a metafísica esperou encontrar resposta para essas questões, ela fez ver que careciam de importância. Luz a rechaçar superstições, o conhecimento científico proveria ao espírito a disciplina necessária para se tornar livre.

---

[16] *A gaia ciência* § 59 (SM), *KSA* 3.423.

Não se trata, porém, de substituir os objetos de apreço dos crédulos, seja Deus, seja as mulheres amadas, pela busca da verdade. Pois, de aliada, a ciência se converteria em adversária. Por não reconhecer às convicções direito de cidadania, ela as reduz a meras hipóteses provisórias. Mas, de antemão, já abriga uma convicção; e esta é tão imperativa e incondicional que exige o sacrifício de todas as outras.[17] Base da ciência, a incondicional vontade de verdade, além de moralizá-la, acaba por torná-la cúmplice da metafísica. Ao descartar Deus, o além, o outro mundo, a vida depois da morte, a ciência parece romper, definitivamente, com a metafísica e rechaçar, de uma vez por todas, a religião. Mas, fundando-se na crença na verdade, ela, que deveria constituir o mais fervoroso adversário do ideal ascético, acaba por imprimir nova forma à visão de mundo que pretendia combater.[18] Opondo o saber à vida, a vontade de verdade levaria o homem a esquecer que a ilusão é uma condição intrínseca da existência. Mas isso não quer dizer que seja preciso renunciar a toda atividade científica. Apreciando os métodos científicos, que considera até mesmo mais importantes do que os resultados da ciência,[19] Nietzsche afirma que quem está habituado ao "rigor da ciência" "não quer viver em

---

[17] Cf. *A gaia ciência* § 344 (RRTF), *KSA* 3.574, onde se lê: "Vê-se que também a ciência repousa sobre uma crença, não há nenhuma ciência 'sem pressupostos'. A questão, se é preciso *verdade*, não só já tem de estar de antemão respondida afirmativamente, mas afirmada em tal grau que nela alcança a expressão esta proposição, esta crença, esta convicção: 'nada é *mais necessário* que a verdade, e em proporção a ela todo o resto só tem um valor de segunda ordem'".

[18] Cf. *Genealogia da moral*, "Terceira dissertação", § 25 (RRTF), *KSA* 5.402, onde se lê: "Ambos, ciência e ideal ascético, pisam, aliás, sobre um único chão – já o dei a entender –, ou seja, sobre a mesma superestimação da verdade (mais corretamente: sobre a mesma crença na *in*estimabilidade, *in*criticabilidade da verdade), justamente por isso – são *necessariamente* aliados".

[19] Cf. *Humano, demasiado humano* § 635, *KSA* 2.360 (RRTF), onde se lê: "No conjunto, os métodos científicos são, pelo menos, um resultado tão importante na investigação quanto qualquer outro resultado: pois sobre a compreensão do método repousa o espírito científico, e todos os resultados da ciência não poderiam, se aqueles métodos se perdessem, impedir um renovado recrudescimento da superstição e do não-senso". A esse propósito, cf. o brilhante trabalho de Céline Denat, "'Les découvertes les plus précieuses, ce sont les méthodes': Nietzsche, ou la recherche d'une méthode sans méthodologie" (*Nietzsche-Studien*, v. 39, p. 282-308, 2010).

nenhuma outra parte a não ser nesse ar claro, transparente, vigoroso, saturado de eletricidade, nesse ar *viril*".[20]

Com frequência, os amantes percebem a biologia, ou melhor, a fisiologia, como uma ofensa aos mais nobres sentimentos do ser humano, um atentado contra o seu caráter divino. Em geral, os devotos enxergam a fisiologia, a medicina, a astronomia, a geologia, numa palavra, as ciências naturais, como uma agressão ao homem. Se os crédulos assim interpretam o conhecimento científico, um filósofo poderia muito bem vir a concebê-lo como uma interpretação. Devotos e amantes são cúmplices ao repudiarem a natureza. Enquanto, para os amantes, a natureza se faz presente no corpo humano, para os devotos, ela se dá no mundo criado pelo Deus onipotente. Se os crédulos assim interpretam a natureza, um filósofo poderia muito bem vir a concebê-la como fruto de interpretações.

Ao trazer à cena o ódio, a repugnância e o desprezo que os amantes sentem pela natureza, quando confrontados com a menstruação de suas amadas, Nietzsche chama a atenção para a dificuldade que tem o ser humano de tratar de forma desinteressada o que julga ser o seu próprio caráter e entorno. Cabendo-lhe conferir sentido e valor a tudo o que o cerca e constitui, é-lhe vedado, por sua condição mesma, lidar com processos naturais de maneira isenta. Achando-se implicado na natureza de que fala, não tem como a ela referir-se fazendo abstração dos valores e sentidos que lhe atribui. Assim a aversão às chamadas funções naturais das mulheres, que o filósofo expressa, de início, no parágrafo 59 da *Gaia ciência*, acaba por se converter em lance estratégico; permite-lhe mostrar quão longe de uma pretensa objetividade se põem as representações que o homem tem de si mesmo e do mundo. Por outro lado, contra a realidade tal como é vista pelos realistas, ele introduz de maneira implícita a ideia de interpretação; ao fazê-lo, promove uma reviravolta da própria ideia de realidade e convida o leitor a passar da "realidade" (entre aspas) ao sonho, ao sonho enquanto realidade (sem aspas).

No parágrafo 59 da *Gaia ciência*, ao apresentar os traços essenciais de seu projeto filosófico, Nietzsche torna explícita a perspectiva que adotará nos parágrafos seguintes para refletir sobre as mulheres.

---

[20] *A gaia ciência* § 293 (SM), *KSA* 3.534.

Não será de maneira desinteressada, neutra e impessoal que ele vai considerar seu objeto de exame. Bem ao contrário, será de modo a levar em conta suas paixões, seus afetos e seus impulsos; em outras palavras, suas considerações não serão nada mais do que interpretação. No parágrafo seguinte, ele explicita o que conta examinar: "Quando um homem se acha no meio de *seu* ruído, em plena rebentação de seus lances e projetos, então ele vê passar, deslizando à sua frente, seres tranquilos e encantados, cuja felicidade e recolhimento deseja para si – *são as mulheres*".[21] Mas é preciso guardar-se de supor que sejam as próprias mulheres que constituem o objeto de exame escolhido; tal suposição estaria em desacordo com as ideias que acabei de apresentar.

Depois de mostrar os expedientes a que os homens recorrem com o intuito de manter as mulheres que amam enquanto objeto intocado de suas idealizações, Nietzsche passa a discutir as imagens que delas constroem. É porque os homens desejam fugir do próprio ruído que atribuem às mulheres o que querem alcançar. Agitados e inquietos, eles têm de se haver com as tormentas; calmas e tranquilas, elas parecem deslizar em paz sobre o mar.

Contudo, o aparente elogio que Nietzsche faz às mulheres converte-se rapidamente em censura. Vistas de perto, elas também se mostram agitadas e inquietas; mas, ao contrário das agitações e inquietudes dos homens, as suas, por serem "comezinhas", não são dignas de consideração. E, para proteger seus pares contra "o encanto e poderoso efeito que exercem as mulheres",[22] o filósofo adverte-os para que as mantenham à distância.

Nesse parágrafo, pode-se compreender a ideia de distância de duas maneiras distintas. Quando se trata das mulheres, a palavra parece remeter ao poder de manipulação e sedução que elas exercem sobre os homens. Quando se trata dos homens, o termo aponta para a atitude que eles devem adotar, tendo em vista não se deixarem manipular e seduzir pelas mulheres. De um lado, estão as sereias que, com seu canto, atraem os marinheiros em alto-mar e, de outro, Ulisses que, para ouvi-lo, faz-se amarrar ao mastro do navio. Em suma, no primeiro caso, está a capacidade que as mulheres têm de

---

[21] *A gaia ciência* § 60 (SM), *KSA* 3.424.

[22] *A gaia ciência* § 60 (SM), *KSA* 3.424.

exercer uma "ação à distância",²³ e, no último, a necessidade que os homens sentem do *páthos* da distância. Embora apresentem o mesmo vocábulo, as expressões "ação à distância" e "*páthos* da distância" têm sentidos completamente diferentes.²⁴

Do elogio às mulheres à censura feita a elas e dessa censura à advertência dirigida aos homens a respeito das mulheres, essa é a articulação interna do parágrafo 60 da *Gaia ciência*. Fazendo ver que os homens sempre constroem uma imagem idealizada das mulheres, Nietzsche chama a atenção para as dificuldades que experimentam de se libertarem das próprias fantasias. Eis por que, nos parágrafos 61 e 62, ele vem reiterar a advertência que havia feito a seus pares para manter as mulheres à distância. De início, introduz o argumento de que, embora os homens se deixem levar pelas agitações e inquietudes das mulheres, devem ter ciência de que a Antiguidade considera a amizade "o sentimento mais elevado".²⁵ Em seguida, argumenta num *crescendo* que, se os homens nem sempre podem evitar entregarem-se ao amor, devem se dar conta de sua falta de sabedoria, pois "ao amado o amor perdoa até o desejo".²⁶

Nessa sequência do Segundo Livro da *Gaia ciência*, o filósofo se empenha em examinar diversas imagens das mulheres, a começar por aquelas que os homens delas constroem. No parágrafo 68, tal qual uma parábola, descreve uma cena em que um jovem foi conduzido à presença de um sábio e a ele apresentado como alguém que teria sido corrompido pelas mulheres. Mas, em face da situação, o sábio reagiu ao contrário do que seria de se esperar. "'São os homens que corrompem as

---

[23] No texto original, a expressão aparece em alemão e em latim: "*eine Wirkung in die Ferne, eine actio in distans*".

[24] Examinando o parágrafo 60 da *Gaia ciência*, Rosalyn Diprose toma as noções de *actio in distans* e *páthos* da distância como se fossem intercambiáveis. E conclui: "A compreensão que Nietzsche tem do '*páthos* da distância' mostra não só que o sujeito masculino assume discursos normativos como também que estes contam construir a mulher de certa maneira. À distância, a 'diferença' da mulher é complementar e promete afirmar a onipresença do homem; na proximidade, a 'semelhança' anuncia a morte do eu" (DIPROSE, Rosalyn. The Pathos of Distance. *In:* PATTON, Paul (ed.). *Nietzsche, Feminism and Political Theory*. London: Routledge, 1993. p. 23).

[25] *A gaia ciência* § 61 (SM), *KSA* 3.425.

[26] *A gaia ciência* § 62 (SM), *KSA* 3.425.

mulheres', disse ele, 'e todos os defeitos das mulheres devem ser expiados e corrigidos nos homens – pois o homem cria para si a imagem da mulher, e a mulher se cria conforme essa imagem'."[27] E, ante a atitude de um dos presentes que se pôs a gritar: "é preciso educar melhor as mulheres!", o sábio retrucou: "é preciso educar melhor os homens".

Ao se referir de algum modo ao condicionamento cultural a que as mulheres se acham submetidas, Nietzsche daria a entender aqui que seria possível uma mudança substancial nas relações entre seres de sexo diferente. Tanto é que o sábio insistiria que é preciso cuidar da educação dos homens e, com isso, acenaria para a ideia de que, se bem educados, eles poderiam se relacionar de outro modo com as mulheres.[28] No parágrafo 71, Nietzsche viria reforçar a sua posição. Julgando relevante a educação das mulheres e acreditando que ela não deveria ser idêntica à dos homens, levaria a pensar que a forma de ser das mulheres seria bem diferente daquela que os homens sempre imaginaram e, com isso, incitaria seus pares a reconhecerem as contingências dos papéis atribuídos aos homens e às mulheres e a necessidade de mudá-los.[29]

Não hesito, porém, em interpretar de outra maneira essas passagens. No parágrafo 68, a frase "o homem cria para si a imagem da mulher, e a mulher se cria conforme essa imagem" tem lugar central. Se é preciso cuidar da educação dos homens, não é para levá-los a se relacionar de outro modo com as mulheres, mas para fazer com que as mulheres se ponham em consonância com os desejos deles. E, no

---

[27] *A gaia ciência* § 68 (SM), *KSA* 3.427.

[28] É a posição que sustenta Kathleen Marie Higgins. Lendo o parágrafo 68 da *Gaia ciência* nessa direção, ela afirma: "Nietzsche considera possível a mudança no que diz respeito às relações entre os sexos. De fato, tal mudança parece ser precisamente o que o sábio defende quando insiste para que os homens sejam mais bem educados" (HIGGINS, Kathleen Marie. Gender in *The Gay Science*. In: OLIVER, Kelly; PEARSALL, Marilyn (ed.). *Feminist Interpretations of Nietzsche*. Pennsylvania: The Pennsylvania University Press, 1998. p. 144).

[29] Kathleen Marie Higgins examina essas passagens com o intuito de mostrar que elas avaliam a relação entre homens e mulheres de forma a contribuir para a teoria feminista. Em suma: com essa sequência de parágrafos da *Gaia ciência*, o filósofo perseguiria o objetivo de levar seus leitores masculinos a uma radical revolução em sua maneira de pensar sobre as mulheres (cf. HIGGINS. Gender in *The Gay Science*, em particular p. 138-145).

parágrafo 71, a frase final: "em suma, não se pode ser brando demais com as mulheres!"[30] ocupa posição de destaque. É certo que Nietzsche estima importante educar as mulheres e supõe que se deva fazê-lo de forma distinta daquela como se educam os homens; mais ainda, é até mesmo certo que reconhece o quanto há de contraditório na educação das mulheres da nobreza. Mas, com isso, não tem por propósito estimular seus leitores masculinos a se disporem a mudar os papéis atribuídos aos homens e às mulheres. Na verdade, nesse parágrafo 71, que se intitula "Da castidade feminina", ele trata de uma questão específica: a educação sexual das mulheres da nobreza. Sublinhando os contrassensos dessa educação, compadece-se das mulheres que a recebem. Daí, a conclusão: os homens deveriam ser indulgentes para com elas.[31] Nessas duas passagens, estamos bem longe de uma incitação à mudança nas relações entre os homens e as mulheres.

Que se retome, então, a análise do parágrafo 68. Com a frase "o homem cria para si a imagem da mulher, e a mulher se cria conforme essa imagem", Nietzsche sugere que as mulheres só são artistas na medida em que são atrizes, ou seja, na medida em que se conformam às imagens que os homens delas constroem. Se essa ideia já aparece no primeiro volume de *Humano, demasiado humano*,[32] é na *Gaia ciência* que será desenvolvida. Nessa obra, o parágrafo 68 se apresenta como uma espécie de prolongamento dos dois anteriores. No parágrafo 66, o filósofo afirma que as mulheres exageram suas fraquezas para se defender dos fortes: "São até mesmo inventivas quanto às debilidades para aparecerem inteiramente como frágeis ornamentos que um simples grão de pó poderia ferir".[33] Retomando uma imagem

---

[30] *A gaia ciência* § 71 (SM), *KSA* 3.429.

[31] A propósito desse parágrafo, Sarah Kofman afirma que Nietzsche mostra "a que ponto era nefasto para as mulheres uma educação, que, submetendo-as a uma castidade extrema até o matrimônio, as conduz diretamente para a histeria, para a descoberta brutal da sensualidade no momento do casamento" (Nietzsche et Wagner: comment la musique devient bonne pour les cochons. *Furor*, n. 23, p. 3-28, Mai 1992, em particular p. 12). Sublinhando esse ponto, ela perde de vista, a meu ver, o objetivo mesmo que Nietzsche persegue nesse texto.

[32] Cf. *Humano, demasiado humano* I § 400, *KSA* 2.269, que analisei no capítulo anterior.

[33] *A gaia ciência* § 66 (SM), *KSA* 3.426.

bastante tradicional da mulher, ele intitula essa passagem "A força dos fracos". Mas uma análise mais atenta mostrará que, além disso, enfatiza a ideia de simulação de si. Na medida em que sabem simular o que elas são, as mulheres se tornam capazes de se defender de "todo 'direito do mais forte'".

No parágrafo 67, Nietzsche retoma a ideia de "simulação de si". Examinando os comportamentos do homem e da mulher numa situação bem precisa, ele escreve: "Ela o ama agora e olha para diante de si com tranquila confiança como uma vaca. Mas ai! Seu encanto era precisamente parecer instável e inapreensível! Ele já tinha em si mesmo demasiado tempo estável! Ela não faria bem em simular seu antigo caráter? Simular falta de carinho? Não é o que lhe aconselha – o amor? *Vivat comœdia!*".[34] Nessa passagem, o filósofo lança mão de uma estratégia complexa e refinada. Começa por descrever a atitude da mulher que, ao se dar conta de que ama, mostra-se um ser estável para seu amado. Mas seu poder de sedução residia precisamente em parecer instável e inapreensível aos olhos dele. Ao perceber que ama, ela se aliena de si mesma e deixa de ser sedutora; o homem, por conseguinte, perde o interesse que sentia. Depois de descrever a transformação da atitude da mulher em relação ao amado, ao tomar ciência do amor que sente, e verificar as consequências que causou no comportamento do homem, Nietzsche conclui: mais valeria que a mulher exercesse o seu poder de sedução e simulasse assim estar em consonância consigo mesma. Mas "simular a si mesma", que é o título desse parágrafo, também leva a mulher a participar de uma comédia, ou seja, desempenhar um papel que o homem lhe atribui. É quando se conforma à imagem que o homem dela constrói que simula a si mesma.

Nos parágrafos 66, 67 e 68, o filósofo insiste na ideia de que as mulheres sempre se entregam à simulação de si mesmas; assim, conformam-se às imagens que os homens constroem delas. Em suma: ao serem atrizes, elas são artistas.

Levando adiante a ideia de que há seres vazios, desprovidos de interior, no Terceiro Livro da *Gaia ciência*, Nietzsche analisa os tipos que aspiram a se converter em funções de outros. Dadas as suas configurações

---

[34] *A gaia ciência* § 67 (SM), *KSA* 3.426s.

fisiopsicológicas, eles podem conservar-se melhor quando integram outro organismo. Entre os seres humanos que assim procedem, ele destaca "essas mulheres que se transformam na função de um homem, que nele está justamente pouco desenvolvida, e se tornam assim sua carteira, sua política ou sua sociabilidade".[35] Essa ideia já está de algum modo presente numa passagem de *Humano, demasiado humano*, em que o autor afirma: "Há mulheres que, por mais que se busque, não têm interior, pois, são simples máscaras. É digno de pena o homem que se liga a esses seres espectrais, necessariamente insatisfatórios, embora sejam precisamente os que mais excitam o desejo do homem: ele busca a sua alma – e continua buscando para sempre".[36]

Mas Nietzsche aborda "O problema do ator" a partir de outra perspectiva numa passagem do Quinto Livro da *Gaia ciência*. No parágrafo assim intitulado, começa por investigar a emergência do ator em diferentes contextos sociais. A partir da análise de sua configuração fisiopsicológica, faz ver que, onde quer que apareça, ele revela a aspiração de tomar uma máscara e entrar num papel; seus talentos de dissimulação se acham de algum modo relacionados com o que nos animais se denomina mimetismo ou com o que nos seres humanos se poderia chamar de capacidade de adaptação. Depois de enumerar grupos de indivíduos que encarnariam o tipo "ator", como os bufões, os diplomatas e os judeus, declara: "Por fim, as *mulheres*. Reflitam sobre toda a história das mulheres, – elas não *têm* de ser em primeiro lugar e acima de tudo atrizes? Ouçam os médicos que hipnotizaram mulheres; enfim, amem-nas – deixem-se 'hipnotizar' por elas! Qual é sempre o resultado? Que elas 'se entregam' a um papel, mesmo quando – se entregam... A mulher é tão artística...".[37]

---

[35] *A gaia ciência* § 119 (SM), *KSA* 3.476.

[36] *Humano, demasiado humano* I § 405 (SM), *KSA* 2.270. Essa ideia reaparece em outro contexto em *Humano, demasiado humano* I § 218 (SM), *KSA* 2.179, onde Nietzsche reflete sobre as dificuldades de compreender a arquitetura de tempos passados: "O que é para nós hoje a beleza de um edifício? O mesmo que o belo rosto de uma mulher sem espírito: algo como uma máscara".

[37] *A gaia ciência* § 361 (SM), *KSA* 3.609. Nessa mesma direção, pode-se ler a máxima de La Rochefoucauld: "Estamos tão acostumados a nos disfarçarmos para os outros que acabamos por nos disfarçar para nós mesmos" (*Maximes et réflexions diverses*. Paris: Garnier-Flammarion, 1977. Máxima 119, p. 55). Nietzsche possuía

Sem dar referências precisas, como aliás é do seu feitio, o filósofo apela para certa história das mulheres e certa medicina praticada pelos homens. Se assim procede, é porque persegue o objetivo de sustentar a ideia de que a mulher sabe bem representar. Ela dissimula até mesmo quando se entrega; nisso consiste sua arte. No fim das contas, quer se trate de recorrer à simulação de si, quer de se limitar a usar máscaras, é sempre enquanto atrizes que as mulheres se comportam.

Nesse momento da investigação, caberia perguntar de que maneira o homem forma a imagem que tem da mulher. Para examinar essa questão, nada melhor do que remeter a uma passagem do *Crepúsculo dos ídolos*. Referindo-se ao mito bíblico da criação, Nietzsche escreve: "O homem criou a mulher – mas do quê? De uma costela de seu deus, de seu ideal".[38] Com essas linhas, ele promove uma completa inversão de perspectivas: não é mais Deus quem cria a mulher, mas o homem; ela não é mais criada a partir do homem, mas de Deus. No mito bíblico, a mulher surge de uma costela que Deus retira do homem. Daí decorre que, com a sua criação, sofrendo uma perda, o homem passa a viver na incompletude, e a mulher, por sua vez, desde a sua aparição, apresenta-se como um apêndice do homem. Na versão nietzschiana, a mulher vem de uma costela que o homem retira de seu Deus. Donde se segue que, ao ser criada, ela participa do mundo dos ideais, e o homem, ao criá-la, nada mais faz do que proceder a mais uma idealização.

Adotando outra perspectiva, seria possível afirmar que, no mito bíblico, a diferença sexual aparece quando o corpo feminino é extraído do corpo masculino sem procriação; por conseguinte, é o próprio homem que, por diferenciação, define o feminino. Na versão nietzschiana, a imagem da mulher surge no momento em que o

---

na sua biblioteca o livro *Réflexions, sentences et maximes morales de La Rochefoucauld précédées d'une notice par M. Sainte-Beuve* (Paris: Garnier Frères, [s.d.]), assim como a tradução alemã *Maxime und Reflexionen* (Leipzig: Ph. Reclam, [s.d.]). Cf. CAMPIONI et al. (ed.). *Nietzsches persönliche Bibliothek*, p. 338 e seguintes.

[38] *Crepúsculo dos ídolos*, "Sentenças e setas", § 13 (SM), *KSA* 6.61. Cf. *O Anticristo* § 48, *KSA* 6.226s, em que Nietzsche fará mais uma vez referência ao mito bíblico da criação. Na medida em que, nessa passagem, ele procura analisar a psicologia do sacerdote, encara com um olhar crítico a ideia de que a mulher seria responsável por todo o mal do mundo; ensinando o homem a experimentar a árvore do conhecimento, ela estaria na origem da ciência.

homem engendra novos ideais; portanto, é o próprio homem que, por imposição, define o que considera feminino. Mas, tanto no mito bíblico quanto na versão nietzschiana, a mulher só ganha existência enquanto prolongamento do homem.

    Esse último ponto merece atenção. Para manter uma imagem consistente de si mesmo, o homem necessita de certa construção do outro; constrói assim uma imagem idealizada da mulher, imagem essa que prolonga aquela que ele tem de si mesmo. Em *Humano, demasiado humano*, Nietzsche aprofunda essa problemática; entende que, em matéria de relações amorosas, a idealização do outro, tanto nos homens quanto nas mulheres, nada mais faz do que corresponder a uma necessidade de autoidealização. No Segundo Livro da *Gaia ciência*, objeto privilegiado de exame neste momento, ele trará à luz as imagens mais variadas das mulheres: as que são procriadoras, dóceis, obedientes, mas também arrogantes, vingativas, volúveis. A partir de suas configurações fisiopsicológicas, também põe em cena diferentes tipos de mulher: as mulheres tocadas pela disposição à música; as mulheres idosas que se tornam céticas; as mulheres nobres afetadas por certa pobreza de espírito; as mulheres que exageram suas fraquezas; as mulheres que devem proceder a uma simulação de si mesmas; as mulheres cheias de docilidade; as mulheres capazes de vingança; as mulheres em quem "o melhor do homem se tornou ideal encarnado"; as mulheres castas; as mulheres que são mães; as mulheres sem sucesso; as pequenas mulheres.[39]

    Não posso deixar de notar, porém, que Nietzsche analisa precisamente vários tipos de homem nessa sequência de parágrafos da *Gaia ciência*. É o que ocorre, por exemplo, no parágrafo intitulado "As mães": "A gravidez tornou as mulheres mais doces, mais pacientes, mais temerosas, mais dispostas à submissão; e a gravidez intelectual produz, de igual modo, o caráter dos contemplativos, que se assemelha ao caráter feminino: – são as mães masculinas".[40] Considerando

---

[39] Cf. respectivamente *A gaia ciência* § 63, *KSA* 3.425s; § 64, *KSA* 3.426; § 65, *KSA* 3.426; § 66, *KSA* 3.426; § 67, *KSA* 3.426s; § 68, *KSA* 3.427; § 69, *KSA* 3.427s; § 70, *KSA* 3.428; § 71, *KSA* 3.428s; § 72, *KSA* 3.430; § 74, *KSA* 3.430s; § 75, *KSA* 3.431.

[40] *A gaia ciência* § 72 (SM), *KSA* 3.430. A propósito da gravidez masculina, cf. *Humano, demasiado humano* II, "Miscelânea de opiniões e sentenças", § 63,

a capacidade de engendrar uma das mais importantes capacidades da mulher, o filósofo concebe por extensão a ideia de gestação intelectual. A ele ocorre construir uma imagem dos homens a partir de certa imagem das mulheres que eles mesmos construíram. Atribuindo a capacidade de engendrar a certo tipo de homens, não deixa de valorizá-los. Ao contrário dos homens de ciência, que seriam estéreis, os contemplativos são capazes de engendrar. É a gravidez que torna possível distinguir esses dois tipos de homem.

Vale lembrar que, no capítulo intitulado "Sentenças e interlúdios", de *Para além de bem e mal*, Nietzsche também apresenta diversos tipos de homem. É verdade que, nesse capítulo, ele se dedica a examinar várias espécies de problema. Toma como objeto de reflexão o caráter e a reputação, o casamento e o concubinato, a moralidade e o suicídio, o sexo e a sensualidade. Volta-se ainda para a análise do amor e do ódio, da gratidão e do desprezo, do orgulho e da vaidade, da vingança e da compaixão. Discute questões que dizem respeito à ciência e à verdade, aos vícios e às virtudes, a Deus e ao diabo, ao bem e ao mal. E, em determinadas passagens, toma as mulheres como alvo privilegiado de ataque. Assim é que não hesita, por exemplo, em afirmar: "A mulher aprende a odiar na medida em que desaprende a – enfeitiçar".[41] Ou então: "A imensa expectativa quanto ao amor sexual e o pudor inerente a essa expectativa estragam desde o início todas as perspectivas para a mulher".[42] Ou ainda: "Extraído de antigas novelas florentinas – e também da vida: '*buona femmina e mala*

KSA 2.405; § 216, KSA 2.470; § 285, KSA 2.497; *Aurora* § 552, KSA 3.497; *Para além de bem e mal* § 248, KSA 5.191. A propósito da gravidez que Nietzsche atribui a si mesmo, cf. *Humano, demasiado humano* I, "Prefácio", § 7, KSA 3.21. Sobre a gestação de suas obras, cf. *Ecce homo*, "Por que sou tão esperto", § 3, KSA 6.284; *Ecce homo*, "Assim falava Zaratustra", § 3, KSA 6.339. Enfatizando de modo exagerado, a meu ver, a importância da ideia de gravidez em Nietzsche, Derrida afirma: "Nietzsche, o que se pode verificar em todos os lugares, é o pensador da gravidez" (DERRIDA. *Éperons: les styles de Nietzsche*, p. 45). Cf. também OLIVER. *Womanizing Nietzsche*, em especial p. 147-164.

[41] *Para além de bem e mal* § 84 (SM), KSA 5.88. Cf. na mesma direção *Humano, demasiado humano* § 414 (SM), KSA 2.273, onde se lê: "Quando tomadas pelo ódio, as mulheres são mais perigosas que os homens".

[42] *Para além de bem e mal* § 114 (SM), KSA 5.93.

femmina vuol bastone'. Sacchetti, nov. 86".[43] Tampouco se abstém de assegurar que, "quando o amor ou o ódio não intervém no jogo, a mulher é jogadora medíocre",[44] ou que, "na vingança e no amor, a mulher é mais bárbara que o homem".[45] Mas o filósofo ainda trata, nesse capítulo, dos tipos de homem. Reflete sobre a conduta de sábios e cientistas, eruditos e artistas, religiosos e poetas, homens superiores e espíritos livres.

Uma situação similar parece ocorrer no *Crepúsculo dos ídolos*. No capítulo intitulado "Sentenças e setas", Nietzsche lida com questões múltiplas. Exprime-se acerca do ócio e da sabedoria, da humildade e da covardia, do pudor e do amor ao próximo, da felicidade e do remorso. Examina historiadores e psicólogos, filósofos e sistemas de pensamento, imoralistas e casos de consciência, homens póstumos e o espírito alemão. Mas não deixa de tratar das mulheres. Afirma, por exemplo, que "quando a mulher possui virtudes masculinas, é para sair correndo; e, quando ela não possui nenhuma virtude masculina, é ela mesma que sai correndo".[46] Se as observações que o filósofo faz sobre as mulheres nessa passagem são datadas, uma vez que exprimem uma maneira de pensar, agir e sentir que lhe é contemporânea, elas revelam, uma vez mais, um modo de proceder que lhe é característico. Opondo-se às leis gerais e aos conceitos universais, ele opera com tipos que em certa medida emergem da história.

A exemplo dos moralistas franceses, Nietzsche estabelece estreita ligação entre os estudos históricos e as questões relativas à conduta humana. Tanto é que pretende analisar os problemas morais levando

---

[43] *Para além de bem e mal* § 147 (SM), *KSA* 5.98. "Tanto a mulher boa como a má querem o bastão." Vale lembrar que Franco Sacchetti (1335-1400), escritor, negociante e homem político florentino, compôs por volta de 1352 um poema heroico-cômico intitulado *A batalha das belas mulheres de Florença contra as velhas* (*La battaglia delle belle donne di Firenze con le vecchie*), reuniu suas poesias líricas no seu *Livro das rimas* (*Libro delle rime*) e, durante os últimos anos de sua vida, escreveu as *Trezentas histórias* (*Trecento Novelle*). Trata-se de historietas divertidas e até indecorosas, que elogiam certa sabedoria prática; elas pintam assim um quadro vivo da sociedade da época.

[44] *Para além de bem e mal* § 115 (SM), *KSA* 5.93.

[45] *Para além de bem e mal* § 139 (SM), *KSA* 5.97.

[46] *Crepúsculo dos ídolos*, "Sentenças e setas", § 28 (SM), *KSA* 6.63.

em conta as condições de seu surgimento e de suas transformações. Acredita que, em matéria de moral, o trabalho do historiador contribua para explicar as "condições de existência" de determinados povos, apontando os motivos que os levaram a concebê-las de tal modo; concorre para esclarecer os costumes de grupos sociais diversos, assinalando os móveis que fizeram com que os instituíssem; colabora para elucidar os sentimentos morais de indivíduos de várias épocas e lugares, mostrando as razões de emergirem e se conservarem. Na *Gaia ciência*, escreve:

> Apenas a observação das diferentes formas de crescimento, que os impulsos humanos tiveram ou ainda podem ter graças a diferentes climas morais, já representa trabalho em demasia para o mais diligente; serão necessárias gerações inteiras, gerações de sábios colaborando metodicamente, para esgotar os pontos de vista e a matéria nesse domínio. O mesmo ocorre com a demonstração das razões que determinam os climas morais ("*por que* aqui brilha esse sol de um juízo moral e de um critério de valor – e lá aquele?").[47]

A concepção de história com que o filósofo trabalha está muito próxima daquela com que operam Montaigne, La Rochefoucauld, Vauvenargues e Chamfort. Vendo a história como uma mistura desordenada de ações, eventos, situações morais, costumes, arranjos sociais, traços de caráter, por certo eles não a consideram uma ciência. Pouco lhes importa que tenha inteligibilidade ou não, o que conta é o seu uso para compreender o ser humano. Na maneira como a concebem, encontram-se ressonâncias do sentido que Cícero lhe emprestava: tesouro inestimável de exemplos, a história é a mestra da vida. Se a ela recorrem, não é para prever o futuro, mas para sondar o ser humano; e o resultado desse diagnóstico é precisamente a impossibilidade de qualquer prognóstico.

Nietzsche reconhece o parentesco entre o seu modo de pensar e o dos moralistas franceses. Numa passagem de *Humano, demasiado humano*, afirma: "Ao ler Montaigne, La Rochefoucauld, La Bruyère, Fontenelle (sobretudo os *Diálogos dos mortos*), Vauvenargues, Chamfort, está-se mais perto da Antiguidade do que com qualquer grupo de

---

[47] *A gaia ciência* § 7 (SM), *KSA* 3.379.

seis autores de outros povos. [...] Seus livros elevam-se acima das variações do gosto nacional e das nuanças filosóficas, que agora comumente reluzem e precisam reluzir em todo livro, para se tornar célebre".[48] Ressaltando que os moralistas franceses não cederam aos ditames da moda, não se curvaram aos caprichos da opinião pública, não se submeteram às exigências da época, o filósofo entende que examinaram problemas centrais da conduta humana. Se apontavam que os costumes diferem segundo as circunstâncias, ele assinala que os valores surgem em algum momento e algum lugar. Se rejeitavam a ideia de que os preceitos morais são essenciais, imutáveis e eternos, também ele lança mão dos estudos históricos para perscrutar o comportamento humano. E, cabe lembrar, ainda opera com uma concepção de história que desemboca em tipologias.

Os elementos reunidos até o momento permitem afirmar que Nietzsche recorre à tipologia de várias maneiras. Dela se serve para examinar, a partir de suas configurações fisiopsicológicas, diversos tipos de mulher e de homem. A ela recorre para tratar das imagens das mulheres que elas constroem a partir daquelas que os homens construíram e, ainda, para considerar as imagens dos homens que eles constroem a partir de certa imagem das mulheres que eles próprios construíram. E, nesse jogo, acaba por montar um caleidoscópio; em cada lance, põe em ação estratégias específicas e, em cada movimento, traz à luz aspectos inesperados.

Importa sublinhar que o recurso de Nietzsche à tipologia se acha estreitamente ligado à sua recusa a encarar a mulher como uma essência.[49] Rejeitando a ideia de "mulher em si", pelo mesmo movimento, ele torna possível conceber uma pluralidade de configurações do feminino e tomar cada uma delas na sua singularidade.[50] Inseridas

---

[48] *O andarilho e sua sombra* § 214 (SM), *KSA* 2.646s.

[49] Cf. a esse propósito KOFMAN, Sarah. Baubô, perversion théologique et fétichisme. In: *Nietzsche et la scène philosophique*. Paris: Union Générale d'Éditions, 1979. p. 263-304; DERRIDA. *Éperons: les styles de Nietzsche*. Se acompanho aqui a posição de Kofman e Derrida, nem por isso entendo que se deva tomar Nietzsche como um importante aliado das posições feministas.

[50] Não é por acaso que feministas norte-americanas tendem a valorizar os aportes da filosofia nietzschiana para a causa das mulheres. O filósofo teria introduzido, para usar uma expressão a que recorrem, a multiplicidade feminina.

em tal contexto, suas afirmações a propósito do comportamento feminino não visam à mulher de modo geral. Ao contrário, elas buscam revelar os traços característicos de vários tipos de mulher.

Mas o que conta neste momento da investigação é ressaltar que, ao operar desse modo, Nietzsche cede uma vez mais à tentação de proceder como os moralistas franceses. Leitor entusiasta de La Rochefoucauld,[51] bem sabe que, mais do que uma filosofia moral ou uma teologia, esse pensador propõe uma nova antropologia. Com ela, empenha-se em denunciar não a hipocrisia consciente que está por trás de uma virtude simulada, mas a boa consciência do homem honesto que acredita na própria virtude. Propõe-se a pintar um "retrato do coração do homem", para o qual deseja apenas a boa-fé de um leitor que se disponha a se pôr em causa. Não é por acaso que escreve à guisa de epígrafe às suas *Máximas*: "*nossas virtudes são, com frequência, tão somente vícios disfarçados*".[52] Tampouco Nietzsche quer expor uma doutrina ou fixar uma dogmática. Não é por acaso que, em seus escritos, lança mão das mais diversas estratégias. Assim é que, ao recorrer às máximas, procura instigar o leitor a tomar partido contra ele e contra si mesmo. Mas também parte da contraposição entre a sua perspectiva e a do seu adversário, para sublinhar o contraste entre elas. Ou então, tendo em mira dois adversários ao mesmo tempo, coloca-os um contra o outro, para evidenciar os pontos vulneráveis de ambos. Ou, ainda, faz de adversários declarados seus aliados, levando a crer que assume as posições que defendem, para combater outros, com o intuito de, por fim, declarar guerra àqueles a quem de início se aliara.

No capítulo "Sentenças e interlúdios", de *Para além de bem e mal*, o filósofo recorre justamente a máximas para procurar atingir as

---

[51] Cf. *Humano, demasiado humano* I § 35 (SM), *KSA* 3.57s: "Por que já não se leem os grandes mestres da sentença psicológica? – pois, que se diga sem qualquer exagero: é raro encontrar na Europa o homem culto que tenha lido La Rochefoucauld e seus pares em espírito e arte; e ainda mais raro, quem os conheça e não os insulte". Cf. também carta de Jacob Burckhardt a Nietzsche datada de 5 de abril de 1879, *KSB*, em que o historiador, cumprimentando o seu colega pela publicação da *Miscelânea de opiniões e sentenças*, dizia que La Rochefoucauld teria ciúmes de mais de um aforismo de sua autoria.

[52] LA ROCHEFOUCAULD. *Maximes et réflexions diverses*, p. 45.

mulheres com suas flechas.⁵³ É também esse procedimento que adota no capítulo intitulado "Sentenças e setas", do *Crepúsculo dos ídolos*.⁵⁴ E é ainda da mesma maneira que procede na sequência de parágrafos do Segundo Livro da *Gaia ciência*. Esse modo de proceder ganha sentido quando se tem em vista que ele se propõe, em sua obra, a combater a filosofia dogmática. Contrapondo-se ao raciocínio que opera a partir de *a priori* metafísicos e essências atemporais, conta apresentar o diagnóstico de casos singulares e, para tanto, espera avaliar diferentes tipos. Intimamente ligada ao procedimento genealógico, a tipologia não vem apenas desqualificar a ideia de natureza humana; ela vem desacreditar também a de identidade feminina. Recorrendo à tipologia, Nietzsche serve-se de um meio que lhe permite distanciar-se do pensamento metafísico.

Na ótica nietzschiana, é precisamente a recusa do perspectivismo que confere caráter dogmático ao pensamento metafísico. Os filósofos dogmáticos procuram impor sua maneira de ver como a única válida. Não podem aceitar a ideia de que estejam limitados a certo ponto de vista; não podem admitir que se achem condenados a determinado ângulo de visão. Negam assim "a perspectiva, a condição fundamental de toda vida".⁵⁵ Deixando-se levar por uma incondicional vontade de verdade, tentam impor suas avaliações e assegurar que a verdade tem mais valor do que a falsidade, a aparência e o erro.

Vale lembrar que, em seus textos, Nietzsche trabalha com diversas concepções de verdade. Por um lado, ele entende que o homem define uma proposição como verdadeira quando conforme à convenção linguística que estabeleceu. Desse ponto de vista, a verdade não passa de valor que possibilita aos indivíduos manter a vida em coletividade.⁵⁶ Por outro, sustenta que o homem toma por verdadeiro apenas o

---

⁵³ Cf. em particular *Para além de bem e mal* § 84, *KSA* 5.88; § 86, *KSA* 5.89; § 114, *KSA* 5.93; § 115, *KSA* 5.93; § 131, *KSA* 5.96; § 139, *KSA* 5.97; § 144, *KSA* 5.98; § 145, *KSA* 5.98; § 147, *KSA* 5.98; § 148, *KSA* 5.99.

⁵⁴ Cf. sobretudo *Crepúsculo dos ídolos*, "Sentenças e setas", § 16, *KSA* 6.61; § 20, *KSA* 6.62; § 27, *KSA* 6.63; § 28, *KSA* 6.63.

⁵⁵ *Para além de bem e mal*, "Prefácio" (SM), *KSA* 5.12.

⁵⁶ Cf. nessa direção a conhecida passagem de *Sobre verdade e mentira no sentido extra-moral* § 1 (RRTF), *KSA* 1.880s: "As verdades são ilusões, das quais se esqueceu que o são, metáforas que se tornaram gastas e sem força sensível, moedas que

que contribui para a sua sobrevivência. Dessa perspectiva, a verdade diz respeito a formas de vida, no sentido de esferas de experiências e atividades humanas.[57] Nos textos da maturidade, recusando-se a conceber a verdade como correspondência entre os juízos e o real ou como uso legítimo das faculdades na constituição da objetividade, o filósofo acaba por pensá-la, também, sob o signo da eficácia.[58] No limite, é na utilidade biológica que reside o critério de verdade. Imprescindíveis para a conservação da espécie, os juízos que o ser humano elabora, embora talvez "falsos", por certo são "verdadeiros".

Num conhecido capítulo do *Crepúsculo dos ídolos*, tomando como fio condutor a ideia de "mundo verdadeiro", Nietzsche reescreve a história da filosofia em seis etapas. Num primeiro momento, entendendo que a ascese dialética conduz à contemplação das Ideias, é com o mundo verdadeiro que Platão se identifica; depois, por aprofundar o dualismo metafísico, o cristianismo faz do mundo verdadeiro algo inalcançável nesta vida, mas não deixa de prometê-lo para a outra; então, ao investigar as condições de possibilidade do conhecimento, Kant converte-o em algo indemonstrável e, ao distinguir conhecer e pensar, confere-lhe lugar de destaque em sua doutrina moral; por fim, o positivismo, atendo-se aos fatos, julga-o, por ser desconhecido, incapaz de desempenhar qualquer papel no que diz respeito às normas de conduta; assim, tornando-se inútil e supérfluo, o mundo

---

perderam sua efígie e agora só entram em consideração como metal, não mais como moedas".

[57] Cf. nesse sentido *Fragmento póstumo* 38 [4] de junho/julho de 1885 (SM), KSA 11.598, onde se lê: "'Verdade': na minha maneira de pensar, não designa necessariamente o contrário do erro, mas, nos casos mais fundamentais, apenas a posição de diferentes erros inter-relacionados; uns, por exemplo, são mais antigos, mais profundos, talvez até impossíveis de se desenraizar, na medida em que, sem eles, um ser orgânico de nossa espécie não poderia viver; outros não nos tiranizam da mesma forma, enquanto condições de vida, mais ainda, ao contrário desses 'tiranos', podem ser descartados e refutados".

[58] Cf. nessa direção *Para além de bem e mal* § 4 (RRTF), KSA 5.18, onde Nietzsche escreve: "A falsidade de um juízo ainda não é para nós nenhuma objeção contra esse juízo: é nisso, talvez, que nossa língua nova soa mais estrangeira. A pergunta é até que ponto é propiciador da vida, conservador da vida, conservador da espécie, talvez mesmo aprimorador da espécie; e estamos inclinados por princípio a afirmar que os mais falsos dos juízos (entre os quais estão os juízos sintéticos *a priori*) são para nós os mais indispensáveis".

verdadeiro acaba refutado. Não basta, porém, apontar o equívoco da metafísica, que acredita existir outro mundo; é preciso ainda mostrar o engano do positivismo, que, ao desqualificar o suprassensível, toma o sensível por verdadeiro, mantendo – às avessas – a dicotomia instaurada pela metafísica. Tampouco basta suprimir o domínio do suprassensível; é preciso ainda eliminar a oposição de que ele faz parte, já que não é possível conservar um de seus termos sem assumir o outro. "O verdadeiro mundo, nós o expulsamos, que mundo resta? o aparente, talvez?... Mas não! *Com o verdadeiro mundo expulsamos também o aparente!*"[59]

Exemplar, esse capítulo intitulado "Como o 'verdadeiro mundo' acabou por se tornar em fábula" revela o teor da crítica que Nietzsche faz à filosofia dogmática. Apresentando o subtítulo "História de um erro", ele pretende mostrar que conceber a verdade como unívoca, monolítica, sem fissuras, numa palavra, como verdade doutrinária, é um erro; quer fazer ver que a verdade, ao contrário, comporta múltiplos aspectos. Segundo o ponto de vista que se assume, pode-se considerar uma proposição verdadeira ou falsa; dependendo da perspectiva que se adota, pode-se tomar por verdadeiras duas proposições, à primeira vista, contraditórias.[60] Mas os filósofos não hesitam em preferir o verdadeiro ao falso, ao aparente, ao ilusório; por isso mesmo, entendem que a verdade deva excluir necessariamente o erro. Dirigindo-se a seus pares, Nietzsche levanta a questão: "O que vos obriga, em geral, a admitir uma oposição essencial entre 'verdadeiro' e 'falso'? Não basta admitir graus de aparência e como que sombras mais claras e mais escuras e tonalidades gerais da aparência – diferentes *valeurs*, para falar a linguagem dos pintores?".[61]

---

[59] *Crepúsculo dos ídolos*, "Como o 'verdadeiro mundo' acabou por se tornar em fábula" (RRTF), *KSA* 6.81.

[60] Posições semelhantes já se encontram em Pascal. Vale lembrar esta passagem dos *Pensamentos*: "Para repreender utilmente e mostrar a alguém que está errado, precisamos observar de que ponto de vista encara o assunto, porquanto, em geral, é verdadeiro para o observador, e então reconhecer sua verdade, mas descobrir-lhe o lado pelo qual é falso. Assim, satisfazemos à pessoa enganada, porque vê que não se equivocava mas deixava tão-somente de encarar a coisa de todos os ângulos possíveis" (fragmento 9).

[61] *Para além de bem e mal* § 34 (RRTF), *KSA* 5.53s.

Habitada por uma incondicional vontade de verdade, a filosofia dogmática está em perfeita sintonia com as noções e os valores que estão na base mesma de nossa civilização. Nutrimos o desprezo pelas "disposições fundamentais da vida"; alimentamos o apreço pelo mundo fictício dos ideais. Dessa ótica, a filosofia dogmática acaba por se confundir com a própria história da filosofia. No capítulo "Como o 'verdadeiro mundo' acabou por se tornar em fábula", Nietzsche entende que a história da filosofia começa com Platão, passando pelo cristianismo e pelo criticismo kantiano, para chegar até o positivismo. E termina com o seu próprio pensamento. Rompendo com a tradição, ele viria instaurar um ponto de inflexão nisso que foi a "história de um erro". Ao menos, é assim que o avalia.

Importa, aqui, analisar a segunda etapa dessa história: "O verdadeiro mundo, inalcançável por ora, mas prometido ao sábio, ao devoto, ao virtuoso ('ao pecador que faz penitência'). (*Progresso da Ideia: ela se torna mais refinada, mais cativante, mais impalpável* – ela vira mulher, *ela se torna cristã...*)".[62] Num primeiro momento, vige a proposição "eu, Platão, *sou* a verdade". Então, é com a verdade que o filósofo se identifica; através da ascese dialética, a ele será dado aceder ao mundo das Ideias. Num segundo momento, a verdade "*vira mulher,* ela se torna cristã...".[63] Agora, inatingível nesta vida, impõe distância; exercendo fascínio, promete mostrar-se na outra vida aos que fizerem por merecer. Concebendo a verdade como mulher, o cristianismo coloca-a num lugar inacessível; com isso, dela se defende. Fabricando ideais, faz este mundo passar por falso, aparente, ilusório; assim, contra ele se protege.

É com outro intuito, porém, que, no prefácio a *Para além de bem e mal*, Nietzsche identifica a verdade à mulher. Nas primeiríssimas

---

[62] *Crepúsculo dos ídolos*, "Como o 'verdadeiro mundo' acabou por se tornar em fábula" (RRTF), *KSA* 6.80.

[63] Caminhando em outra direção, Derrida faz ver, ao analisar esse capítulo, que o cristianismo se apresenta como aniquilamento das paixões e dos desejos, como castração. Diz ele: "O que se ensina em letras vermelhas no 'ela *torna-se mulher, torna-se cristã...*' eu vou tentar demonstrar que é um 'ela castra(-se)', ela castra porque é castrada, joga sua castração no período de um parêntese, finge a castração – sofrida e infligida – para dominar o senhor de longe, para produzir o seu desejo e, num mesmo golpe, o que aqui é 'a mesma coisa', matá-lo" (DERRIDA. *Éperons: les styles de Nietzsche*, p. 63).

linhas do livro, empenhando-se em combater o modo de proceder dos filósofos dogmáticos, quer sublinhar sua falta de jeito: "Supondo que a verdade seja uma mulher –, como? não está bem fundada a suspeita de que todos os filósofos, na medida em que foram dogmáticos, entenderam pouco de mulheres?".[64] Ao desejarem conquistar a verdade a qualquer preço, possuí-la a todo custo, os filósofos dogmáticos lançam mão de "meios inábeis e impróprios para conquistar uma mulher". Ignorando que o pudor é a virtude feminina por excelência, eles querem tudo ver. Sem constrangimento, contam despir a mulher com os olhos; sem embaraço, esperam desnudar por completo a verdade.

No prefácio à *Gaia ciência*, buscando uma vez mais se distinguir dos filósofos dogmáticos, Nietzsche também identifica a verdade à mulher: "Não acreditamos mais que a verdade ainda permaneça verdade, quando se lhe tira o véu; vivemos demasiado para acreditar nisso. É para nós uma questão de decência hoje não querer ver tudo em sua nudez, estar presente a tudo, tudo compreender e 'saber'".[65] Daí se segue que a verdade, que é mulher, bem sabe que a verdade perseguida pelos filósofos dogmáticos não existe, pois ela mesma não é a verdade que acreditam existir. Em outras palavras, a verdade, que é mulher, percebe como uma afronta a verdade doutrinária que eles perseguem. Com suas vestes e seus adornos, cheia de pudor, ela se põe fora de seu alcance.[66]

Levando em conta o experimentalismo da filosofia de Nietzsche, parece-me arriscado considerar verdadeiras as suas posições. Elas não são verdadeiras na acepção do termo empregado pela filosofia dogmática, mas tampouco são meras opiniões no sentido do que preexiste à reflexão. A meu ver, as *suas* verdades são temporárias; tendo caráter experimental, elas são válidas até que surjam outras mais em consonância com o próprio movimento reflexivo. Uma conhecida passagem de *Para além de bem e mal* poderia confirmar minha hipótese interpretativa: "Cada filosofia é uma filosofia de fachada – eis um

---

[64] *Para além de bem e mal*, "Prefácio" (SM), *KSA* 5.11.

[65] *A gaia ciência*, "Prefácio", § 4 (SM), *KSA* 3.352.

[66] Nessa direção, é possível ler esta passagem: "*Entre mulheres*. A verdade? Não conheceis a verdade? Não é ela um atentado a todos os nossos *pudores*?" (*Crepúsculo dos ídolos*, "Sentenças e setas", § 16 (SM), *KSA* 6.61).

juízo ermitão: 'Há algo de arbitrário se *aqui* ele se deteve, olhou para trás, olhou em torno de si, se *aqui* ele não cavou mais fundo e pôs de lado a enxada – há também algo de desconfiado nisso'".⁶⁷

É bem possível que, ao criticar a filosofia dogmática, Nietzsche conte introduzir pelo mesmo movimento outra concepção de verdade. Identificando a verdade à mulher, ele combate a verdade doutrinária que os filósofos dogmáticos perseguem e exalta ao mesmo tempo a mulher que não consente em se entregar a eles. No prefácio à *Gaia ciência*, escreve: "Seria preciso respeitar o pudor com que a natureza se escondeu atrás de enigmas e coloridas incertezas. Talvez a verdade seja uma mulher, que tem boas razões para não deixar ver suas razões? Talvez seu nome seja, para falar em grego, Baubô?".⁶⁸ Que Nietzsche conte denominar Baubô essa nova concepção de verdade exige atenção. Sabe-se que, na tradição órfica, Baubô aparece associada ao rapto de Perséfone por Hades. Em sua busca pela filha, Demeter é acolhida em Elêusis. Inconsolável, ela recusa o alimento que lhe oferecem. Recorrendo a brincadeiras e palavras obscenas, Baubô tenta convencê-la a romper o luto materno; como não tem êxito, levanta então o peplo e exibe o sexo. Esse gesto inesperado agrada a Demeter, que, enfim, aceita alimentar-se.⁶⁹

O problema que se coloca agora é o seguinte: como compreender que Nietzsche conte dar à verdade concebida como "uma mulher,

---

⁶⁷ *Para além de bem e mal* § 289 (RRTF), *KSA* 5.234.

⁶⁸ *A gaia ciência*, "Prólogo", § 4 (SM), *KSA* 3.352. Nietzsche retomará essas frases *ipsis litteris* em *Nietzsche contra Wagner*, "Epílogo", § 2, *KSA* 6.439.

⁶⁹ Essa é a versão do relato dada por Clemente de Alexandria. Cf. *Le Protreptique*. Trad. C. Mondésert. Paris: Les Éditions du Cerf, 2004. II, 20, 1-21, 2. A propósito de Baubô, que, como se sabe, é uma figura da estória de Demeter nos *Hinos homéricos*; cf. THORGEIRSDOTTIR, Sigridur. Baubô: Laughter, Eroticism and Science to Come. *In*: RESCHKE, Renate (Hrsg.). *Frauen: ein Nietzschethema? Nietzsche: ein Frauenthema?*. Berlin: Akademie Verlag, 2012. p. 65-74. (Nietzscheforschung, B. 19.) Segundo Pierre Klossowski, foi na versão de Clemente de Alexandria que Nietzsche se inspirou (*Le Gai savoir*. Trad. P. Klossowski. Paris: Gallimard, 1982. p. 606, note 2). Entre os autores antigos que mencionam Baubô estão Arnóbio, Pausânias e Suidas, além de Clemente de Alexandria. Nietzsche possuía na sua biblioteca obras de Arnóbio, os dois primeiros volumes da *Description Graecia*, de Pausânias, na edição latina, e os três volumes na edição alemã. Cf. CAMPIONI *et al.* (ed.). *Nietzsches persönliche Bibliothek*, p. 432 e seguintes.

que tem boas razões para não deixar ver suas razões", precisamente o nome de Baubô, que não hesita em mostrar seu sexo?

Antes de sugerir uma primeira resposta a essa questão, seria preciso lembrar que tanto o prefácio de *Para além de bem e mal* quanto o da segunda edição da *Gaia ciência* foram redigidos em 1886. Nesse momento de seu percurso intelectual, Nietzsche entende que a sua tarefa maior consiste em levar a bom termo o projeto de transvaloração de todos os valores. Transvalorar os valores é, antes de tudo, suprimir o solo a partir do qual eles até então foram engendrados. É também inverter os valores, apreciando tudo o que até então foi temido pela humanidade e depreciando tudo o que até então foi por ela venerado. É ainda criar valores que estão em consonância com o corpo, com a vida, com a Terra.[70] Se se levar em conta o segundo aspecto do projeto de transvaloração de todos os valores, é possível compreender que a nova concepção de verdade que Nietzsche tem em vista remete ao desvelamento ao ser humano de tudo o que fora proibido até o presente,[71] um desvelamento tão bem figurado pelo gesto indecente de Baubô.

Mas não se pode negligenciar que, nesse episódio, é também possível interpretar o gesto de Baubô como uma incitação à atividade sexual.[72] Figura da fertilidade, ela chama a atenção para a importância do corpo, da vida e da Terra. Se se levar em consideração o terceiro aspecto do projeto nietzschiano, também se pode compreender que essa nova concepção de verdade remete à criação dos valores que tomam o ser humano por uma configuração fisiopsicológica.

E eis que nos encontramos uma vez mais a mil léguas da maneira de pensar dos realistas, que, tomados pela propensão ao antropocentrismo

---

[70] Para uma análise mais aprofundada do projeto nietzschiano da transvaloração de todos os valores, remeto ao meu estudo: MARTON, Scarlett. *Ainsi parlait Zarathoustra*: l'œuvre à la fois consacrée et reniée. *In*: CAMPIONI, Giuliano; CIAMARRA, Leonardo P.; SEGALA, Marco (org.). *Goethe, Schopenhauer, Nietzsche: saggi in memoria di Sandro Barbera*. Pisa: Edizioni ETS, 2012. p. 481-490.

[71] Nessa direção, pode-se ler esta passagem de *Ecce homo*, "Prefácio", § 3 (RRTF), KSA 6.352: "*Nitimur in vetitum*: neste signo vencerá um dia a minha filosofia, pois até agora o que se proibiu sempre, por princípio, foi somente a verdade".

[72] Para aprofundar a compreensão dessa figura feminina, também presente em certos textos de Goethe, como *Fausto, O carnaval romano* e *Sobre a morfologia*, cf. DEVEREUX, Georges. *Baubô, la vulve mythique*. Paris: Payot, 2011.

e pela crença na objetividade, não se dão conta de que a realidade é constituída tão somente por paixões, impulsos, afetos. Baubô designaria uma imagem da mulher que estaria inteiramente em consonância com a própria filosofia nietzschiana[73]: uma imagem positiva da mulher. Mas, é bem verdade, de uma mulher que jamais existiu.

É certo que Nietzsche se empenha em examinar várias configurações do feminino, mas também é certo que surgem novas ambivalências em relação às mulheres em seus textos. Não hesito em afirmar que, se não se abstém de criticar as mulheres humanas, demasiado humanas, ele insiste em expressar sua estima por aquelas que só existem na imaginação.

---

[73] A esse propósito, Sarah Kofman escreve: "A figura de Baubô significa que uma lógica simples não poderia compreender a vida, pois ela não é nem profundidade nem superfície, que atrás de um véu há outro véu, atrás de uma camada de pintura há outra camada; ela significa também que a aparência não deve despertar nem ceticismo nem pessimismo, mas o riso afirmador de um vivente que sabe que, apesar da morte, a vida pode retornar indefinidamente" (KOFMAN, Sarah. *Nietzsche et la scène philosophique*. Paris: Union Générale d'Éditions, 1979. p. 295).

Capítulo 4
Outras mulheres:
a sabedoria, a vida e a eternidade

É em *Assim falava Zaratustra* que se revela com clareza o descompasso entre as personificações femininas de entidades abstratas e as mulheres humanas, demasiado humanas. Nesse livro, com a mulher, Nietzsche identifica a solidão, que lhe ensina o que quer dizer o abandono, e a felicidade, que corre atrás dele.[1] Mas são sobretudo a sabedoria, a vida e a eternidade que, concebidas como mulheres, desempenharão papel central. Da sabedoria Zaratustra torna-se cúmplice; com a vida ele se põe a dançar; à eternidade declara o seu amor. Não há dúvida de que essas são as suas mulheres bem amadas.

No capítulo intitulado "Do ler e escrever", Nietzsche introduz, pela primeira vez no livro, a personificação feminina de uma entidade abstrata.[2] Depois de anunciar que aprecia somente "o que alguém

---

[1] Cf. respectivamente *Assim falava Zaratustra* III, "A volta ao lar", *KSA* 4.231, e "Da bem-aventurança a contragosto" (SM), *KSA* 4.206, onde se lê: "Riu Zaratustra para o seu coração e disse zombeteiro: 'A felicidade corre atrás de mim. É porque não corro atrás das mulheres. Mas a felicidade é mulher'".

[2] Vale a pena lembrar que Nietzsche não é o único pensador a proceder dessa maneira. Maquiavel já escrevia: "Estou convencido de que é melhor ser impetuoso do que circunspecto, porque a sorte é mulher e, para dominá-la, é preciso bater-lhe e contrariá-la" (MAQUIAVEL. *O príncipe*. Trad. Lívio Xavier. 3. ed. São Paulo: Abril Cultural, 1983. [Os Pensadores.]). Sabe-se que Nietzsche possuía em sua biblioteca *Le Prince de Nicolas Machiavel* (Paris: Librairie de la Bibliothèque

escreve com sangue", Zaratustra trata das condições necessárias para que seus interlocutores venham a compreendê-lo. Então, afirma: "Quem escreve com sangue e máximas, esse não quer ser lido, mas aprendido de cor. Na montanha, o caminho mais curto é de cume a cume; mas, para isso, precisa-se de longas pernas. Que sentenças sejam cumes; e aqueles a quem são ditas, altos e robustos".[3] Encarando as sentenças ou, se se quiser, as máximas como pináros do pensamento, Nietzsche deixa entrever que elas se contrapõem ao raciocínio discursivo uniforme, entediante, monótono. Irreverentes, questionam preconceitos, abalam opiniões aceitas; em suma, provocam o leitor.

A atenção voltada para formulações concisas, o cuidado em visar alvos com olhar certeiro e o intuito de causar surpresa também se encontram nos escritos dos moralistas franceses. Não é por acaso que La Rochefoucauld e Chamfort, tão apreciados por Nietzsche,[4] desejam um leitor que não se recuse a se colocar em questão. Em seus escritos, bem se nota que ler máximas implica estabelecer um duelo com o autor e consigo mesmo; bem se observa que, para ser bem-sucedida, a máxima deve suscitar o jogo entre aquele que a enuncia e aquele que ela procura atingir. Pouco importa se incita ao aplauso ou ao comentário indignado, se impele ao assentimento ou à contestação. Donde se pode concluir que, se os moralistas franceses a ela recorrem, é porque visam, antes de tudo, provocar o leitor. Igual propósito persegue Nietzsche. Mas, ao acrescentar que as máximas exigem quem se disponha a aprendê-las de cor, ele não se limita a esperar, como La Rochefoucauld e Chamfort, um leitor despojado e corajoso; reclama sobretudo um leitor que possa integrá-las às próprias vivências.

Para enfatizar as condições necessárias para compreender o que tem a dizer, Zaratustra sublinha nesse mesmo capítulo a distância entre

---

Nationale, 1873). Cf. CAMPIONI et al. (ed.). *Nietzsches persönliche Bibliothek*, p. 338 e seguintes e p. 375.

[3] *Assim falava Zaratustra* I, "Do ler e escrever" (SM), *KSA* 4.48.

[4] Nietzsche comprou na Basileia, no final de 1875, o livro *Réflexions, sentences et maximes morales de La Rochefoucauld précédées d'une notice par M. Sainte-Beuve* (Paris: Garnier Frères, [s.d.]). Em 8 de maio de 1879 adquiriu na Basileia a obra *Pensées; maximes; anecdotes; dialogues: précédés de l'histoire de Chamfort par P. J. Stahl* (Paris: M. Lévy Frères, [s.d.]). A esse propósito, cf. CAMPIONI et al. (ed.). *Nietzsches persönliche Bibliothek*, p. 338 e seguintes e p. 169.

a perspectiva que seus interlocutores adotam e aquela que assume; enquanto eles ainda aspiram a se elevar, Zaratustra olha de cima para a humana condição. É nesse contexto que afirma: "Descuidados, zombeteiros, violentos – assim nos quer a sabedoria: ela é mulher, ela ama sempre somente um guerreiro".[5] Por um lado, Nietzsche dá a entender que, recorrendo a máximas, ele escreve com sangue, respira ar puro, frequenta a solidão, busca os picos mais altos; bem mais, está à procura de quem esteja em condições de vivenciar o que tem a dizer. Por outro, ao identificar a sabedoria com a mulher, é como guerreiro que se apresenta.

Logo adiante, no capítulo "Da guerra e dos guerreiros", o filósofo tornará mais clara sua posição. Lá Zaratustra dirige-se a seus discípulos, exortando-os a guerrear por ideias, saber escolher os inimigos e, em vez de se rebelar, praticar a obediência. Com isso, Nietzsche ressalta que não está apregoando a guerra entre povos ou nações, raças ou classes, mas quer promover o combate pelo conhecimento.[6] Entende que, para tanto, será preciso enfrentar adversários que estejam à sua altura, pois não se pode guerrear quando se despreza e não há por que fazê-lo quando se domina. Julga que, incapaz de lutar de igual para igual, ao escravo cabe a rebelião; aos guerreiros do conhecimento, porém, compete obedecer "ao mais alto pensamento da vida", que consiste na superação do homem.[7]

Se essas considerações acerca do capítulo "Da guerra e dos guerreiros", da primeira parte do livro, lançam alguma luz sobre a maneira como Nietzsche concebe o guerreiro, a análise de outro texto poderá esclarecer no que consiste a guerra que conta empreender. As linhas de *Assim falava Zaratustra* em que ele identifica a sabedoria com a mulher compareçam à guisa de epígrafe na Terceira Dissertação da *Genealogia da moral*. Mas, para tentar compreender as razões que o levam a aí incluí-las, é preciso examinar o que escreve no prefácio a essa obra: "Um aforismo, legitimamente cunhado e moldado, pelo

---

[5] *Assim falava Zaratustra* I, "Do ler e escrever" (RRTF), *KSA* 4.49.
[6] Cf. nessa direção *A gaia ciência* § 92, *KSA* 3.447s, e § 283, *KSA* 3.526s; em particular, *Fragmento póstumo* 25 [1] de dezembro de 1888/início de janeiro de 1889, *KSA* 13.637s.
[7] *Assim falava Zaratustra* I, "Da guerra e dos guerreiros" (SM), *KSA* 4.58s.

fato de ser lido, ainda não está 'decifrado'; em vez disso, somente agora pode começar sua *interpretação*, que requer uma arte da interpretação. Na Terceira Dissertação deste livro, ofereço um modelo daquilo que, em tal caso, denomino 'interpretação': essa dissertação é precedida por um aforismo, ela mesma é comentário dele".[8] Muito se tem discutido acerca dessa passagem. Alguns comentadores defendem que é a epígrafe à última parte do livro que constitui o aforismo que Nietzsche menciona; mais recentemente, outros sustentam que é o primeiro parágrafo da Terceira Dissertação que constitui o aforismo que ele tem em mente.[9] Tanto num caso quanto no outro, vários são os problemas que se colocam; não cabe aqui, porém, buscar uma solução para essa questão.[10]

Por ora, o que conta é compreender o que Nietzsche entende por aforismo. Que se examine, para tanto, o segundo parágrafo do prefácio à *Genealogia da moral*. Ao remeter o seu trabalho sobre os preconceitos morais a textos anteriores, ele declara que seus pensamentos a esse respeito "receberam sua primeira, parcimoniosa e provisória expressão naquela coletânea de aforismos que leva o título *Humano, demasiado humano: um livro para espíritos livres*".[11] Importa mencionar que, nos anos que imediatamente antecedem o aparecimento de seu primeiro livro em aforismos, o filósofo frequenta os moralistas e enciclopedistas franceses. No final de 1877, quando reúne e relê todas as suas notas, folhas e folhas cobertas de reflexões sobre diversos temas sem que nenhum elo aparente as una, pergunta-se por que não as publicar sob

---

[8] *Genealogia da moral*, "Prefácio", § 8 (RRTF), *KSA* 5.255s.

[9] É a tese que recentemente alguns comentadores anglo-saxões passaram a defender. Cf. CLARK, Maudemarie. From the Nietzsche Archive: Concerning the Aphorism Explicated in *Genealogy* III. *Journal of the History of Philosophy*, v. 35, n. 4, p. 611-614, Oct. 1997; JANAWAY, Christopher. Nietzsche's Illustration of the Art of Exegesis. *European Journal of Philosophy*, v. 5, n. 3, p. 251-268, Dec. 1997; WILCOX, John T. That Exegesis of an Aphorism in Genealogy III: Reflections on the Scholarship. *Nietzsche-Studien*, v. 27, p. 448-462, 1998; MIKLOWITZ, Paul S. Response to John T. Wilcox, "That Exegesis of an Aphorism in 'Genealogy III': Reflections on the Scholarship". *Nietzsche-Studien*, v. 28, p. 267-269, 1999.

[10] Acerca da posição que defendo a esse propósito, cf. MARTON. *Nietzsche e a arte de decifrar enigmas: treze conferências europeias*, em particular o oitavo capítulo.

[11] *Genealogia da moral*, "Prefácio", § 2 (RRTF), *KSA* 5.248.

essa forma. Nesse momento, por certo lembra-se de Diderot e Voltaire, com a aversão pelos sistemas filosóficos acabados, e de Chamfort e La Rochefoucauld, com as máximas e os pensamentos. Também importa ressaltar que, no *Crepúsculo dos ídolos*, depois de assegurar que é o primeiro mestre entre os alemães "no aforismo, na sentença", ele escreve: "minha ambição é dizer em 10 frases o que qualquer outro diz num livro, – o que qualquer outro *não* diz num livro...".[12]

Dos elementos até agora reunidos, não seria desmedido inferir que Nietzsche entende o termo "aforismo", tal como o emprega no prefácio à *Genealogia da moral*, num sentido similar ao de sentença. Tanto é que, no *Crepúsculo dos ídolos*, ao se dizer o primeiro mestre entre os alemães "no aforismo, na sentença", da sentença ele mesmo aproxima o aforismo. Mas também afirma que não basta ler um aforismo para decifrá-lo; é preciso ainda interpretá-lo. E, para interpretar, é indispensável uma arte da interpretação.

Nesse momento da investigação, vale a pena insistir, uma vez mais, na ideia de que, ao propor ao leitor suas sentenças, seus aforismos, Nietzsche espera que ele venha a incorporá-los às suas vivências. Interpretar não poderia, pois, consistir no exame crítico da verdade ou falsidade de determinadas proposições. Atribuindo um sentido radicalmente novo, entre os vários que lhe confere, à ideia de interpretação, o filósofo estabelece estreita relação entre a arte da interpretação e a filologia concebida como a arte de ler bem. Tanto é que, em *Para além de bem e mal*, ele não hesita em se apresentar como um "velho filólogo, que não pode resistir à maldade de pôr o dedo sobre artes-de-interpretação ruins".[13] Julgando que as técnicas interpretativas podem ser boas ou ruins, assegura, então, que a física de sua época não constitui uma explicação do mundo;[14] ao postular a "legalidade da natureza", ela nada mais faz do que propor uma interpretação ruim. Não hesito, pois, em afirmar que, filólogo de formação, Nietzsche

---

[12] *Crepúsculo dos ídolos*, "Incursões de um extemporâneo", § 51 (SM), *KSA* 6.153.

[13] *Para além de bem e mal* § 22 (RRTF), *KSA* 5.37.

[14] Cf. *Para além de bem e mal* § 14 (SM), *KSA* 5.28, onde se lê: "Em cinco ou seis cabeças, talvez comece a surgir a ideia de que também a física é apenas uma interpretação e um rearranjo do mundo (segundo nós! Que me permitam dizê-lo) e *não* uma explicação do mundo".

entende a arte da interpretação, tal como ele a exerce, enquanto uma prática: a de desmascarar ilusões e autoenganos, a de suspeitar daquilo que se oferece a nós como verdadeiro.

Não é por acaso que a *Genealogia da moral* se apresenta como um escrito polêmico, um escrito de combate.[15] Tampouco é por acaso que a epígrafe à Terceira Dissertação do livro anuncia claramente a ideia de que, sendo mulher, a sabedoria "ama sempre somente um guerreiro". Ao levantar a pergunta "o que significam ideais ascéticos?", Nietzsche se põe a questionar o que até então orientou a conduta humana. Diagnosticando o modo como o homem se habituou a conceber o mundo e a nele se situar, denuncia a "vontade de nada" que se encontra na base da civilização ocidental. Por isso mesmo, quer sensibilizar o leitor para as transformações possíveis de sua concepção do homem e do mundo. E, ao fazê-lo, persegue o propósito de levá-lo a abraçar outra maneira de pensar, agir e sentir. É nesse sentido que se apresenta como guerreiro; com suas setas, é contra a civilização ocidental que quer desferir seus ataques.

O exame das passagens de *Assim falava Zaratustra* em que comparece a sabedoria pode ser revelador da maneira como o filósofo a concebe. Assim como ocorrera nas primeiras páginas do livro, o protagonista encontra-se, no início da segunda parte, em sua caverna no alto da montanha; se antes se achava saturado de sabedoria, agora a sua "selvagem sabedoria ficou prenhe em montes solitários".[16] Nas duas situações, é por excesso que ele é levado a descer para o vale, seja para ir ter com os homens, seja para sair em busca de seus discípulos. A estes, então, indicará no capítulo "O menino com o espelho" que haverão de se assustar com a sua sabedoria. Retomando a ideia de

---

[15] Talvez seja essa a melhor tradução para a expressão que figura na capa do livro: "*Streitschrift*". Sustentando que a genealogia nietzschiana não é uma filosofia da história nem uma filosofia histórica, Bertrand Binoche elucida essa concepção no notável estudo "Filosofia, história, genealogia" (Trad. Geraldo Dias. *Cadernos Nietzsche*, v. 41, n. 3, p. 9-28, set.-dez. 2020). Cf. também do mesmo autor *Nommer l'histoire*. Paris: Éditions EHESS, 2018, em particular o capítulo "Nietzsche 1874-1887: de la valeur de l'histoire à l'histoire des valeurs".

[16] *Assim falava Zaratustra* II, "O menino com o espelho" (SM), *KSA* 4.107. A expressão "selvagem sabedoria" reaparece em *Assim falava Zaratustra* III, "Das velhas e novas tábuas", § 2, *KSA* 4.247.

que ela consiste num conhecimento voltado para o combate, não hesita em afirmar que afugenta os inimigos e tão poderosa é que até espanta os amigos.

É preciso sublinhar que, nas passagens em que traz à cena a sabedoria de Zaratustra, Nietzsche recorre a imagens que evocam as forças da natureza. Tal qual uma leoa, ela é forte e temível; igual à vela do barco que, movida pelo vento, corre no mar, ela é intrépida e destemida; como o sol causticante, ela é ardente e arrebatadora.[17] Mas é também por contraste que procura caracterizá-la. A selvagem sabedoria de Zaratustra não se identifica com a dos doutos, que exala um cheiro de pântano, nem com a dos poetas, que provém do povo.[18] Ela tampouco se confunde com a sabedoria niilista, que, surgindo de sombras noturnas, prega que nada vale a pena, ou com a sabedoria gregária, que, própria de almas covardes, exige promessas e juramentos, ou ainda com a sabedoria servil, que, emanando de seres submissos, tudo suporta.[19] Combativa, a sabedoria de Zaratustra não acata dogmas ou preceitos, não se submete a normas de conduta, não compactua com os valores estabelecidos. Selvagem, ela é descuidada, zombeteira, violenta, como o guerreiro a quem entrega o seu amor.

Explorar a maneira como Nietzsche caracteriza a selvagem sabedoria de Zaratustra trará, por certo, outros elementos para avaliar como ele concebe a mulher. Nessa direção, será determinante a análise de dois capítulos do livro ora em tela. No capítulo intitulado "O canto da dança", surge mais uma personificação feminina de uma entidade abstrata; de grande importância, ela desempenhará papel decisivo na investigação em curso. Certa feita, Zaratustra estava caminhando com seus discípulos quando se deparou com jovens bailando num verde prado. Ao perceberem a sua presença, elas pararam imediatamente de dançar. Mas, instando para que continuassem, Zaratustra assim cantou: "Em teu olho olhei há pouco, ó vida! E pareceu-me

---

[17] Cf. respectivamente *Assim falava Zaratustra* II, "O menino com o espelho", *KSA* 4.107, "Dos sábios famosos", *KSA* 4.135, e "Da prudência humana", *KSA* 4.185.

[18] Cf. respectivamente *Assim falava Zaratustra* II, "Dos doutos", *KSA* 4.161, e "Dos poetas", *KSA* 4.164.

[19] Cf. *Assim falava Zaratustra* III, "Dos três males", § 2, *KSA* 4.239.

então mergulhar no insondável. Mas me tiraste para fora com anzol de ouro; e riste, zombeteira, quando te chamei insondável".[20] Nesse canto da dança, ele relata o que a vida lhe ensinou. Os que a julgam insondável são os que se furtam a conhecê-la. Buscando apreendê-la, dela se afastam; querendo capturá-la, fazem com que se lhes escape. E assim lhe atribuem os epítetos da metafísica, da religião e da moral que eles próprios fabricaram.

Narrando seu diálogo com a vida, Zaratustra lhe dá a palavra para que ela mesma se apresente: "Mutável sou eu apenas e selvagem e em tudo mulher, e não uma mulher virtuosa. Muito embora vós, homens, me chameis 'a profunda' ou 'a fiel', 'a eterna', 'a misteriosa'. Com efeito, vós, homens, nos presenteais sempre com vossas próprias virtudes – ai de mim, ó virtuosos!".[21] Ao denunciar a dificuldade que os homens têm de vê-la tal como é, a vida revela o antropocentrismo que deles se apodera. Ela nada tem a ver com concepções metafísico-religiosas ou determinações morais. Não é transcendente nem virtuosa, não é casta nem etérea. Mutável e selvagem, a vida é mulher.

É digno de nota que Nietzsche recorra ao adjetivo "selvagem" para qualificar tanto a vida quanto a sabedoria de Zaratustra. Nesse capítulo, ele expressa com clareza a ideia de que elas se assemelham. Depois de se entreter com a vida, o protagonista se volta para a sua sabedoria; zangada, ela questiona o bem-querer que parece externar pela vida. É, então, que ele esclarece que ama somente a vida, mas é condescendente com a sabedoria, porque ela lhe lembra a vida.[22] Nessa passagem, Zaratustra reitera o que já havia expressado no capítulo intitulado "Do ler e escrever". Acreditando que é preciso integrar as ideias como vivências, sublinha que é absolutamente necessário que seus interlocutores venham a incorporar seus ensinamentos.

---

[20] *Assim falava Zaratustra* II, "O canto da dança" (SM), *KSA* 4.140. Numa carta a Heinrich Köselitz de 16 de agosto de 1883, *KSB* 6.429s, Nietzsche afirma que elaborou esse texto em Ischia.

[21] *Assim falava Zaratustra* II, "O canto da dança" (SM), *KSA* 4.140.

[22] Cf. *Assim falava Zaratustra* II, "O canto da dança" (SM), *KSA* 4.140, onde se lê: "Assim estão as coisas entre nós três. Por princípio, só amo a vida – e, em verdade, sobretudo quando a odeio! Mas que eu seja bom com a sabedoria e, por vezes, bom demais, é porque ela me lembra muito a vida!".

Na segunda parte de *Assim falava Zaratustra*, Nietzsche evoca mais uma vez essa determinação, no capítulo "Dos poetas". Então, o protagonista diz a um de seus discípulos: "Por quê? Perguntas por quê? Não sou daqueles a quem se tem o direito de perguntar por seu porquê. Acaso é de ontem a minha vivência? Há muito que vivenciei as razões de minhas opiniões".²³ Recusando-se a atribuir caráter monolítico ao pensamento, Zaratustra não procura constranger seus interlocutores a seguir um itinerário preciso, obrigatório e programado; não busca, com longos raciocínios e minuciosas demonstrações, convencê-los da pertinência de suas ideias. Não expõe doutrinas nem impõe preceitos; limita-se – e isso não é pouco – a partilhar ensinamentos.

Em seu livro mais dileto, o filósofo jamais lança mão da linguagem conceitual. As posições que avança tampouco se baseiam em argumentos ou razões; assentam-se em vivências. Recusando teorias e doutrinas, rejeitando a erudição, ele sempre apela para sua experiência singular. É com o intuito de reforçar essa atitude que, repetidas vezes, recorre à imagem do sangue. Se dela se serve no capítulo intitulado "Do ler e escrever", também a ela remete num fragmento póstumo de 1880 em que consigna: "Todas as verdades são para mim verdades sangrentas".²⁴ Com isso, quer sublinhar que reflexão filosófica e vivência se acham intimamente relacionadas.

É essa relação que Zaratustra quer ressaltar no capítulo "O canto da dança". Logo depois de afirmar que a sua selvagem sabedoria lhe lembra a vida, reitera a ideia de que se assemelham ao relatar um diálogo que um dia travou com a vida. Então, é ela que pergunta a Zaratustra o que vem a ser a sabedoria. Ao lhe responder, ele ressalta que não pode apreendê-la, pois é mutável e teimosa, "talvez seja má e falsa e, em tudo, uma mulher". Depois de ouvi-lo falar da sua

---

²³ *Assim falava Zaratustra* II, "Dos poetas" (SM), *KSA* 4.140. A propósito desse capítulo, cf. a esclarecedora análise de Maria Cristina Fornari, em "Goethe mente demasiado? De Zaratustra e dos poetas" (*In*: MARTON, Scarlett; CONSTÂNCIO, João; BRANCO, Maria João (org.). *Sujeito, décadence e arte: Nietzsche e a modernidade*. Lisboa: Tinta da China, 2014. p. 329-343).

²⁴ *Fragmento póstumo* 4 [271] do verão de 1880 (SM), *KSA* 9.167. Cf. também 4 [285] do mesmo período (SM), *KSA* 9.170, onde se lê: "Sempre escrevi minhas obras com todo o meu corpo e a minha vida; ignoro o que sejam problemas 'puramente espirituais'".

sabedoria, a vida "riu maldosamente e fechou os olhos. 'De quem estiveste falando?', disse. 'De mim, não é verdade?'".[25]

Na terceira parte do livro, Zaratustra dialoga uma vez mais com a vida, no capítulo intitulado "O outro canto da dança". Olhando no olho da vida, começa esse canto exatamente como iniciara o anterior. Lá reconhecia que houve um tempo em que a vida lhe parecera insondável, mas ela própria lhe fizera ver o seu caráter mutável. Agora, quase ao término de sua jornada, no fundo dos seus olhos sombrios como a noite, descobre ouro; é a abundância que neles se esconde. A vida lança um olhar para o pé de Zaratustra, e, com ela, ele se põe imediatamente a dançar. Ela bate as castanholas, e ele se agita; ela se esquiva, lançando em sua direção as mechas do cabelo, e ele dá um pulo para trás para dela se afastar. Não há dúvida de que essa dança seja antes de tudo um jogo de sedução. Disso consciente, Zaratustra afirma a propósito da vida: "Temo-te perto, amo-te longe".[26]

Essa passagem é reveladora da maneira como Nietzsche concebe suas mulheres bem-amadas em vários aspectos. Traz elucidações preciosas, em particular, sobre a mulher que é a vida. Cativante, sedutora, tentadora, ela não teria como ser confundida com as mulheres humanas, demasiado humanas, que, submissas, devem acompanhar os esposos e cuidar dos filhos. É para indicar esse contraste que Zaratustra compara a serpentes as mechas dos cabelos que a vida lança sobre ele. Quer dar a entender que ela faz pensar na Medusa; conta sublinhar o seu poder de atração. Leitor de Homero e Hesíodo,[27] o filósofo conhece bem essa divindade primordial, com a cabeça coberta de serpentes, os olhos resplandecentes e o olhar tão penetrante que transformava em pedra quem o cruzasse. Vale notar que, nessa passagem do capítulo "O outro canto da dança", ele apresenta a vida como uma mulher bem especial, associando a atração que ela exerce

---

[25] *Assim falava Zaratustra* II, "O canto da dança" (SM), *KSA* 4.141.

[26] *Assim falava Zaratustra* III, "O outro canto da dança", § 1 (SM), *KSA* 4.282s. Nessa passagem, encontramos ecos da ópera de Bizet, a que Nietzsche havia assistido em Gênova, em novembro de 1881. Na ária "Habanera", Carmen canta: "Se não me amas, eu te amo; se eu te amo, cuidado".

[27] Na biblioteca de Nietzsche, encontravam-se várias edições da *Ilíada* e da *Odisseia*, de Homero, assim como dos *Poemas*, de Hesíodo. Cf. CAMPIONI *et al.* (ed.). *Nietzsches persönliche Bibliothek*, p. 303 e seguintes e p. 293 e seguintes.

ao temor que inspira.²⁸ Mas, da sua ótica, associados, os dois termos não constituiriam uma antítese. Prova disso é a noção de *amor fati*. Amar o destino é aceitar tudo o que a vida apresenta de mais alegre e exuberante, mas também de mais terrível e doloroso.

Em *Assim falava Zaratustra*, a vida aparece, pois, como uma mulher que enfeitiça, escapa e reaparece. Insaciável, ela não hesita em apelar para o seu charme; sedutora, jamais se entrega por inteiro.²⁹ É nesse contexto que, no final da primeira parte do seu relato no capítulo "O outro canto da dança", ao contar a sua conversa com a vida, Zaratustra exclama: "Estou realmente cansado de ser sempre teu simplório pastor! Para ti, bruxa, até então cantei; deves *tu* agora – gritar! Ao compasso do meu chicote deves para mim dançar e gritar! Terei esquecido o chicote? – Não!".³⁰

Aqui, impõe-se levantar a questão de se Zaratustra não estaria seguindo o conselho que lhe havia dado uma velha mulher na primeira parte do livro. No capítulo intitulado "Das mulheres, velhas e jovens", interpelado por uma velhinha que o censura por não falar da mulher para as mulheres, ele lhe responde que só aos homens se deve falar da mulher. Mas a velhinha replica que é velha o bastante para logo se esquecer de tudo. As condições do diálogo entre eles estão dadas de antemão: Zaratustra não toma a velhinha como interlocutora, e ela mesma não se considera enquanto tal. Dadas as circunstâncias, tudo leva a crer que se trata de um discurso que, não podendo dirigir a seus congêneres, Zaratustra faz para si mesmo. Inapropriado para ouvidos femininos, ele examina a maneira como as mulheres devem ser tratadas pelos homens.

Retomando ideias já expressas em *Humano, demasiado humano*, Nietzsche começa por estabelecer as diferenças entre o homem e a

---

[28] Lembremos da frase de Rilke: "Pois o belo não é senão o começo do terrível" (RILKE, Rainer Maria. *As elegias de Duino e soneto a Orfeu*. Trad. Paulo Quintela. Porto: Editorial Inova, [s.d.]. p. 35).

[29] Nietzsche antecipa em alguma medida essa imagem da vida enquanto mulher na *Gaia ciência* § 339 (SM), *KSA* 3.569. Nesse parágrafo intitulado "*Vita femina*", ele afirma: "Mas talvez seja este o mais forte encanto da vida: há sobre ela um véu bordado em ouro de belas possibilidades, promissor, resistente, pudico, zombeteiro, compassivo, sedutor. Sim, a vida é uma mulher!".

[30] *Assim falava Zaratustra* III, "O outro canto da dança" (SM), *KSA* 4.284.

mulher. Para a mulher, o homem não passa de um meio para a gravidez; para o homem, a mulher é um brinquedo perigoso que ele deseja, pois aprecia apenas o jogo e o perigo. Enquanto o homem deve ser educado para a guerra, a mulher deve cuidar das crianças, inclusive do homem que é apenas uma criança.[31] Em suma, o homem está destinado a ser autônomo; a mulher precisa obedecer, de sorte que ela nada mais é do que uma figura da heteronomia. Dando o seu assentimento às observações de Zaratustra e querendo agradecê-lo pelo seu discurso, a velha mulher pede-lhe que aceite uma pequena verdade. Antes de dizê-la, ela evoca uma vez mais as condições de possibilidade do diálogo. Velha o bastante para esquecer as suas palavras, ela também o é para lhe dar um bom conselho. É então que lança a frase: "Vais ter com mulheres? Não esqueças o chicote!".[32]

Examinada no contexto biográfico do autor de *Assim falava Zaratustra*, o conselho da velha mulher parece propiciar-lhe a oportunidade de dar uma réplica à foto tirada em Lucerna, em maio de 1882. Nela, Nietzsche aparece ao lado de Paul Rée; estão atrelados a uma charrete, que Lou Salomé comanda com um chicote nas mãos. A imagem do chicote teria assim algo a dizer no quadro das relações de poder. Mas os elementos reunidos até aqui levam-me a afirmar que essa imagem não desempenha o mesmo papel no capítulo "Das mulheres, velhas e jovens", da primeira parte do livro, e no intitulado "O outro canto da dança", da terceira. No primeiro caso, Nietzsche a ela recorre para exortar os homens a comandarem as mulheres. Cabe a eles mostrar-lhes o que desejam; a elas só resta obedecer. No último, dela se serve para ressaltar a cumplicidade que se estabelece entre Zaratustra e a mulher que é a vida. Daí, a enorme distância que se verifica nos textos nietzschianos entre as mulheres humanas, demasiado humanas, e as que são personificações de entidades abstratas.

No capítulo "O outro canto da dança", procurando corresponder ao jogo de sedução da vida, Zaratustra incita-a a dançar e gritar ao ritmo do seu chicote. Mas a vida, essa mulher bem especial, tapando os ouvidos, responde-lhe: "Ó Zaratustra! Não dês estalos tão terríveis

---

[31] Nietzsche retoma essa ideia em *Assim falava Zaratustra* III, "Das velhas e novas tábuas", § 23, *KSA* 4.264.

[32] *Assim falava Zaratustra* I, "Das mulheres, velhas e jovens" (SM), *KSA* 4.86.

com teu chicote! Bem o sabes: o barulho assassina os pensamentos – e justamente agora me vêm pensamentos tão ternos".³³ Mas não é para se defender de uma eventual agressão de Zaratustra que a vida assim reage; não é tampouco para ameaçá-la e mantê-la submissa que Zaratustra estala o seu chicote.³⁴ Não se deve esquecer que a dança em que se envolvem é de certo modo agonística: ora é Zaratustra que se afasta da vida, ora é a vida que dele se esquiva. Se nessa cena há o risco de se notarem relações de poder, é preciso render-se à evidência de que elas não são ditadas pela força; ao contrário, são relações que marcam os participantes e os transformam. Prova disso é o que a vida diz em seguida a Zaratustra: "E que eu sou bondosa contigo e, em geral, demasiado bondosa, isso tu o sabes; e a razão é que tenho ciúmes da tua sabedoria. Ah, essa velha louca sabedoria! Se algum dia a tua sabedoria te deixasse, ah! então, rapidamente te deixaria também o meu amor".³⁵

Nos dois cantos da dança, Zaratustra dá a entender que, em sua trajetória, a vida e a sabedoria se acham estreitamente ligadas. Nos seus escritos, Nietzsche bem mostra que "o pretenso instinto de conhecimento de todos os filósofos" só é independente em aparência. A seu ver, o conhecimento teórico já se acha impregnado por interesses de ordem prática, pois revela certa forma de atuação, determinado modo de se inserir no mundo. Subvertendo uma posição corrente na história da filosofia, ele sustenta que "teoria" e "prática" não poderiam ser termos excludentes.³⁶ É a mesma posição que defende no que diz respeito à relação entre reflexão filosófica e vivência.

---

[33] *Assim falava Zaratustra* III, "O outro canto da dança" (SM), *KSA* 4.284.

[34] A esse propósito, comenta Aurelia Armstrong: "O chicote é ineficiente e claramente inadequado no contexto de um encontro genuíno entre duas partes. Por certo, há aqui relações de poder, mas não são relações fixas de dominação instituída pela violência; são muito mais relações de poder em jogo, relações transformadoras que não deixam nenhum dos participantes sem marcas" (ARMSTRONG, Aurelia. "Woman" and the Whip. *Silenus Laughed*, n. 4, 1992, p. 5).

[35] *Assim falava Zaratustra* III, "O outro canto da dança" (SM), *KSA* 4.284.

[36] Cf. nessa direção *Fragmento póstumo* 14 [142] da primavera de 1888 (SM), *KSA* 13.325, onde se lê: "*Teoria e prática* – funesta distinção, como se houvesse propriamente um *instinto de conhecimento*, que às cegas se dirigisse à verdade, sem considerar a questão do que é útil e prejudicial, e dele estivesse separado, por

É importante notar que esses dois capítulos em que Zaratustra dialoga com a vida se intitulam precisamente "O canto da dança" e "O outro canto da dança".[37] Em sua busca por novos modos de proceder, Nietzsche atribui um lugar privilegiado à dança.[38] Ela torna possível adotar vários pontos de vista e diversas perspectivas; permite-lhe exprimir o dinamismo de seu pensamento. Contra o seu maior inimigo, o espírito de peso, Zaratustra apela para a dança. Os que encaram a vida como um fardo por demais pesado para carregar, estes são incapazes de dançar.[39] É também à dança que Nietzsche recorre para combater a opressão exercida pelos valores estabelecidos, a tirania imposta pelo ressentimento que envenena e paralisa o ser humano.

Como a dança, a vida é movimento. Trazendo certa dose de ceticismo, ela põe sob suspeita tudo o que é rígido e inerte. Incita a duvidar da existência de um mundo verdadeiro, essencial, imutável e de uma vida melhor, mais feliz, eterna. Leva a desconfiar das concepções metafísico-religiosas e das determinações morais.[40] Remetendo à permanente mudança de tudo o que existe, a vida põe em xeque a aparente imobilidade das coisas, a rigidez imposta ao pensamento, a fixidez forjada

---

completo, todo o universo dos interesses *práticos...*" Cf. também *Fragmento póstumo* 14 [143] da primavera de 1888, *KSA* 13.328.

[37] Acerca do papel desempenhado pela dança em *Assim falava Zaratustra*, cf. KREMER-MARIETTI, Angèle. *Thèmes et structures dans l'œuvre de Nietzsche*. Paris: Lettres Modernes, 1957. p. 335, onde a autora afirma que "a vida é a feiticeira que faz Zaratustra dançar". Sobre o impacto da dança na vida e no pensamento de Nietzsche, cf. COMMENGÉ, Béatrice. *La Danse de Nietzsche*. Paris: Gallimard, 1988.

[38] Cf. *Assim falava Zaratustra* III, "Do espírito de peso", § 2 (SM), *KSA* 4.244, onde se lê: "Mas esta é a minha doutrina: quem quiser algum dia aprender a voar *tem de* aprender antes a ficar em pé e andar e correr e subir e dançar".

[39] Na segunda parte do livro, Zaratustra se dirige às jovens que dançavam, dizendo-lhes: "Eu sou o porta-voz de Deus perante o diabo, mas este é o espírito de peso" (*Assim falava Zaratustra* II, "O canto da dança" (SM), *KSA* 4.139). Cf. também *Assim falava Zaratustra* IV, "Do homem superior", § 16 (SM), *KSA* 4.365: "Afastai-vos do caminho de todos esses incondicionais! É uma pobre espécie enferma, uma espécie plebeia; olham maldosamente para esta vida, têm mau-olhado para esta terra. Afastai-vos do caminho de todos esses incondicionais! Têm pés pesados e corações sufocados: não sabem dançar".

[40] Cf. *Assim falava Zaratustra* I, "Do ler e escrever" (SM), *KSA* 4.49, onde se lê: "Eu só acreditaria num deus que soubesse dançar". Cf. também *Assim falava Zaratustra* III, "Das velhas e novas tábuas", § 2, *KSA* 4.247.

pelas palavras.⁴¹ É na dança que Zaratustra se inspira para expressar sua selvagem sabedoria: a dança das forças cósmicas, que se aglutinam e se separam, formando um mundo dionisíaco do eternamente-criar-a-si-próprio e do eternamente-destruir-a-si-próprio;⁴² a dança das palavras, que, numa bem-aventurada irrisão de momentos, se dizem, contradizem e desdizem; a dança desenfreada da vida, que, cativante, sedutora, tentadora, move-se para além de bem e mal.

No capítulo "O outro canto de dança", ao fazer da vida sua parceira, Zaratustra se torna dançarino.⁴³ Cúmplices, Zaratustra e a vida se olham, contemplam o verde prado e se põem a chorar juntos. As últimas palavras que trocam bem mostram que se trata de uma cena de adeus: "'Ó Zaratustra, sei que pensas que logo vais querer abandonar-me!' – 'Sim', respondi hesitante, 'mas tu também o sabes…' E disse-lhe algo por entre as louras, revoltas, doidas madeixas do seu cabelo. 'Tu sabes isso, ó Zaratustra? Isso ninguém sabe'".⁴⁴ Pouco antes de deixar a vida, Zaratustra partilha com ela algo que não é revelado no texto. Ele lhe assegura que ela sabe o que sussurra na sua orelha, mas a vida se surpreende de que ele também o saiba. O problema que se coloca, então, é o de ter ciência do que Zaratustra confiou em segredo à vida.

Antes de sugerir uma resposta para essa questão, será preciso examinar o capítulo "Da superação de si", da segunda parte do livro; nele, observa-se uma situação similar. Dirigindo-se aos sábios ilustres, Zaratustra revela que denominam "vontade de verdade" o que os incita e os estimula; mas ele mesmo chama sua "vontade de verdade" de "vontade de tornar pensável tudo o que existe". Procedendo de modo

---

⁴¹ Cf. *Assim falava Zaratustra* III, "O convalescente", § 2 (SM), *KSA* 4.272, onde se lê: "Falar é uma bela loucura; com ele o homem dança sobre todas as coisas. Que agradável é todo falar e toda mentira dos sons! Com sons dança o nosso amor sobre coloridos arco íris".

⁴² Cf. *Assim falava Zaratustra* III, "Antes do nascer do sol" (RRTF), *KSA* 4.209, onde se lê: "Mas esta venturosa segurança encontrei em todas as coisas: que elas preferem ainda, sobre os pés do acaso – *dançar*".

⁴³ Cf. *Assim falava Zaratustra* III, "O outro canto da dança", § 1 (SM), *KSA* 4.284, onde se pode ler: "Para o meu pé, frenético pela dança, lançaste um olhar, um olhar ondeante, que sorria, indagava, enternecia. Duas vezes apenas, bateste tuas castanholas com mãos pequenas – e já o meu pé balançava no frenesi pela dança".

⁴⁴ *Assim falava Zaratustra* III, "O outro canto da dança", § 2 (SM), *KSA* 4.285.

recorrente, expõe a posição de seus adversários antes de expressar a sua. Em oposição à filosofia da representação, quer mostrar que os mais sábios dos sábios elaboram conceitos para controlar o mundo e estabelecem valores para dominar a vida. Então, ele enuncia que as reflexões axiológicas se acham estreitamente ligadas às considerações fisiológicas. É para explicitar as primeiras que recorre às últimas: "mas para entenderdes minha palavra de bem e mal: para isso quero dizer-vos ainda minha palavra da vida, e do modo de todo vivente".[45] Seguindo e perseguindo de mil maneiras o vivente, Zaratustra tenta captar o seu olhar com "um espelho de mil faces";[46] assim percebe que tudo o que vive obedece e ordena. Insinuando-se no coração da vida, nele descobre a vontade de ser senhor.

É precisamente nesse capítulo que Nietzsche introduz, pela primeira vez na obra publicada, a ideia de que vida e vontade de potência se identificam.[47] Nesse momento, caracteriza a vontade de potência como vontade orgânica; ela é própria não unicamente do homem, mas também de todo ser vivo. Em escritos posteriores vai além e deixa entrever que ela se exerce nos órgãos, tecidos e células. É por encontrar resistências que a vontade de potência se exerce. Faz com que um elemento esbarre em outros que a ele resistem; o obstáculo, porém, constitui um estímulo. A luta desencadeia-se de tal forma que não há pausa ou fim possíveis.[48] Com o combate, uma célula passa a obedecer a outra mais forte, um tecido submete-se a outro que predomina, uma parte do organismo torna-se função de outra que

---

[45] *Assim falava Zaratustra* II, "Da superação de si" (RRTF), *KSA* 4.147.

[46] Recorrendo a essa imagem, Nietzsche poderia muito bem procurar apartar-se da filosofia da representação, que sempre esteve associada à imagem de um espelho de uma só face que pretende refletir o que existe tal qual é.

[47] Na verdade, o conceito de vontade de potência já aparece em *Assim falava Zaratustra* I, "Dos mil e um alvos" (SM), *KSA* 4.74, onde Zaratustra se refere aos valores dos povos: "Uma tábua dos bens está suspensa sobre cada povo. Vê, é a tábua de suas superações de si mesmo; vê, é a voz de sua vontade de potência".

[48] Cf. a esse propósito *Fragmento póstumo* 37 [4] de junho/julho de 1885, *KSA* 11.576s; 2 [76] do outono de 1885/outono de 1886, *KSA* 12.96s; 7 [25] do final de 1886/primavera de 1887, *KSA* 12.304s; (104) 9 [151] do outono de 1887, *KSA* 12.424, entre outros.

vence – durante algum tempo.⁴⁹ Aliás, é a própria vida que dirá em segredo a Zaratustra: "somente onde há vida há também vontade: mas não vontade de vida, e sim – assim vos ensino – vontade de potência! Muito, para o vivente, é estimado mais alto do que o próprio viver; mas na própria estimativa fala – a vontade de potência!".⁵⁰

Nesse livro, que "ocupa um lugar à parte" nos seus escritos, Nietzsche recorre a Zaratustra para enunciar algumas de suas concepções fundamentais. Na segunda parte, é a vida que expõe o seu conceito de vontade de potência; na terceira, são os animais do protagonista que enunciam o pensamento do eterno retorno do mesmo. No capítulo intitulado "O convalescente", a águia e a serpente lhe dizem:

> E se agora quisesses morrer, Zaratustra, nós sabemos também o que dirias a ti mesmo [...]
> "Agora morro e desapareço", dirias, "e num instante não serei mais nada. As almas são tão mortais quanto os corpos.
> Mas o nó das causas em que sou tragado retornará – e de novo me criará! Eu próprio faço parte das causas do eterno retorno.
> Retornarei com este sol, com esta terra, com esta águia, com esta serpente – *não* para uma vida nova, uma vida melhor ou semelhante – Retornarei eternamente para esta mesma e idêntica vida, nas coisas maiores e também nas menores, para ensinar outra vez o eterno retorno de todas as coisas".⁵¹

O que se repete é o que ocorre de fato – e não o que eventualmente poderia ocorrer. São acontecimentos reais que retornam – e não os eventos logicamente possíveis. Mais ainda: o que se repete é a série inteira de acontecimentos – e não um ou outro evento isolado. É "o grande ano do vir-a-ser" que retorna – e não um período

---

⁴⁹ Para aprofundar essa problemática, remeto ao meu trabalho: MARTON. *Nietzsche: das forças cósmicas aos valores humanos* (3. ed., 2010), em particular o primeiro capítulo, "A constituição cosmológica: vontade de potência, vida e forças". Cf. também MARTON. *Nietzsche y "la nueva concepción del mundo"*, p. 28-63.

⁵⁰ *Assim falava Zaratustra* II, "Da superação de si", KSA 4.149. Importa notar que aqui Nietzsche se opõe ao seu antigo mestre. Ao contrário do querer viver schopenhaueriano, tal como ele entende, a vida e a vontade de potência não são princípios transcendentes; a vida não se acha para além dos fenômenos, e a vontade de potência não se encontra fora do ser vivo.

⁵¹ *Assim falava Zaratustra* III, "O convalescente", § 2 (SM), KSA 4.276.

histórico determinado. Não se trata da reincidência de arquétipos ou modelos nem da volta de acontecimentos similares ou simulacros das coisas. Contundente, o pensamento nietzschiano afirma o eterno retorno do *mesmo*; assevera que este momento que estamos vivendo já se deu e voltará a se dar um número infinito de vezes *exatamente* da mesma maneira.

Não hesito, pois, em afirmar que é sobretudo enquanto tese cosmológica que Nietzsche enuncia o seu "pensamento abissal" nas anotações póstumas.[52] Quando trata do mundo, ele sempre postula a existência de uma pluralidade de forças presentes em toda parte. A força só existe no plural: não é em si, mas na relação com outras; não é algo, mas um agir sobre. Não se pode dizer, pois, que ela produza efeitos nem que se desencadeie a partir de algo que a impulsiona; isso implicaria distingui-la de suas manifestações e enquadrá-la nos parâmetros da causalidade. Tampouco se pode dizer que a ela seria facultado não se exercer; isso importaria atribuir-lhe intencionalidade e enredá-la nas malhas do antropomorfismo.[53] A força simplesmente se efetiva, melhor ainda, é um efetivar-se (*wirken*). Nietzsche assegura que "toda força motora é vontade de potência, não existe fora dela nenhuma força física, dinâmica ou psíquica...".[54] Com a elaboração da teoria das forças, é levado a ampliar o âmbito de atuação do conceito de vontade de potência: quando foi introduzido em *Assim falava Zaratustra*, ele operava apenas no domínio orgânico; a partir de agora, passa a atuar em relação a tudo o que existe. A partir dos elementos aqui reunidos, estou em condições de sustentar que a vontade de potência aparece assim como a explicitação do caráter intrínseco da força.

---

[52] A esse respeito, cf. por exemplo *Fragmento póstumo* 36 [15] de junho/julho de 1885 (SM), *KSA* 11.557, onde Nietzsche escreve: "O mundo, como força, não pode ser pensado ilimitado, pois não é possível pensá-lo assim? – proibimo-nos o conceito de uma *força infinita, por ser incompatível com o conceito 'força'*. Portanto, falta também ao mundo a faculdade da eterna novidade". Cf. também *Fragmento póstumo* 26 [287] do verão/outono de 1884, *KSA* 11.226.

[53] Cf. a esse propósito *Fragmento póstumo* (65) 9 [91] do outono de 1887, *KSA* 12.383s. Cf. também *Genealogia da moral*, "Primeira dissertação", § 13, *KSA* 5.278s; *Fragmento póstumo* 14 [79] da primavera de 1888, *KSA* 13.257s.

[54] *Fragmento póstumo* 14 [121] da primavera de 1888, *KSA* 13.300. Cf. também 36 [31] de junho/julho de 1885, *KSA* 11.563; *Para além de bem e mal* § 36, *KSA* 5.55.

Na formulação cosmológica do pensamento do eterno retorno do mesmo, Nietzsche parte, basicamente, de duas ideias: a força é finita, e o tempo, infinito.[55] Por um lado, pretende que tudo o que existe – seja natureza inerte ou vida orgânica – é constituído por forças, todas elas finitas; o mundo não se torna maior nem menor. Por outro, pensa que, partindo deste momento, seja possível avançar ou recuar no tempo sem jamais encontrar um termo; o tempo não teve início nem terá fim. Em suma, o mundo é finito, mas eterno: é o quanto basta para formular o pensamento do eterno retorno. Todos os dados são conhecidos: finitas são as forças, finito é o número de combinações entre elas, mas o mundo é incriado. Daí se segue que tudo já existiu e tudo tornará a existir. Se o número dos estados por que passa o mundo é finito e se o tempo é infinito, todos os estados que hão de ocorrer no futuro já ocorreram no passado.[56] O pensamento do eterno retorno do mesmo aparece assim estreitamente ligado à teoria das forças e ao conceito de vontade de potência.

A partir dessas considerações, é possível avançar uma primeira resposta à questão anteriormente formulada. No capítulo "Da superação de si", cabe à vida confiar a Zaratustra um segredo; no intitulado "O outro canto da dança", da terceira parte do livro, é Zaratustra quem partilha um segredo com a vida. Se o primeiro diz respeito ao conceito de vontade de potência, o último poderia muito bem dizer respeito ao pensamento do eterno retorno do mesmo.

Para pôr à prova essa hipótese, impõe-se retomar a análise do capítulo "O outro canto da dança". Ao entabularem o último diálogo, a vida fala a Zaratustra do som grave de um velho e pesado sino que sobe até a sua caverna, quando toca as horas. A vida lhe diz ainda que ela bem sabe que, entre a primeira e a décima segunda badalada

---

[55] Cf. *Fragmento póstumo* 11 [202] da primavera/outono 1881, *KSA* 9.523 e 14 [188] da primavera de 1888, *KSA* 13.376.

[56] Para aprofundar essa problemática, remeto a alguns dos meus estudos: MARTON, Scarlett. L'Éternel retour du même, le temps et l'histoire. *In*: BINOCHE, Bertrand; SOROSINA, Arnaud (org.). *Les Historicités de Nietzsche*. Paris: Éditions de la Sorbonne, 2016. p. 105-125; e MARTON, Scarlett. L'Éternel retour du même: thèse cosmologique ou impératif éthique?. *Nietzsche-Studien*, v. 25, p. 42-63, 1996. Para uma análise do pensamento do eterno retorno no Quarto Livro da *Gaia ciência*, remeto ao estudo esclarecedor de BENOIT, Blaise. Le Quatrième livre du *Gai savoir* et l'*éternel retour*. *Nietzsche-Studien*, v. 32, p. 1-28, 2003.

da meia-noite, ele pensa em deixá-la. A terceira e última parte desse capítulo enunciará em forma de poema os pensamentos de Zaratustra.⁵⁷ As 12 badaladas da meia-noite lhe revelam que tanto o mundo quanto o prazer e a dor são profundos, mas, enquanto a dor deseja que tudo passe, o prazer "quer profunda, profunda eternidade".⁵⁸ Essa passagem indica que, assim como a eternidade, o mundo é profundo.⁵⁹ Associada ao mundo, a ideia de eternidade permitiria concebê-lo como eterno.

Na quarta parte de *Assim falava Zaratustra*, o protagonista incitará os homens superiores a cantar esse poema.⁶⁰ É preciso aqui lembrar algumas dificuldades relativas à publicação das diversas partes do livro. Para trazê-las a lume, o autor tem de enfrentar vários obstáculos. A primeira parte, elaborada em janeiro de 1883, leva meses para aparecer.⁶¹ Schmeitzner, seu editor, dá prioridade à impressão de cânticos religiosos e brochuras antissemitas; cumpre, sem pressa, o contrato com um autor malsucedido. Aceita ainda editar a segunda parte⁶² e a terceira,⁶³ mas se recusa, categórico, a trazer a lume a quarta. Depois de tentativas estéreis e humilhantes, o filósofo custeia uma tiragem

---

[57] A respeito da gênese desse poema, cf. HOLLINRAKE, Roger; RUTER, Manfred. Nietzsche's Sketches for the Poem "Oh Mensch! Gieb Acht!". *Nietzsche-Studien*, v. 4, p. 279-283, 1975.

[58] *Assim falava Zaratustra* III, "O outro canto da dança", § 3 (SM), *KSA* 4.285s.

[59] Em *Assim falava Zaratustra* III, "Antes do nascer do sol" (RRTF), *KSA* 4.210, já aparece a frase "O mundo é profundo –: e mais profundo do que o dia jamais pensou".

[60] Cf. *Assim falava Zaratustra* IV, "O canto ébrio", § 10, *KSA* 4.404.

[61] De Gênova, Nietzsche envia a primeira parte à editora em 14 de fevereiro de 1883. Com Heinrich Köselitz, lê as provas à medida em que são impressas, entre 31 de março e 26 de abril. No final do mês, surge *Also sprach Zarathustra: ein Buch für Alle und Keinen* (Chemnitz: Verlag von Ernst Schmeitzner, 1883), mas demora algum tempo para ser distribuído.

[62] De Sils Maria, Nietzsche faz com que a segunda parte chegue às mãos de seu editor em meados de julho. Com Heinrich Köselitz, corrige as provas impressas entre o final de julho e o final de agosto. Então, vem a público *Also sprach Zarathustra: ein Buch für Alle und Keinen. Zweiter Theil* (Chemnitz: Verlag von Ernst Schmeitzner, 1883).

[63] De Nice, Nietzsche remete a terceira parte a Schmeitzner. A partir do final de fevereiro de 1884, lê as provas com Heinrich Köselitz. No final de março, vem à luz *Also sprach Zarathustra: ein Buch für Alle und Keinen. Dritter Theil* (Chemnitz: Verlag von Ernst Schmeitzner, 1884).

de 40 exemplares, em abril de 1885;⁶⁴ é mais do que suficiente: não chega a 10 o número de pessoas a quem pensa enviá-los – em caráter confidencial. É bem verdade que, quando a publica, Nietzsche insiste em nomeá-la "Quarta e última parte"; é verdade também que não é preciso esperar muito para que mude completamente de posição em relação ao livro enquanto um todo. Renega então as três primeiras partes que o compõem e pensa conceber um novo *Zaratustra* a partir da quarta, contando elaborar duas outras: a quinta e a sexta. Mesmo se não chega a realizar esse projeto, até o outono de 1888 manifesta a intenção de fazê-lo.

Em 1891, depois da crise de Turim, Heinrich Köselitz acaba por tornar pública a quarta parte de *Assim falava Zaratustra*, sem o consentimento do autor, que, aliás, nesse momento não estava mais consciente do que se passava à sua volta. Em 1893, tendo em vista a reedição do livro, o editor Naumann publica juntas, pela primeira vez, as quatro partes que viriam a compô-lo, sem o conhecimento de Nietzsche. Não hesito em afirmar que a obra que contou com a concordância do autor, um livro em três partes, também foi por ele renegada e, em contrapartida, a obra que não teve a sua autorização, um livro em quatro partes, foi consagrada pela posteridade.⁶⁵

Escritos posteriores a *Assim falava Zaratustra* permitem compreender melhor a concepção nietzschiana de tempo presente no livro. Numa conhecida anotação póstuma, o filósofo sustenta que o mundo se apresenta como "uma monstruosidade de força [...], como força determinada posta em um determinado espaço, e não em um espaço que em alguma parte estivesse 'vazio', mas antes como força por toda parte". O mundo nada mais é do que "um mar de forças tempestuando e ondulando em si próprias, eternamente mudando,

---

⁶⁴ Entre meados de março e meados de abril de 1885, Nietzsche lê com Heinrich Köselitz as provas da quarta parte, que aparece com o título: *Also sprach Zarathustra: ein Buch für Alle und Keinen. Vierter und letzter Theil* (Leipzig: Constantin Georg Naumann, 1885).

⁶⁵ Acerca dessa questão, remeto a MARTON, Scarlett. El eterno retorno de lo mismo, "el pensamiento fundamental de Zaratustra". *Estudios Nietzsche*, n. 16, p. 129-150, 2016 [em português: O eterno retorno do mesmo, "a concepção básica de *Zaratustra*". *Cadernos Nietzsche*, v. 37, n. 2, p. 11-46, jul.-set. 2016].

eternamente recorrentes, com descomunais anos de retorno".[66] As forças não preenchem o espaço; tampouco surgem num momento do tempo. Ao contrário, são elas que constituem o tempo e o espaço. Eles não preexistem ao mundo; é a relação de forças que os engendra. Uma vez que o mundo é incriado, o tempo engendrado pela relação de forças deve necessariamente ser eterno. À eternidade fora do tempo do Deus bíblico Nietzsche opõe o tempo eterno do mundo.[67]

Talvez seja exagerado pretender que o que Zaratustra confiou em segredo à vida no momento em que se deixaram, no final da segunda parte do capítulo "O outro canto da dança", consista precisamente na alusão ao pensamento do eterno retorno do mesmo. Mas a análise do lugar que esse capítulo ocupa no livro poderia muito bem vir confirmar essa hipótese interpretativa. Para tanto, será preciso voltar-se uma vez mais para o capítulo "O convalescente". Percebendo a aproximação de seu "pensamento abissal", Zaratustra deixa-se tomar pelo nojo e cai por terra. Quando volta a si, permanece num estado de prostração, cercado apenas pela águia e pela serpente, que esperam seu restabelecimento. Depois de sete dias, recuperando-se de suas perturbações, ele se entretém com seus animais. Não é, por certo, a infinita repetição de sua própria existência que Zaratustra receia. Não é tampouco o eterno retorno de uma vida de penas e atribulações que ele teme. No fim das contas, tem ciência de que a dor não constitui uma objeção à existência, que o sofrimento é parte integrante da vida. Que o homem pequeno retorne, isso é o que o atemoriza. Diante dessa ideia, nauseado, sente nojo. Mas está pronto a assumir seu "pensamento abissal"; aceitando todas as suas consequências, consegue incorporá-lo às suas vivências. Zaratustra conhece agora sua redenção[68]: ela consiste em querer que tudo retorne ainda uma vez e um número infinito de vezes, que inclusive retorne o homem pequeno. Depois de anunciar

---

[66] *Fragmento póstumo* 38 [12] de junho/julho de 1885 (RRTF), *KSA* 11.610s.

[67] Quanto a esse ponto, cf. o trabalho esclarecedor de Karl Löwith, "Nietzsche et sa tentative de récupération du monde" (*In*: DELEUZE, Gilles (Dir.). *Nietzsche*. Paris: Les Éditions de Minuit, 1967. p. 45-84. [Cahiers de Royaumont.]).

[68] No capítulo intitulado "Da redenção", na segunda parte do livro (RRTF), *KSA* 4.179, Zaratustra elucida o que entende por essa palavra: "Redimir o que passou e recriar todo 'Foi' em um 'Assim eu o quis!' – somente isto se chamaria para mim redenção!".

o pensamento do eterno retorno do mesmo, seus animais, a águia e a serpente, põem em sua boca estas palavras: "Disse a minha palavra e na minha palavra me despedaço: assim o quer minha eterna sina –, pereço como anunciador! É chegada a hora para que aquele que perece se abençoe. Assim – *termina* o declínio de Zaratustra".⁶⁹ Tendo realizado a sua tarefa, o protagonista quer deixar a vida, ideia essa que a última frase da passagem citada vem confirmar. Seu declínio, que começa na primeira página do prólogo, termina no momento em que aceita o seu destino.⁷⁰

Mas não é nesse momento que o livro se encerra. Ao capítulo intitulado "O convalescente" seguem-se três outros. "Do grande anseio", "O outro canto da dança" e "Os sete selos (ou: A canção do sim e do amém)",⁷¹ como os títulos nos levam a presumir, constituem passagens em que Zaratustra segue o conselho que seus animais lhe haviam dado; a águia e a serpente encorajaram-no a cantar.⁷² Sem trazer desenvolvimentos conceituais precisos, esses três capítulos apresentam-se sobretudo como momentos líricos, que evocam o pensamento do eterno retorno. No capítulo "Do grande anseio", incitando sua alma a cantar, Zaratustra vai lembrá-la de que lhe havia ensinado "dizer 'hoje' como 'algum dia' e 'outrora'"; na terceira parte de "O outro canto da dança", enunciando os pensamentos da personagem principal, as 12 badaladas da meia-noite de um velho sino revelam que

---

[69] *Assim falava Zaratustra* III, "O convalescente", § 2 (SM), *KSA* 4.277.

[70] Alinho-me aqui à posição de Jörg Salaquarda, no seu artigo "A concepção básica de Zaratustra" (Trad. Scarlett Marton. *Cadernos Nietzsche*, n. 2, p. 17-39, 1997). Cabe ressaltar que o desenrolar das três partes do livro vem confirmar a posição que sustentei em páginas anteriores: Nietzsche deu o seu acordo a uma obra, um livro em três partes, que também renegou; em compensação, não autorizou a obra consagrada pela posteridade, um livro em quatro partes.

[71] De acordo com Mazzino Montinari, os títulos que, de início, Nietzsche havia pensado para esses três cantos eram respectivamente "Ariadne", "Vita femina" e "Dionysos" (*Kommentar zu den Bänden* 1-13, *KSA* 14.324). A esse respeito, cf. também SALAQUARDA. Noch einmal *Ariadne*: die Rolle Cosima Wagners in Nietzsches literarischem Rollenspiel, *Nietzsche-Studien*, p. 113.

[72] Cf. *Assim falava Zaratustra* III, "O convalescente", § 2 (RRTF), *KSA* 4.275, onde se lê: Pois vê, ó Zaratustra! Para tuas novas canções é preciso novas liras! Canta e exulta, ó Zaratustra, cura com novas canções tua alma: para que suportes teu grande destino, que ainda não foi destino de nenhum homem!".

o mundo é eterno; no capítulo "Os sete selos (ou: A canção do sim e do amém)", o protagonista arde de desejo pelo "anel do retorno".

Os elementos reunidos até agora permitem afirmar que, no final da segunda parte do capítulo intitulado "O outro canto da dança", o segredo que Zaratustra confia à vida, quando ela se queixa de que ele quer deixá-la em breve, é o pensamento do eterno retorno do mesmo; ele sussurra na sua orelha que retornará.[73] Isso permite compreender que se empenhe no capítulo seguinte, o último do livro, a testemunhar o seu amor pela eternidade.

Importa notar aqui que, nesse momento, Zaratustra não conta substituir a vida pela eternidade. Interpretar o seu gesto como um ato de traição não seria compatível nem com o papel que a vida desempenha nem com a imagem de mulher que ela encarna. Que caiba precisamente à vida partilhar segredos com Zaratustra, tais como a vontade de potência e o eterno retorno do mesmo, bem mostra a importância que ele lhe atribui. Que a vida seja sua parceira numa dança desenfreada ligada a um jogo de sedução revela que o seu papel não pode limitar-se ao de uma esposa.[74] Importa notar também que Zaratustra tampouco conta substituir a vida pela sabedoria na segunda parte do livro. Quando a sua sabedoria, irada, questiona-o sobre o seu amor pela vida, no capítulo "O canto da dança", ele pensa em lhe responder mal. Mas interpretar a sua intenção como o propósito de cometer um adultério implicaria negligenciar que, assim como a vida, sua sabedoria é selvagem; ela tampouco poderia comportar-se como uma esposa.[75]

---

[73] Recorrendo a diferentes argumentos, vários comentadores defendem essa posição. Cf., por exemplo, PLATT, Michael. What Does Zarathustra Whisper in Life's Ear?. *Nietzsche-Studien*, v. 17, p. 179-194, 1988; e KISHIK, David. Zarathustra's Whisper. *New Nietzsche Studies*, n. 8, p. 58-65, 2009-2010. Em compensação, Werner Stegmaier mostra-se contrário a essa posição em seu artigo "'Oh Mensch! Gieb Acht!' Kontextuelle Interpretation des Mitternachts-Lieds aus *Also sprach Zarathustra*" (*Nietzsche-Studien*, v. 42, p. 85-115, 2013).

[74] Quanto a esse ponto, não posso acompanhar a posição de Laurence Lampert em *Nietzsche's Teaching* (New Haven: Yale University Press, 1986. p. 238 e seguintes).

[75] Distancio-me aqui da posição defendida por Marc de Launay em "L'Adultère de Zarathoustra" (*In*: MATTÉI, Jean-François (éd.). *Nietzsche et le temps des nihilismes*. Paris: PUF, 2005. p. 80), onde ele afirma que os três grandes cantos da segunda parte de *Assim falava Zaratustra*, ou seja, "O canto da noite", "O canto

O que conta nesse momento da investigação é sublinhar uma vez mais que as imagens da mulher que Nietzsche associa à vida e à sabedoria são bem distintas daquelas que alia às mulheres humanas, demasiado humanas. Ele concebe a sabedoria de Zaratustra como descuidada, zombeteira, violenta, mutável, obstinada; encara a vida como cativante, sedutora, tentadora, enlaçadora, mutável. Rebelde, a sabedoria de Zaratustra não se submete aos valores estabelecidos. Feiticeira, a vida esconde ouro em seu seio. Em compensação, Nietzsche entende que as mulheres humanas, demasiado humanas, estão destinadas à procriação e são feitas para obedecer aos maridos e cuidar dos filhos.

Nesse contexto, o capítulo "Os sete selos (ou: A canção do sim e do amém)", o último da terceira parte do livro, exige elucidações. Zaratustra termina cada uma das sete partes que o compõem com estas palavras: "Oh, como não deveria eu ansiar ardentemente a eternidade e o nupcial anel dos anéis – o anel do retorno? Ainda não encontrei a mulher da qual desejaria ter filhos, a não ser esta mulher que amo: pois eu te amo, ó eternidade! Pois eu te amo, ó eternidade!".[76]

O problema que se coloca agora é o seguinte: como compreender que Nietzsche associe à eternidade, essa entidade abstrata, as ideias de casamento e procriação, que são próprias às mulheres humanas, demasiado humanas?

Antes de avançar uma resposta, cabe ressaltar que Zaratustra realça suas qualidades nas sete partes desse capítulo. Ele é quem abençoa, quem destrói, quem cria, quem liberta, quem se comporta como *Versucher*, quem, rindo e dançando, combate o espírito de peso, quem canta em vez de falar. Os atributos a que recorre para se apresentar remetem a vários momentos do seu percurso no livro. Mas é sobretudo a sua maneira de se mostrar na primeira parte desse capítulo que chama a atenção. É como abençoador, que paira tal qual uma pesada nuvem "grávida de raios que dizem sim! riem sim!", que ele inicia

---

da dança" e o "O canto do túmulo", comandam a virada que leva do niilismo ao pensamento do eterno retorno. Então, ocorre o "adultério" de Zaratustra, que abandona a sabedoria em favor da vida reconhecida como vontade de potência.

[76] *Assim falava Zaratustra* III, "Os sete selos (ou A canção do sim e do amém)" (SM), *KSA* 4.287s.

"A canção do sim e do amém". A qualidade que então evoca caminha de mãos dadas com o título do capítulo e, ao sublinhá-lo, coloca em primeiro plano a noção de *amor fati*.

Para tentar apreender o papel que essa noção desempenha em *Assim falava Zaratustra*, que se tomem em consideração os dois capítulos em que aparece claramente o pensamento do eterno retorno do mesmo. Numa primeira abordagem, seria possível supor que "Da visão e enigma" e "O convalescente" formem um todo, de tal modo que separá-los traria problemas para a composição da terceira parte do livro. Mas é preciso levar em conta que, entre esses dois capítulos, situam-se 10 outros. Examinados de perto, eles revelam que Nietzsche teve a intenção de organizar um desenrolar conceitual absolutamente necessário para tornar possível a Zaratustra incorporar seu "pensamento abissal". No capítulo "Da visão e enigma", depois de reconhecer seu destino, o protagonista evoca o pensamento do eterno retorno. Nos capítulos que se seguem, consciente de que pode carregá-lo, mas ainda não tem como incorporá-lo, ele introduz a noção de *amor fati*. Zaratustra se afasta do homem pequeno, retoma o problema da compreensão do que tem a dizer, insiste na importância da vivência, trata das sombras de Deus, pretende-se o porta-voz do mundo, procede a uma reavaliação da maneira de conceber sentimentos humanos, apresenta as armas de que dispõe para combater o espírito de peso, aponta a atitude a ser adotada para levar a bom termo o projeto de transvaloração dos valores. Nos 10 capítulos que separam "Da visão e enigma" e "O convalescente", quer se trate de indicar os limites da linguagem para exprimir o que tem a dizer ou explicitar sua maneira de proceder, quer se trate de lembrar seus alvos de ataque ou mostrar a necessidade de destruir os valores estabelecidos para criar outros valores, Zaratustra nada mais faz do que se preparar para incorporar seu "pensamento abissal". Tudo se passa como se lhe fosse indispensável assegurar-se do caminho que percorrera para estar pronto para aceitar seu destino.[77] Não é, pois, da mesma maneira que o capítulo "Da visão e enigma" e aquele intitulado "O convalescente" anunciam o pensamento do eterno retorno do mesmo. Para que Zaratustra consiga

---

[77] É de modo similar que Zaratustra se porta nas sete partes que compõem o capítulo "Os sete selos (ou A canção do sim e do amém)".

apropriar-se de seu "pensamento abissal", é preciso que o integre como uma vivência. Para que chegue a aceitar todas as suas consequências, é necessário ainda que se converta naquele que abençoa.

A partir das análises precedentes, tenho condições de afirmar que tanto o desenvolvimento conceitual quanto a ação dramática do livro autorizado por Nietzsche, *Assim falava Zaratustra* em três partes, perseguem o objetivo de apresentar a longa preparação do protagonista para incorporar o pensamento do eterno retorno do mesmo e aceitar todas as suas consequências. E isso só se dá a partir do momento em que ele aceita incondicionalmente tudo o que advém. Pronto para se submeter a seu "pensamento abissal", Zaratustra termina por incorporá-lo.

Associada ao pensamento do eterno retorno do mesmo, a noção de *amor fati* exige um comportamento que exclui toda hesitação ou contestação; reclama uma atitude de completa submissão.[78] É precisamente essa atitude que Zaratustra adota em "Os sete selos (ou A canção do sim e do amém)". Ardendo de desejo pelo "nupcial anel dos anéis", ele não quer tomar a eternidade por esposa e subjugá-la. Interpretar sua aspiração como vontade de dominação não estaria de acordo com as imagens da mulher associadas às entidades abstratas.[79] Ao afirmar que a eternidade é a única mulher da qual desejaria "ter filhos", Zaratustra não espera impor-lhe como tarefa a procriação. Interpretar seu desejo como vontade de supremacia não seria compatível com a noção de *amor fati*. É bem verdade que o refrão que Zaratustra retoma nas sete partes desse capítulo remete a duas ideias importantes: o "nupcial anel dos anéis" faz referência ao grande

---

[78] É o que Nietzsche dá a entender na *Gaia ciência* 341 (RRTF), *KSA* 3.570, quando introduz pela primeira vez na obra publicada o pensamento do eterno retorno do mesmo. No parágrafo intitulado "O mais pesado dos pesos", escreve: "Se esse pensamento adquirisse poder sobre ti, assim como tu és, ele te transformaria e talvez te triturasse; a pergunta, diante de tudo e de cada coisa: 'Quero isto ainda uma vez e ainda inúmeras vezes?' pesaria como o mais pesado dos pesos sobre teu agir! Ou então, como terias de ficar de bem contigo mesmo e com a vida, para não *desejar* nada *mais* do que essa última, eterna confirmação e chancela?".

[79] Não acompanho a posição de Laurence Lampert em *Nietzsche's Teaching* (p. 240), quando afirma: "Esposando a eternidade, [Zaratustra] casa-se com a vida, mas no ato do casamento ele lhe dá um novo nome. 'Eternidade' é o nome que Zaratustra quer que a vida assuma. Como convém a uma noiva, a vida recebe de seu marido um novo nome".

movimento cíclico, que é precisamente o do retorno, e o desejo de "ter filhos" da eternidade, à fecundidade do pensamento do eterno retorno, o único capaz de justificar todas as ações.

Mas seria preciso observar uma vez mais que, no último capítulo da terceira parte de *Assim falava Zaratustra*, a noção de *amor fati* se acha estreitamente ligada ao pensamento do eterno retorno do mesmo. Para ressaltar o peso desse pensamento, Nietzsche o dramatiza ao máximo.[80] Desejando ardentemente o "nupcial anel dos anéis", o protagonista está pronto a devotar cega obediência a seu "pensamento abissal". Como considera a eternidade a única mulher da qual desejaria "ter filhos", submete-se inteiramente a ela. Não hesito, pois, em afirmar que, no capítulo "Os sete selos (ou A canção do sim e do amém)", Zaratustra se coloca decididamente na perspectiva de uma mulher humana, demasiado humana.

Que se lembre que, nesse seu livro, Nietzsche define claramente tanto o lugar que as mulheres devem ocupar na ordem social quanto os papéis que deveriam desempenhar. Uma indicação do que pensa a esse respeito encontra-se no capítulo "Do amigo". Então, Zaratustra diz a seus discípulos: "Tempo demais esteve escondido na mulher um escravo e um tirano. Por isso, a mulher ainda não é capaz de amizade: ela só conhece o amor. Há no amor da mulher injustiça e cegueira por tudo o que ela não ama".[81] Não há dúvida de que, em seus escritos, Nietzsche atribua grande importância à amizade. Em *Humano, demasiado humano*, ele estima que um casamento só pode ser bem-sucedido se for concebido como uma associação entre dois seres de sexo diferente ligados por relações amicais.[82] Na *Gaia ciência*, sustenta que a amizade

---

[80] Isso não corre o risco de surpreender se se levar em conta que Nietzsche recorrerá em seus escritos a vários meios para enunciar o pensamento do eterno retorno do mesmo. A esse respeito, cf. carta a Franz Overbeck de 8 de março de 1884, *KSB* 6.485, onde declara: "ainda estou bem longe de poder exprimi-lo e dar-lhe forma".

[81] *Assim falava Zaratustra* I, "Do amigo" (SM), *KSA* 4.72s. Logo em seguida, Nietzsche escreve: "A mulher ainda não é capaz de amizade: as mulheres ainda são gatas e pássaros. Ou, no melhor dos casos, vacas". Ele também compara a mulher aos gatos em *Para além de bem e mal* § 131, *KSA* 5.96, e *Para além de bem e mal* § 239, *KSA* 5.178. Compara ainda as mulheres aos pássaros em *Para além de bem e mal* § 237, *KSA* 5.174.

[82] Cf. *Humano, demasiado humano* I § 378, *KSA* 2.266. Cf. também *Humano, demasiado humano* I § 424, *KSA* 2.278.

é em alguma medida a sublimação do amor, entendido como cobiça, que duas pessoas sentem uma pela outra.[83] Em *Assim falava Zaratustra*, radicaliza sua posição: afirma que a mulher não é capaz de relações amicais. E nela diagnostica "um escravo e um tirano".

Mas será apenas no *Anticristo* que Nietzsche vai elucidar essa ideia. Criticando o cristianismo, ele torna precisa a constituição fisiopsicológica dos que se deixam guiar pela fé. É nesse contexto que escreve: "Que se pondere quão necessário é, para a maioria, um regulativo que a ligue e firme de fora, o quanto a coação ou, em um sentido superior, a escravidão, é a única e última condição, sob a qual o ser humano fraco de vontade, sobretudo a mulher, prospera: assim se entende também a convicção, a 'crença'".[84] O escravo é uma figura da heteronomia; ele se submete aos valores que lhe são impostos. Em compensação, o tirano é visto por quem a ele se submete como a lei à qual deve curvar-se. Ao crente e à mulher, a situação mais apropriada é a da escravidão. Como o escravo, a mulher ignora a amizade; só se podem tecer relações amicais *inter pares*. Mas, no amor, a mulher comporta-se como um tirano; junto ao homem amado, ela mostra-se caprichosa e, se seus projetos são contrariados, revela-se vingativa. Cega pelas suas paixões, a mulher não pode tomar-se em mãos. Com uma visão limitada e restrita, nunca emite opiniões imparciais e sem preconceitos. É preciso, pois, dar-se conta de que, na mulher, o tirano é apenas a contrapartida do escravo; ela é, em todas as coisas, um "ser humano de vontade fraca".

Os primeiros textos de Nietzsche revelam que é a partir de seu conhecimento do mundo grego que ele formou sua concepção da mulher. Numa anotação póstuma contemporânea do *Nascimento da tragédia*, escreve: "A vontade grega cuidava de que a necessidade de cultura não pudesse satisfazer-se no isolamento de um círculo estreito. O indivíduo devia receber tudo do Estado, para tudo devolver-lhe. A mulher significa para o Estado o mesmo que o *sono* para o homem".[85] Atribuía-se à mulher a tarefa de ajudar o homem a repousar e recuperar as forças; vivendo na obscuridade, cabia-lhe cuidar do lar. Em

---

[83] Cf. *A gaia ciência* § 14, KSA 3.26s e § 61, KSA 3.61s.

[84] *O Anticristo* § 54 (RRTF), KSA 6.236s.

[85] *Fragmento póstumo* 7 [122] do final de 1870/abril de 1871 (SM), KSA 7.171.

Humano, demasiado humano, Nietzsche delineia os contornos de "uma civilização de homens": "A civilização grega do período clássico é uma civilização de homens. Quanto às mulheres, Péricles, em seu discurso fúnebre, diz tudo com as palavras: O melhor delas é quando entre homens se fala delas o menos possível".[86] Em sintonia com o mundo grego, Nietzsche acaba por tomá-lo por modelo de sociedade.[87]

Bem se sabe que o homem livre ativo política e socialmente desempenha um papel de primeira importância na Grécia antiga. É também como um ser sexualmente ativo que ocupa um lugar preponderante. Em compensação, a mulher, considerada passiva por natureza, é comparável ao escravo, que é passivo por sua condição de subjugado, e ao efebo, passivo pela pouca idade. O homem livre exerce o poder sobre os efebos em relações eróticas, que visam contribuir para a educação deles. Exerce também o poder sobre os escravos nas relações pederásticas e sobre a mulher no ato sexual visando à procriação. Nesse mesmo parágrafo de *Humano, demasiado humano*, Nietzsche afirma a esse respeito: "As mulheres não tinham outra tarefa, além de

---

[86] *Humano, demasiado humano* § 259 (RRTF), *KSA* 2.213. Nietzsche refere-se ao discurso de Péricles em honra dos atenienses mortos na Guerra do Peloponeso. "Se tenho de falar também das virtudes femininas, dirigindo-me às mulheres agora viúvas, resumirei tudo num breve conselho: será grande a vossa glória se vos mantiverdes fiéis à vossa própria natureza, e grande também será a glória daquelas de quem menos se falar, seja pelas virtudes, seja pelos defeitos." Cf. TUCÍDIDES. *História da Guerra do Peloponeso*. Trad. Mário da Gama Kury. 3. ed. Brasília: Editora Universidade de Brasília, 1987. II, p. 45.

[87] Nietzsche bem sabe que, nesse contexto, Platão constitui uma exceção. Na *República*, ele defende a ideia de que a posição da mulher não deveria ser inferior à do homem. Numa sociedade justa, em que a divisão do trabalho se faz em função do talento, as mesmas incumbências são atribuídas aos homes e às mulheres; os que partilham as mesmas atividades devem partilhar a mesma educação. Cf. PLATÃO. *República*. Trad. Ana Lia Amaral de Almeida Prado. São Paulo: Martins Fontes, 2006. 451a-461e. Nietzsche possuía na sua biblioteca numerosas obras de Platão. Cf. CAMPIONI *et al.* (ed.). *Nietzsches persönliche Bibliothek*, p. 440-460. Contrapondo-se a essas posições, Nietzsche escreve no *Fragmento póstumo* 7 [122] do final de 1870/abril de 1871 (SM), *KSA* 7.17: "Há sem dúvida um aspecto na concepção platônica da mulher, que se encontra em profunda oposição aos costumes helênicos: Platão dá à mulher participação plena nos direitos, conhecimentos e deveres dos homens". Ele afasta-se das posições tomadas por Platão em relação à mulher, mas não hesita em atribuí-las à sua herança socrática. A esse propósito, cf. BEHLER, Diana. Nietzsche's View of Woman in Classical Greece. *Nietzsche-Studien*, n. 17, p. 359-376, 1988.

produzir belos corpos cheios de potência, nos quais o caráter do pai sobrevivesse o mais intacto possível".[88]

No capítulo "Dos filhos e do casamento", da primeira parte de *Assim falava Zaratustra*, reaparece essa ideia. Dirigindo-se a um de seus discípulos, o protagonista diz: "Casamento: assim chamo a vontade de criar a dois um que é mais do que aqueles que o criaram".[89] É importante notar que não é às mulheres que esse discurso se destina; ao longo do seu percurso, Zaratustra nunca as toma por interlocutoras. Excluindo-as do seu círculo, relega-as a segundo plano, concebendo o casamento como uma união visando à produção de um corpo mais forte, reduz a mulher a um ser que tem por destino ser mãe e esposa.

É possível, então, compreender as razões que levam Zaratustra a se voltar, no capítulo "Da virtude que apequena", da terceira parte do livro, contra os homens que se mostram incapazes de dominar as mulheres. Assim como o último homem, a eles falta determinação. Retomando ideias presentes no discurso dirigido ao povo reunido na praça do mercado no prólogo da obra, Zaratustra ataca os que não se comportam como senhores. "Escassa é ali a varonilidade: por isso, masculinizam-se suas mulheres. Pois só quem for varonil o bastante *redimirá*, na mulher, – *a mulher*".[90]

Tendo em vista os elementos reunidos até aqui, estou em condições de afirmar, quando se compara a maneira como Zaratustra concebe as mulheres humanas, demasiado humanas, e as que são suas bem amadas, que as suas ambivalências nada mais fazem do que pôr em evidência as ambivalências de Nietzsche.

---

[88] *Humano, demasiado humano* I § 259, *KSA* 2.213. Não sigo a posição que Hélène Laffont defende no texto "La Femme est l'avenir de l'homme européen" (*In*: D'IORIO, Paolo; MERLIO, Gilbert (éd.). *Nietzsche et l'Europe*. Paris: Éditions de la Maison des Sciences de l'Homme, 2006. p. 239), onde se pode ler que a imagem da mulher que se desenha na obra de Nietzsche "apresenta-a como o elemento motor de um movimento ascendente, uma personagem radiante na humanidade de amanhã".

[89] *Assim falava Zaratustra* I, "Dos filhos e do casamento" (SM), *KSA* 4.90.

[90] *Assim falava Zaratustra* III, "Da virtude que apequena", § 2 (SM), *KSA* 4.213s. Cf. a esse propósito *Fragmento póstumo*, 1870 7 [122] do final de 1870/abril de 1871, *KSA* 7.137, onde Nietzsche introduz essa ideia.

Capítulo 5
Aquelas mulheres: feministas e dogmáticas

É precisamente das mulheres que querem se emancipar que Nietzsche trata numa sequência de parágrafos de *Para além de bem e mal*. Então, recorre a uma maneira de proceder similar àquela que adotou no Segundo Livro da *Gaia ciência*. Antes de se ater a seu objeto de reflexão, empenha-se em apresentar o seu projeto filosófico, criticando o pensamento metafísico. É o que ocorre no parágrafo 230, em que expressa a sua exigência de "reconverter o homem para a natureza; triunfar sobre as muitas interpretações e segundos sentidos vaidosos e delirantes que agora foram rabiscados e pintados sobre aquele eterno texto fundamental *homo natura*".[1] Não é por julgar existir uma natureza humana que ele clama a que se naturalize o homem; não é por acreditar haver uma substância própria ao ser humano que exorta a que se volte ao *homo natura*. Se assim procede, é porque, uma vez mais, quer opor-se às concepções metafísicas.[2]

Perseguindo tal objetivo, o filósofo não hesita em recorrer ao conhecimento científico e fazer dele um uso estratégico. Logo

---

[1] *Para além de bem e mal* § 230 (RRTF), *KSA* 5.169.
[2] Cf. *Crepúsculo dos ídolos*, "Sentenças e setas, § 6 (SM), *KSA* 6.60, que caminha na mesma direção: "Em nossa própria natureza selvagem, é onde melhor nos ressarcimos de nossa não natureza, de nossa espiritualidade". De caráter sucinto, essa passagem vem esclarecer a estratégia mesma presente no parágrafo 230 de *Para além de bem e mal*.

depois de expressar sua exigência de "reconverter o homem para a natureza", escreve:

> fazer com que o homem, doravante, fique diante do homem tal como já hoje, endurecido na disciplina da ciência, ele fica diante da *outra* natureza, com intrépidos olhos de Édipo e tapados ouvidos de Odisseu, surdo aos engodos dos velhos passarinheiros metafísicos, que por demasiado tempo lhe flautaram ao ouvido: "Tu és mais! Tu és superior! Tu és de outra ascendência!" – pode ser uma tarefa estranha e maluca, mas é uma *tarefa* – quem haveria de negá-lo?[3]

Por entender o pensar metafísico como a tentativa de duplicação de mundos, que tem em vista desvalorizar este mundo em que nos achamos aqui e agora em proveito de outro, que seria essencial, imutável e eterno, Nietzsche alerta o leitor no sentido de se precaver contra o que decorreria dessa forma de proceder: a atribuição ao ser humano de uma dupla natureza. Sublinhando a importância dos métodos científicos, ressalta o caráter esclarecedor que eles possuem. Graças à "disciplina na ciência", torna-se possível não se deixar seduzir pelas concepções metafísicas, que, além do mais, não hesitam em compactuar com o antropocentrismo. Em última análise, é para denunciar o quanto há de vaidade, pretensão e arrogância no pensar metafísico que o filósofo a ele contrapõe o conhecimento científico. Mas não busca, de modo algum, substituir as ilusões da metafísica por uma suposta verdade da ciência. Ao contrário, em seus textos, procura sempre prevenir o leitor de que é uma incondicional vontade de verdade que inspira tanto uma quanto a outra. É, pois, contra o caráter dogmático do pensar metafísico e, igualmente, do conhecimento científico que se insurge.

No parágrafo de *Para além de bem e mal* que ora examino, são as concepções metafísicas que Nietzsche elege como alvo de ataque. Prova disso é que já nas primeiras linhas assegura: "Esse algo imperioso, que o povo denomina o 'espírito', quer, em si e em torno de si, ser senhor e sentir-se como senhor: ele tem a vontade de passar da pluralidade à simplicidade, uma vontade que constringe, que doma, sequiosa de dominação e efetivamente dominadora. Suas necessidades

---

[3] *Para além de bem e mal* § 230 (RRTF), *KSA* 5.169.

e faculdades, aqui, são as mesmas que os fisiólogos estabelecem para tudo o que vive, cresce e se multiplica".[4] Não é por acaso que, nessa passagem, coloca a palavra "espírito" entre aspas. Elas denotam o uso por assim dizer inapropriado que faz do termo; conotam sua intolerância em relação a ele. Falar em faculdades do espírito implicaria presumir que haja algo distinto do corpo, com estatuto próprio e atividades específicas; acarretaria supor que o ser humano seja dotado de "outra natureza". Ora, do mesmo modo que, ao se alimentar, o corpo assimila o que não lhe pertence, ao digerir novas experiências, o "espírito" incorpora o que lhe é estranho. "Efetivamente o 'espírito' ainda se assemelha ao máximo a um estômago".[5]

Não hesito, pois, em afirmar que, ao recusar toda divindade, ao rejeitar todo poder transcendente, Nietzsche aborda a questão numa perspectiva naturalista. Entendo, com isso, que ele não admite explicação da origem e das funções das aptidões humanas que não as tome como fruto do desenvolvimento orgânico. Pertencendo a uma espécie animal determinada, o homem, como outros seres vivos, teria certas aptidões gerais que se originaram e desenvolveram enquanto meios para a sobrevivência. No entanto, a posição que o filósofo advoga extrapola os parâmetros do naturalismo. Tanto é que ele defende a ideia de que o ser humano, por sua própria condição, não tem como fazer abstração dos sentidos e valores que atribui a si mesmo e ao que o cerca. A vida humana é, pois, o contexto em que surgem todas as formas de conhecimento de que o homem pode dispor. As operações intelectuais, que ele realiza, resultam do desenvolvimento de suas aptidões e refletem, necessariamente, tanto aspectos de sua suposta constituição biológica quanto circunstâncias de sua existência social. Em suma: se, como Kant, Nietzsche pergunta pelas condições de possibilidade do conhecimento em sua obra, não é a partir do exame das faculdades do espírito que coloca a questão, mas é num contexto histórico e fisiológico que procura reinscrevê-la.[6]

---

[4] *Para além de bem e mal* § 230 (RRTF), *KSA* 5.167.

[5] *Para além de bem e mal* § 230 (RRTF); *KSA* 5.167.

[6] Alinho-me aqui à posição de Foucault, quando afirma que Nietzsche participa da *épistémé* que, em decorrência da analítica da finitude, passou a vincular o conhecimento à fisiologia e à história. Defendo tais posições em *Extravagâncias:*

No parágrafo 230 de *Para além de bem e mal*, o autor sublinha os traços essenciais de seu projeto filosófico. A esse parágrafo se segue uma sequência de nove outros, em que se propõe a tratar da emancipação feminina. Tudo se passa como se ele começasse por se dispor a expor as *suas* verdades acerca das mulheres que querem emancipar-se no parágrafo 231 e terminasse por criticá-las duramente por abrirem mão das próprias verdades no 239. Mas, antes de anunciar que conta expor suas verdades, Nietzsche retoma a comparação do "espírito" a um estômago, assegurando que, assim como a alimentação, o aprendizado tem caráter transformador. Imediatamente depois, ao contrário do que seria de se esperar, afirma: "Mas no fundo de nós, bem 'lá embaixo', há certamente algo que se recusa a aprender, um granito de *fatum* espiritual, de decisão e respostas predeterminadas a seletas questões predeterminadas".[7] Ele parte assim da ideia de que os valores estabelecidos pelos seres humanos são de algum modo incorporados à sua configuração fisiopsicológica e, desse modo, acabam por transformá-la. Subitamente, introduzindo um ponto de inflexão em seu raciocínio, assevera que há algo, porém, que se mostra refratário às transformações.

Para buscar esclarecer essa questão, nada melhor do que recorrer a algumas considerações do filósofo no *Ecce homo*. Dos vários aspectos que esse livro surpreendente possui, um atrai em particular a atenção. No oitavo parágrafo do capítulo "Por que sou tão esperto", o autor procura elucidar o que chama de suas "escolhas". Assegura que, em suas experiências concretas quanto ao regime alimentar a ser seguido, ao lugar e ao clima que lhe são propícios e aos lazeres que o favorecem, em tudo isso, "reina um instinto de autoconservação".[8] É ele que lhe ordena recusar a entrar em contato com situações desfavoráveis e afastar-se de circunstâncias adversas, pois é preciso que evite toda

---

ensaios sobre a filosofia de Nietzsche (São Paulo: Discurso Editorial; Barcarolla, 2000 [2. ed., 2001; 3. ed., 2009]), em particular p. 167-182 da 3ª edição. Para um estudo mais aprofundado da leitura que Foucault faz da filosofia nietzschiana, remeto a MARTON, Scarlett. De Foucault à Nietzsche: pluralité d'interprétations et importance des critères. *In*: STELLINO, Paolo; TINLAND, Olivier (éd.). *Nietzsche et le relativisme*. Bruxelles: Ousia, 2019. p. 203-225.

[7] *Para além de bem e mal* § 231 (SM); *KSA* 5.170.

[8] *Ecce homo*, "Por que sou tão esperto", § 8 (SM), *KSA* 6.291.

espécie de desperdício de energia. No parágrafo seguinte, tomando como ponto de partida o subtítulo do livro, Nietzsche afirma que, para se tornar o que se é, é preciso sobretudo não suspeitar o que se é. Revela que na sua vida jamais esteve consciente da tarefa que a ele se imporia. Sem dela ter conhecimento, seu instinto de conservação organizava e hierarquizava suas competências. É o que procura deixar claro na seguinte passagem: "Entrementes, continua a crescer na profundeza a 'ideia' organizadora, chamada a dominar, – ela começa a comandar, lentamente conduz *de volta* dos caminhos secundários e desvios, prepara qualidades e aptidões *isoladas*, que um dia se revelarão indispensáveis como meios para o todo, – ela configura uma a uma as faculdades *auxiliares*, antes mesmo de deixar transparecer algo da tarefa dominante, do 'fim', da 'meta', do 'sentido'".[9] Graças a uma análise profunda e refinada da própria configuração fisiopsicológica, o filósofo mostra que o termo "escolhas", que emprega ao tratar de suas preferências quanto ao regime alimentar, ao lugar, ao clima e aos lazeres, não deve ser tomado no sentido literal. Nem determinações do livre-arbítrio nem opções conscientes, suas "escolhas" decorrem do dinamismo dos processos fisiopsicológicos. Enquanto força organizadora ou, se se quiser, enquanto "ideia" chamada a dominar, seu instinto de conservação faz em segredo o trabalho de formar uma configuração pulsional destinada à tarefa de transvalorar os valores.

É nesse sentido que se pode compreender que, em *Para além de bem e mal*, Nietzsche afirme: "Em todo problema cardinal exprime-se um inalterável 'esse sou eu'; sobre o homem e a mulher, por exemplo, um pensador não pode desaprender,[10] mas apenas completar o aprendizado – finalmente descobrir o que nele está 'firmado' a esse respeito".[11] Dada a sua configuração fisiopsicológica, ele não tem como incorporar novas ideias acerca do homem e da mulher; nesse caso, o aprendizado não transforma. Daí decorre que acaba por dar

---

[9] *Ecce homo*, "Por que sou tão esperto", § 9 (SM), *KSA* 6.294.

[10] O termo original, *"umlernen"*, apresenta o prefixo *"um-"*, também presente nos termos *"umwerten"* (transvalorar) e *"umkehren"* (inverter), que aponta para o avesso, para o reverso. Assim, reaprender (*umlernen*) não quer dizer aprender de novo algo que se esqueceu, mas aprender o reverso do que até então se aprendeu.

[11] *Para além de bem e mal* § 231 (SM); *KSA* 5.170.

"respostas predeterminadas a seletas questões predeterminadas". Mas, à primeira vista, logra dar-se conta de suas crenças; parece ter ciência de suas limitações. Tudo indica que, então, assume a perspectiva aparentemente constrangedora de pôr a nu as suas convicções. Isso não deveria, porém, impedir de avaliar as posições que assume. Afinal, não há por que desculpar um pensador do seu quilate por ter limitações e crenças comuns, argumentando que elas são simplesmente comuns.

Depois de avançar a ideia de que certas soluções de problemas suscitam em nós uma forte crença e, por isso, talvez sejam chamadas de "convicções", num lance estratégico, Nietzsche prossegue: "Mais tarde – vemos nelas apenas pistas para o autoconhecimento, indicadores para o problema que nós *somos* – mais precisamente, para a grande estupidez que nós somos, para nosso *fatum* espiritual, *o que* bem 'lá embaixo' *se recusa a aprender*".[12] Nietzsche defende-se assim contra possíveis objeções. Recorrendo à sua configuração fisiopsicológica, adverte o leitor para que coloque em outro plano a questão acerca da pertinência de suas observações a propósito do homem e da mulher. Dá a entender que, por certo, não se trata de tomá-las por opções conscientes que resultariam do exercício do livre-arbítrio. Será preciso encará-las como decorrentes dos impulsos que dele se apossam, dos afetos que dele se apoderam, pois são eles que aqui tomam a palavra.

Lançando mão de um procedimento frequente em seus textos, o filósofo começa por definir o objeto que elege para análise e a perspectiva que pretende adotar para examiná-lo. Com uma ponta de ironia, dá a entender que, depois da enorme gentileza que acabou de dirigir contra si mesmo, "talvez me seja permitido agora expor algumas verdades acerca da 'mulher em si' – supondo que se saiba que doravante serão apenas *minhas* verdades".[13] Essas duas frases são reveladoras; com elas, Nietzsche leva o leitor, de imediato, a se defrontar com o contraste entre as *minhas* verdades (grifado) e a "mulher em si" (entre aspas). Coloca-o diante do confronto entre a sua própria perspectiva e o objeto por ele enfocado. Constrange-o a enfrentar a contraposição desse ponto de vista que se quer singular e o conceito que pretende captar a mulher na sua essência. Afinal, dado o espírito

---

[12] *Para além de bem e mal* § 231 (SM), *KSA* 5.170.

[13] *Para além de bem e mal* § 231 (SM), *KSA* 5.170.

antidogmático de seu escrito, não se podem tomar como teses as afirmações que faz acerca das mulheres. O caráter experimental de sua investigação impede que se assuma como doutrinárias as *suas* verdades sobre elas.

A partir do parágrafo 232, o filósofo se lança no exame do objeto a que escolheu dedicar-se e com ele se ocupa até o parágrafo 239. Começa assim por declarar: "A mulher quer ser independente: e para tanto começa a esclarecer os homens sobre a 'mulher em si' – *esse* é um dos piores progressos no *enfeamento* geral da Europa".[14] Instigante contraponto que o uso do substantivo no singular enseja: a mulher discorre sobre a "mulher em si", a mulher enquanto gênero teoriza sobre a mulher enquanto conceito. Tudo leva a crer que não é o fato de a mulher querer emancipar-se que causa transtorno; o que incomoda é a maneira como ela se coloca e os meios de que se vale para tanto. Ao buscar a própria independência, as mulheres põem-se enquanto gênero, que, como todo e qualquer gênero, flerta com a universalidade, e lançam mão de um conceito que, como todo e qualquer conceito, julga apreender essências. Numa palavra, elas recorrem a expedientes comprometidos com o pensar metafísico. Destarte, tenho condições de afirmar que o alvo de ataque de Nietzsche deixa de ser a emancipação feminina para sutilmente converter-se no que ele concebe como filosofia dogmática.

Mas, ao se colocar enquanto gênero e teorizar sobre conceitos, a mulher contribui para o *enfeamento* geral da Europa. Haveria maior contrassenso do que esse? Cantada desde sempre na literatura e na mitologia por sua beleza, ela acaba por trair a si mesma ao buscar autodesnudar-se. E o filósofo põe-se a investigar as "tentativas desajeitadas de cientificidade e autodesnudamento femininos";[15] quer examinar as iniciativas das mulheres de sua época com vistas a esclarecer "a mulher em si". Procura, então, mostrar o despropósito de tais iniciativas e tentativas. À mulher o pudor é necessário; mas não

---

[14] *Para além de bem e mal* § 232 (SM), *KSA* 5.170.

[15] Dentre as muitas passagens em que Nietzsche trata do tema, cf. *Para além de bem e mal* § 127 (SM), *KSA* 5.95, onde se lê: "A ciência vai contra o pudor de todas as mulheres verdadeiras. Elas têm a sensação de que se pretende observá-las sob a pele – pior ainda, sob as vestes e os adornos".

– como seria de se esperar – por fazer parte de sua natureza. Afinal, invocar a natureza feminina se revelaria um gesto tão comprometido com o pensar metafísico quanto tentar elucidar a "mulher em si". À mulher é necessário o pudor, por ela ter muito o que esconder. Mais vale que esconda o que possui de pedante, superficial, doutrinário, presunçoso, desenfreado, imodesto; mais vale que esconda tudo isso que "até agora, no fundo, só o *temor* ao homem reprimiu e conteve da melhor maneira".

Nietzsche não hesita, pois, em elogiar os homens; foi graças ao temor que inspiraram às mulheres que no decorrer do tempo puderam dominá-las. Voltando-se outra vez para a emancipação feminina, ele afirma: "Já se ouvem vozes femininas que – por santo Aristófanes! – causam medo, assustam, ameaçam com uma explicação médica acerca do que antes de tudo e sobretudo a mulher *quer* do homem".[16] Nessa passagem, não há como deixar de notar, de imediato, as três palavras que aparecem entre travessões. Ao lembrar o nome de Aristófanes, de forma a um só tempo respeitosa e jocosa, o filósofo busca a cumplicidade do autor de *Lisístrata*. Nessa peça, o fundador da comédia grega põe em cena uma bela ateniense, audaciosa e astuta, que, por ocasião da guerra entre Atenas e Esparta, convence as mulheres a fazerem uma greve total de sexo até que os homens decidam abandonar o combate.[17] Ao trazer à cena Aristófanes, Nietzsche dá a entender que, à semelhança de Lisístrata, a mulher de seu tempo não titubeia em lançar mão dos mais inesperados recursos para conquistar o que *quer* do homem.

Se o filósofo se limitou até aqui a tratar dos meios a que a mulher de seu tempo recorre, julgando-os incompatíveis com o que lhe é peculiar, a partir de agora passará a examinar os fins a que ela visaria assim procedendo. "Se com isso uma mulher não busca para si um novo *adorno* – creio que se adornar faz parte do eterno feminino, não?[18] –, então, ela quer despertar temor – com isso, talvez queira

---

[16] *Para além de bem e mal* § 232 (SM), *KSA* 5.171.

[17] Cf. ARISTÓFANES. *Lisístrata: a greve do sexo*. Trad. Millôr Fernandes. Porto Alegre: L&PM, 2003.

[18] Goethe emprega a expressão "o eterno feminino" no final do segundo *Fausto*, para designar a atração que orienta o desejo do homem em direção à transcendência.

dominar. Mas *não quer* a verdade: que importa à mulher a verdade! Desde o início nada é mais alheio, mais avesso, mais hostil à mulher do que a verdade – sua grande arte é a mentira, sua maior preocupação são a aparência e a beleza."[19] Reviravolta na argumentação: querer trazer esclarecimentos acerca da "mulher em si" talvez seja para as mulheres apenas "um novo adorno"; talvez não passe de um enfeite de que elas se servem. Se assim for, ao contrário do que se pensava, ao buscarem ser científicas, elas não traem a si mesmas, mas fazem jus ao que lhes é próprio. Mas seria possível contra-argumentar que se enfeitar remete a uma imagem idealizada da mulher, ao "eterno feminino", de que querem se afastar as mulheres que se propõem a adotar uma atitude científica. Nova reviravolta: é bem possível que querer trazer esclarecimentos acerca da "mulher em si" seja um expediente de que as mulheres lançam mão para atemorizar os homens e, por conseguinte, para dominá-los. E, se assim for, bem como se pensava, ao se autodesnudarem, elas perdem de vista o que têm de peculiar e alienam-se de si mesmas. Mais uma reviravolta: seja como for, não é a verdade que as mulheres procuram, não é ela que as instiga. Em outras palavras, não é para esclarecerem a respeito de si mesmas que apelam à cientificidade e ao autodesnudamento. Bem ao contrário, sua maestria reside justamente em mentir, e seus propósitos consistem em buscar o que é belo e aparente.

Então, Nietzsche se põe a falar em nome dos homens, ou melhor, a falar em seu próprio nome acerca dos homens: "Admitamos, nós, homens: nós veneramos e amamos precisamente *essa* arte e *esse* instinto na mulher: nós, que temos a vida dura e que, para obter alívio, de bom grado buscamos a companhia de seres cujas mãos, olhares e ternas

---

Representa a mulher como uma essência celeste, inacessível, pintada com as cores da metafísica e da religião, que facilitaria o acesso ao amor espiritual. "*Alles Vergängliche ist nur ein Glechnis; das Unzulängliche, hier wird's Ereignis; das Unbeschreibliche, hier ist's getan; Das Ewig-Weibliche zieht uns hinan*" ("Todo perecível é apenas um símbolo; o inacessível torna-se aqui acontecimento; o indescritível se fez aqui; o eterno feminino nos atrai para cima"). Cf. GOETHE, J. W. *Faust*. In: *Sämtliche Werke*. München: Deutscher Taschenbuch Verlag, 1977. t. 5, p. 775. Nietzsche discute precisamente esses versos de *Fausto* em *Assim falava Zaratustra* II, "Dos poetas", *KSA* 4.140.

[19] *Para além de bem e mal* § 232 (SM), *KSA* 5.171.

tolices nos fazem parecer quase tolice a nossa seriedade, nosso peso e profundidade".[20] Ainda uma reviravolta: se a mentira, a aparência e a beleza são imputadas às mulheres, não é com vistas a desmerecê-las, mas com o intuito de, por contraste, apontar a tolice dos homens (e, quiçá, a inveja que sentem das mulheres). Destarte, estou em condições de afirmar que o alvo de ataque de Nietzsche mais uma vez deixa de ser a emancipação feminina para sutilmente converter-se na seriedade, peso e profundidade que os homens atribuem à reflexão filosófica.

Abandonar a maestria em mentir e voltar-se para a filosofia, desprezar o belo e o aparente e dedicar-se ao trabalho reflexivo constituiriam uma razão a mais para criticar as mulheres. É nessa direção que caminha o filósofo nas linhas que seguem: "Para terminar, levanto a questão; coloco a pergunta: houve alguma vez uma mulher que reconheceu profundidade numa cabeça de mulher, justiça num coração de mulher? E não é verdadeiro que, no fim das contas, 'a mulher' foi até agora mais desprezada pela mulher mesma? – e de modo algum por nós?".[21] Quando se empenham em proceder como os homens, as mulheres não só abrem mão do que têm de melhor, como também aderem ao que têm de pior. E tanto sabem que estão se traindo, quando se comportam como homens, que se convertem em objeto do próprio desdém. Tanta ciência têm de que estão se alienando, quando se travestem, que não podem evitar desprezar a si mesmas. Em suma: "nós, homens, desejamos que a mulher não continue a se comprometer através do esclarecer".

No início desse parágrafo, Nietzsche afirmara que a emancipação feminina contribui para enfear a Europa. Quando buscam trazer esclarecimentos acerca da "mulher em si", as mulheres acabam por se portar como os homens e negligenciam o que é agradável e gracioso. Nas últimas linhas, ele sustenta que mais vale renunciar à emancipação feminina; ao procurarem tornar-se independentes, as mulheres têm de pagar um alto preço. Colocando-se enquanto gênero e teorizando sobre conceitos, elas lançam mão de expedientes comprometidos com

---

[20] *Para além de bem e mal* § 232 (SM), *KSA* 5.171.

[21] *Para além de bem e mal* § 232 (SM), *KSA* 5.172. Na mesma direção, cf. *Para além de bem e mal* § 86 (SM), *KSA* 5.89, onde se lê: "As próprias mulheres sempre têm por trás de toda a vaidade pessoal seu desprezo impessoal – pela 'mulher'".

o pensar metafísico. Renunciando à mentira, à aparência e à beleza, passam a valorizar o que é sério, pesado e profundo. Numa palavra, elas procedem como os filósofos dogmáticos.

As análises precedentes permitem sublinhar a estratégia peculiar a que Nietzsche recorre no parágrafo 232 de *Para além de bem e mal*. Tendo em mira dois adversários ao mesmo tempo, ele combate, por um lado, a filosofia dogmática, questionando os expedientes comprometidos com o pensar metafísico de que ela lança mão, e ataca, por outro, o movimento de emancipação feminina, denunciando o modo de proceder que leva as mulheres a se identificarem com os filósofos dogmáticos. Isso ocorre quando elas tomam iniciativas com vistas a esclarecer "a mulher em si" e apelam a "tentativas desajeitadas de cientificidade".

Como os filósofos dogmáticos, as mulheres que visam emancipar-se pensam a partir de gêneros, que se querem universais, e de conceitos, que pretendem captar essências. Confrontando-se com essa forma de raciocinar, Nietzsche poderia muito bem advertir que a "mulher em si", do mesmo modo que a coisa em si, "encerra uma *contradictio in adjecto*",[22] pois é ilusório esperar apreender uma coisa tal como ela é. "Conhecer significa 'entrar em relação condicional com algo'",[23] ou seja, entrar numa relação em que "sujeito" e "objeto" se condicionam reciprocamente, de sorte que só tem sentido falar em "sujeito" e "objeto" se forem entendidos como conceitos relacionais.

Como os filósofos dogmáticos, as mulheres que querem tornar-se independentes parecem por momentos renunciar à mentira, à beleza, à aparência. Contrastando com essa maneira de pensar, Nietzsche poderia muito bem sustentar que a aparência, assim como num outro registro a falsidade, também é condição da existência. Afinal, o que obrigaria o ser humano a acreditar existir uma oposição entre "aparência" e "essência"? Tal dicotomia só se explica através da "psicologia da metafísica", que vem desmascarar o *modus operandi* do pensar metafísico. Recorrendo a um raciocínio causal e operando com oposições, ele tenta desvalorizar este mundo em que nos achamos aqui e agora para promover outro, que seria essencial, imutável

---

[22] *Para além de bem e mal* § 16 (RRTF), *KSA* 5.29.

[23] *Fragmento póstumo* 2 [154] do outono de 1885/outono de 1886 (SM), *KSA* 12.142.

e eterno. Assim estabelece: "este mundo é aparente – *por conseguinte*, existe um mundo verdadeiro".²⁴

Mas, à diferença dos filósofos dogmáticos, as mulheres que procuram emancipar-se não se põem a serviço da verdade.²⁵ Não há dúvida de que Nietzsche não aceita que as mulheres de sua época busquem esclarecer "a mulher em si", não admite que façam da mulher uma questão digna de exame e até, ao que parece, não tolera que se voltem para a filosofia ou se dediquem ao trabalho reflexivo. Afinal, como diriam alguns (por certo, os mais apressados), lugar de mulher é na cozinha!

Aqui, impõe-se atenção – e paciência. Estaria Nietzsche prestes a aderir a mais esse preconceito? Estaria pronto a endossar mais essa convicção?

No parágrafo 234 de *Para além de bem e mal*, ele parece sustentar justamente a posição contrária. Para examinar como apresenta a questão, nada melhor do que lhe dar ainda uma vez a palavra: "A estupidez na cozinha; a mulher como cozinheira; a terrível desatenção com que se cuida da alimentação da família e do chefe da casa!".²⁶ As três anotações iniciais nomeiam os principais momentos desse parágrafo: "a estupidez na cozinha" revela-se no fato de a mulher não compreender o significado da nutrição; prova disso é que "a mulher como cozinheira" deveria entender de fisiologia e dominar a arte de curar; como isso não ocorreu, "a terrível desatenção com que se cuida da alimentação" retardou e prejudicou até hoje a evolução do ser humano. E, ao encerrar o parágrafo, a frase "um discurso para as moças de cursos secundários" indica a quem ele se destina.

Para elucidar a perspectiva que Nietzsche adota ao tratar da alimentação, que se tomem em consideração, por exemplo, algumas reflexões que registra no *Ecce homo*. Ao fazer o relato de suas experiências concretas, a começar pelo regime alimentar, no capítulo "Por que sou tão esperto", ele prescreve evitar alimentos pesados, proibir-se bebidas alcoólicas, desalterar-se nas fontes, rejeitar o vegetarianismo,

---

²⁴ *Fragmento póstumo* 8 [2] do verão de 1887 (SM), *KSA* 12.327.

²⁵ Como se viu anteriormente, em *Para além de bem e mal* § 232 (SM), *KSA* 5.171, Nietzsche afirma: "que importa à mulher a verdade! Desde o início nada é mais alheio, mais avesso, mais hostil à mulher do que a verdade".

²⁶ *Para além de bem e mal* § 234 (SM), *KSA* 5.172s.

preferir refeições completas às que são muito leves, não comer entre as refeições, abster-se de beber café, só tomar chá pela manhã.[27] Em seguida, trata da questão do lugar e do clima que lhe são propícios. Afirma que, graças a um longo aprendizado, agora conhece os efeitos que a meteorologia pode exercer sobre si. Convencido de que o ar seco e o céu puro são indispensáveis aos homens cheios de espírito, entende que o clima alemão é nefasto aos que estão destinados a realizar grandes tarefas. Por fim, examina os lazeres que lhe são favoráveis. E não hesita em dar exemplos: no que diz respeito à literatura, as poesias de Heinrich Heine, o poema dramático *Manfred*, de Byron, e *Hamlet*, de Shakespeare; no que concerne à música, *Tristão e Isolda* e o *Idílio de Siegfried*, de Wagner, mas também Liszt, Rossini e Peter Gast. Até o presente momento, tudo se passa como se o regime alimentar a ser seguido pelo filósofo, o lugar e o clima que lhe são propícios e os lazeres que o favorecem consistissem em experimentos que ele faz com si mesmo. Afinal, o autor do livro propõe-se a explicar no segundo capítulo "por que sou tão esperto".

Contudo, examinados de perto, os parágrafos desse capítulo trazem esclarecimentos que permitem enquadrar de outro modo as experiências de Nietzsche. Indicando seu regime alimentar predileto, ele relaciona a cultura e a cozinha alemãs.[28] Sustenta que, nascendo com vísceras desarranjadas, "o espírito alemão é uma indigestão, não dá conta de nada". Voltando-se para a questão do clima e do lugar, insiste na influência da meteorologia sobre o metabolismo. Defende a ideia de que, se uma preguiça intestinal pode fazer de um gênio "algo medíocre, algo 'alemão', o clima alemão por si só basta para desencorajar vísceras fortes e inclusive de disposição heroica". Ocupando-se de seus

---

[27] Nietzsche não hesita em tomar partido quanto a diferentes regimes alimentares; afirma, por exemplo, que é adversário do vegetarianismo. Posição similar já havia sido tomada por Ludwig Feuerbach. Entre outros textos, cf. FEUERBACH, Ludwig. Die Naturwissenschaft und die Revolution. *Blätter für Literarische Unterhaltung*, n. 268-271, p. 1069-1083, 8-12 nov. 1850.

[28] Essa ideia está claramente presente na *Genealogia da moral*, "Terceira dissertação", § 26 (SM), *KSA* 5.407, onde se pode ler: "O fato de que *nenhuma* espécie de charlatanismo espiritual deixe de ter sucesso na Alemanha de hoje está ligado à *devastação* doravante inegável e já palpável do espírito alemão, cuja causa encontro numa alimentação por demais exclusiva, constituída de jornais, política, cerveja e música wagneriana".

lazeres, passa em revista suas preferências em matéria de literatura e música. Afirma que é estrangeiro a tudo o que é alemão, "a tal ponto que a proximidade de um alemão já atrasa minha digestão".[29]

Os elementos reunidos até o presente momento permitem notar que Nietzsche estabelece uma estreita relação entre a sua condição fisiológica e o que chama de suas "escolhas"[30] quanto ao regime alimentar, ao lugar, ao clima e aos lazeres. Se assim procede, é porque concebe o homem como um ser relacional. Insistindo na ideia de que o ser humano está em relação com tudo o que o cerca, ele prescreve: "*Ficar sentado* o menor tempo possível", pois "todos os preconceitos vêm das vísceras".[31] Adotando uma perspectiva completamente nova, instiga a uma completa reviravolta na forma habitual de pensar, agir e sentir. Enquanto a tradição filosófica não atribui importância alguma às "'pequenas' coisas" da vida cotidiana, ele considera insignificantes os grandes conceitos do pensar metafísico. "Aqui precisamente é preciso começar a *reaprender*."[32]

É à luz dessas considerações que será preciso abordar o parágrafo 234 de *Para além de bem e mal*. Ao julgar que as mulheres desconhecem a importância do regime alimentar, Nietzsche quer chamar a atenção para o desprezo com que a nossa forma de pensar, agir e sentir lida com "as 'pequenas' coisas" da vida cotidiana. Entendendo que as mulheres ignoram "os mais importantes fatos fisiológicos", conta sublinhar o desdém com que nossa educação e nossa cultura sempre encararam "as disposições fundamentais da vida". Na sua ótica, sadio é quem recusa o mundo fictício dos ideais; é quem rejeita os valores que desde sempre se respeitou; é quem repudia tudo o que até então

---

[29] Cf. respectivamente *Ecce homo*, "Por que sou tão esperto", § 1 (SM), *KSA* 6.280; § 2, *KSA* 6.282; § 5, *KSA* 6.288.

[30] Desde a juventude, Nietzsche está convencido da unidade do corpo e do espírito. Numa carta a Malwida von Meysenbug de 11 de agosto de 1875 (SM), *KSB* 5.104, ele escreve: "*Jamais* sofremos *apenas corporalmente*; tudo está tão profundamente mesclado com crises espirituais que não tenho ideia de como poderei tornar-me outra vez são se recorrer apenas às farmácias e às cozinhas". Cf. também a carta a Carl von Gersdorff de 13 de dezembro de 1875, *KSB* 5.128.

[31] *Ecce homo*, "Por que sou tão esperto", § 1 (SM), *KSA* 6.281.

[32] *Ecce homo*, "Por que sou tão esperto", § 10 (RRTF), *KSA* 6.295. A propósito do termo "*umlernen*" (reaprender), remeto à nota 10 deste capítulo.

se venerou. Sadio é quem cuida de dietas e dos regimes alimentares; é quem está atento a condições climáticas, leituras e recreações; é quem acata a precariedade da condição humana. Dando a entender que esse texto se dirige às "moças de cursos secundários", o filósofo permite supor que tem a expectativa de que revertam o procedimento que, "cozinhando há milênios", as mulheres adotaram na cozinha. Elas deveriam dedicar-se a bem conhecer o significado do alimento, de sorte a bem cuidar da alimentação da família e do chefe da casa e assim contribuir para a evolução da humanidade.

É também para as questões relativas à educação que Nietzsche se volta no parágrafo seguinte. Dessa vez, começa por afirmar que, por vezes, uma frase traduz uma sociedade e até uma cultura. Para ilustrar essa afirmação, retoma uma sentença que Madame de Lambert dirigiu ao seu filho: "Meu amigo, só se permita loucuras que lhe deem grande prazer".[33] Trata-se, no seu entender, da "palavra mais maternal e mais esperta que já foi dirigida a um filho".[34] Essas linhas ensejam, a meu ver, múltiplas interpretações. Antes de tudo, elas remetem a uma concepção de educação presente em vários escritos de Nietzsche.[35] A particularidade dessa concepção consiste em exigir lastro vivencial e reclamar criatividade. O texto citado também chama a atenção para o contraste entre a França e a Alemanha. Reputando a cultura francesa mais refinada, o filósofo ridiculariza os alemães por se embriagarem

---

[33] A frase citada ("*Mon ami, ne vous permettez jamais que de folies qui vous feront grand plaisir*") encontra-se ligeiramente modificada na obra de Madame de Lambert intitulada *Conselho de uma mãe a seu filho* (*Avis d'une mère à son fils*), de 1726, onde se lê: "Mon ami, ne vous permettez jamais que de folies qui vous fassent plaisir". Cf. LAMBERT, Anne-Thérèse de Marguenat de Courcelles. *Avis d'une mère à son fils*. Paris: F. Louis, 1804. Bem se sabe que a autora redigiu vários trabalhos, que diziam respeito sobretudo às questões da educação. Em seu salão, célebre na época, recebia personalidades do mundo filosófico e literário, como Fénelon, Fontenelle, Marivaux e Montesquieu. Com exceção de um fragmento póstumo de 1884, que antecipa a passagem citada a seguir, é apenas aqui que o filósofo a ela se refere.

[34] *Para além de bem e mal* § 235 (SM), *KSA* 5.173. Cf. também *Fragmento póstumo* 25 [45] da primavera de 1884, *KSA* 11.22.

[35] Em *Humano, demasiado humano* I § 409 (SM), *KSA* 2.271, por exemplo, pode-se ler a propósito do ensino ministrado nos ginásios alemães: "*Moças no ginásio*. – Por nada no mundo se estenda às moças a nossa formação ginasial! Essa que com frequência faz de jovens engenhosos, ávidos de saber e ardorosos – cópias de seus mestres!".

com a cerveja e a leitura dos jornais.[36] Essa passagem lembra, ainda, o procedimento dos moralistas franceses, que se dedicam a retratar a sua época, usando a pluma como pincel.[37] Por fim, essas linhas são um comentário sobre a relação entre mãe e filhos, indicando que a mulher tem por função básica a materna. A ela compete cuidar dos filhos, prepará-los para o mundo e, na medida do possível, assegurar a felicidade deles.[38] Mas ela não deve esquecer-se jamais de que é o homem, tanto na condição de filho quanto na de marido, que terá posição de destaque, ocupará lugar privilegiado, será figura eminente.

É precisamente nessa direção que Nietzsche caminha no parágrafo 236 de *Para além de bem e mal*, ao afirmar: "O que Dante e Goethe acreditaram a respeito da mulher – aquele, ao cantar *ella guardava suso, ed io in lei*, este, ao traduzi-lo por *das Ewig-Weibliche zieht uns hinan* –: não duvido de que toda mulher mais nobre se defenderá dessa crença, pois crê exatamente *isso* do eterno masculino".[39] Ao introduzir a expressão "eterno masculino" por oposição a "eterno feminino", o filósofo quer salientar as diferenças que, a seu ver, existem e, acrescento, sempre deverão existir entre homens e mulheres. Associado a enfeites e adornos, o "eterno feminino" aparece ligado à beleza; em contrapartida, o "eterno masculino" identifica-se com posições de mando. Quanto a esse ponto, até Dante e Goethe incorreram em erro. Ao escrever "Ela olhava para cima, e eu para ela",[40] Dante

---

[36] Cf. por exemplo *Humano, demasiado humano* II, "Miscelânea de opiniões e sentenças", § 324, KSA 2.512; *Para além de bem e mal* § 244, KSA 5.185; *Genealogia da moral*, "Terceira dissertação", § 26, KSA 5.407; *Crepúsculo dos ídolos*, "O que falta aos alemães", § 2, KSA 6.104.

[37] O tom moralista reaparece, aliás, nos parágrafos seguintes dessa sequência de *Para além de bem e mal*, em particular no 236 e no 237.

[38] A propósito dessa relação, Nietzsche se expressa num texto que já examinei. Certo de que a mulher precisa esconder o que ela tem de pedante, superficial, doutrinário, presunçoso, desenfreado, imodesto, ele afirma em *Para além de bem e mal* § 232 (SM), KSA 5.171: "basta examinar sua relação com as crianças", e logo se queixa: "Ai de nós, se um dia 'o eterno-tedioso da mulher' – que ela tem de sobra – se atrever a aparecer!".

[39] *Para além de bem e mal* § 236 (SM), KSA 5.173.

[40] A frase citada por Nietzsche encontra-se ligeiramente modificada DANTE. *Divina comédia*. Trad. Ítalo Eugênio Mauro. São Paulo: Editora 34, 1998. Paradiso, Canto II, 22, v. 3, p. 20, onde se lê: "*Beatrice in suso, ed io in lei guardava*".

coloca Beatriz acima dele mesmo; ao afirmar "O eterno feminino nos atrai para cima",[41] Goethe se põe abaixo da imagem que tem da mulher. Mas, na ótica nietzschiana, as mulheres nobres bem sabem que os homens estão acima delas. Daí resulta que são as plebeias que, equivocadas, reivindicam a igualdade de direitos.

Que se deixem de lado as observações de Nietzsche sobre a procedência social das mulheres que, em sua época, buscam ser independentes. Outro ponto merece, aqui, ser enfatizado. Ao entender que o feminino se acha ligado à beleza, o filósofo dá margem a uma dupla interpretação de sua maneira de ver a mulher nesse parágrafo. Provocadora e irreverente, ela afronta a filosofia dogmática e a maneira sisuda e circunspecta de filosofar; em suma, desafia a seriedade da reflexão. Fútil e frívola, terá sempre de se submeter ao homem.

É preciso lembrar que, nessa sequência de parágrafos de *Para além de bem e mal*, Nietzsche não cessa de combater dois adversários ao mesmo tempo: a emancipação feminina e a filosofia dogmática. Fino estrategista, em seus textos, não hesita, num primeiro momento, em converter em aliados seus adversários; dando a entender que assume as posições que advogam, evidencia os pontos vulneráveis daqueles que, então, dispõe-se a questionar; contesta, por fim, estes que, de início, tomara por cúmplices. Recorrente, esse procedimento está presente nos parágrafos que ora constituem objeto de análise. Mas o que quero sublinhar, aqui, é esta ideia: ainda que lance mão do feminino para atacar a filosofia dogmática, ainda que dele se sirva com propósitos estratégicos, a imagem da mulher, que deixa transparecer nessa sequência de parágrafos de *Para além de bem e mal*, é, sem dúvida, das mais tradicionais.

Prova disso é o parágrafo 237, em que lança sete setas, sete sentenças, contra as mulheres. Num capítulo anterior de *Para além de bem e mal* intitulado "Sentenças e interlúdios", ele já recorrera a máximas, procurando com suas setas atingir as mulheres; agora, para falar delas, volta a lançar mão do mesmo procedimento. Essa atitude faz, aqui, ainda mais sentido, uma vez que se propõe a combater a filosofia dogmática. Contrapondo-se ao modo de pensar que opera com conceitos universais e leis gerais, ele apresenta o diagnóstico

---

[41] Com estes versos, Goethe conclui o segundo *Fausto*: "O eterno feminino nos atrai para cima" (GOETHE. *Faust*, t. 5, p. 775).

de diferentes casos. Contrastando com a maneira de raciocinar que parte de *a priori* e essências, faz a avaliação de tipos distintos. É nesses parâmetros que, no meu entender, se pode ler o parágrafo 237:

> *Sete pequenas sentenças de mulheres.*
> Como voa para longe o tédio, quando um homem rasteja até nós!
> A idade, ai! e a ciência dão força até mesmo à débil virtude.
> Vestido escuro e mutismo vestem toda mulher – com elegância.
> A quem sou grata pela minha sina? A Deus – e à minha costureira!
> Jovem: caverna florida. Velha: dela sai um dragão.
> Nome nobre, perna bem feita, além disso homem: ah, se *ele* fosse meu!
> Discurso breve, sentido amplo – para a jumenta, gelo escorregadio!⁴²

Ao retomar provérbios alemães de sua época, Nietzsche põe em cena crenças e convicções, preconceitos e pré-juízos, então em voga. Mas ele acrescenta algumas linhas no final desse parágrafo para falar dos homens: "Até agora os homens trataram as mulheres como pássaros⁴³ que de uma altura qualquer caíram desorientados até eles: como algo mais refinado, mais vulnerável, mais selvagem, mais maravilhoso, mais doce, mais cheio de alma – mas como algo que se deve prender, para que não fuja voando".⁴⁴ Tudo se passa como se as sete máximas a propósito das mulheres tivessem como contrapartida essas linhas a respeito dos homens. Dificilmente aplicáveis à mesma mulher, as sete sentenças pretendem realçar diferentes facetas do feminino; aqui Nietzsche procede como os moralistas franceses. Em contrapartida, referindo-se aos homens em geral, as últimas linhas do parágrafo lembram, pelas imagens que trazem, passagem anteriormente examinada acerca dos "velhos passarinheiros metafísicos"; agora ele evidencia o procedimento dos filósofos dogmáticos.⁴⁵ Com isso, enfatiza o

---

[42] *Para além de bem e mal* § 237 (SM), KSA 5.173s.

[43] Nietzsche recorre a essa mesma comparação no capítulo "Do amigo" da primeira parte de *Assim falava Zaratustra*, KSA 5.72s.

[44] *Para além de bem e mal* § 237 (SM), *KSA* 5.174. Quando da primeira edição do livro em 1886, essas linhas apareceram sob o número 237, repetindo assim o número que encabeçava as sete sentenças – seja por erro de impressão ou por descuido de revisão. Mas, a meu ver, isso não autoriza considerá-las como se constituíssem um parágrafo à parte.

[45] Refiro-me aqui a *Para além de bem e mal* § 230, KSA 5.167-170, que examinei anteriormente.

contraste entre dois modos de proceder, duas formas de raciocinar, duas maneiras de filosofar. Contrapondo os que não raciocinam a partir de *a priori* metafísicos e essências atemporais e os que não podem dispensar idealizações, ele muda uma vez mais seu alvo de ataque. É para a filosofia dogmática que se volta.

É certo, porém, que Nietzsche critica as mulheres de sua época que pretendem igualar-se aos homens. Opondo-se à emancipação feminina, afirma que há "o mais profundo antagonismo" entre homens e mulheres.[46] Ele poderia assim dar a entender que eles estabelecem uma relação agonística. Ora, na sua ótica, conceber a existência como um duelo leal é condição inerente ao nobre. Não se pode guerrear quando se despreza e não há por que fazê-lo quando se domina. Para que haja a peleja, é preciso que existam antagonistas; para que perdure, é necessário que os adversários não sejam aniquilados. Daí decorre que não se poderia conceber a relação entre homens e mulheres como um confronto entre posições excludentes. Como a luta sempre tem lugar *inter pares*, tampouco se poderia conceber essa relação como um embate entre nobres e escravos.

Vale lembrar que, na *Genealogia da moral*, centrando-se no exame dos pares de valores "bom" e "ruim", "bom" e "mau", o filósofo sublinha as diferenças entre a moral dos nobres e a moral dos escravos. O nobre concebe espontaneamente o princípio "bom" a partir de si mesmo e só depois cria a ideia de "ruim" como "uma pálida imagem-contraste". O escravo, por sua vez, concebe de início a ideia de "mau", com que designa os nobres, os corajosos, os mais fortes do que ele – e então, a partir dessa ideia, chega, como antítese, à concepção de "bom", que atribui a si mesmo. Se, para o nobre, "ruim" é apenas uma criação secundária, para o escravo, "mau" é a criação primeira, o ato fundador da sua moral.[47] Enquanto a moral dos nobres surge de um movimento de afirmação, ou melhor, de autoafirmação, a moral dos escravos provém de um movimento de negação e oposição.

---

[46] Cf. *Para além de bem e mal* § 238, *KSA* 5.175. Cf. também *Assim falava Zaratustra* III, "Dos três males", § 2, *KSA* 4.237, onde se pode ler: "A muitas coisas foi prometido o casamento e mais do que o casamento, – a muitas coisas mais estranhas uma à outra do que o homem e a mulher: – e quem compreendeu por completo quão estranhos um ao outro são o homem e a mulher!".

[47] Cf. *Genealogia da moral*, "Primeira dissertação", § 10, *KSA* 5, p. 270-274.

Introduzindo a noção de ressentimento, o filósofo mostra que, incapaz de aniquilar o nobre, o escravo quer vingar-se, mas, não podendo fazê-lo, imagina o momento em que a sua ira se exercerá impiedosa e implacavelmente; inventa a ocasião em que lhe será, finalmente, permitida a desforra. É da própria impotência que nasce e se alimenta o seu desejo de vingança. Ódio e desejo de vingança seriam as palavras-chave para compreender o ressentimento. É a diferença que causa o ódio, ou melhor, é a recusa da diferença que o engendra. É por isso que ressentimento não é sinônimo de reação: justamente por ser impotente para re*agir*, ao fraco só resta res*sentir*.

A partir dessa análise, não seria desmedido tirar algumas conclusões. Em primeiro lugar, o valor "bom" da moral dos nobres deve ser diferente do valor "bom" da moral dos escravos. Enquanto os valores "bom" e "ruim" foram criados por um ponto de vista nobre de apreciação, "bom" e "mau" foram engendrados a partir da perspectiva avaliadora dos escravos. Ao valor "bom" da moral dos nobres não se atribui, pois, o mesmo valor que ao "bom" da moral dos escravos. Uma vez que o primeiro surge de um movimento de autoafirmação, e o último, de negação e oposição, eles não podem ser equivalentes. Em segundo lugar, o valor "bom" de uma moral corresponde exatamente ao valor "mau" da outra. Enquanto os primeiros afirmam: "nós, nobres, nós, bons, nós, belos, nós, felizes", os últimos dizem: "se eles são maus, então nós somos bons". Portanto, "mau" no sentido da moral dos escravos é precisamente o nobre, o corajoso, o mais forte, ou seja, o "bom" da moral dos senhores. Em terceiro lugar, a moral dos escravos surge de uma inversão dos valores. Na medida em que o valor "mau" da moral do ressentimento corresponde ao valor "bom" da outra moral, os escravos não criam propriamente valores; limitam-se a inverter os que foram postos pelos nobres.[48]

Como compreender, então, "o mais profundo antagonismo e a necessidade de uma tensão eternamente hostil" que haveria na relação entre homens e mulheres? Como entender o caráter agonístico que teria tal relação?

---

[48] Para aprofundar essa problemática, remeto ao meu estudo: MARTON. *Nietzsche e a arte de decifrar enigmas: treze conferências europeias*, em particular o oitavo capítulo, p. 157-180.

Numa primeiríssima abordagem, seria possível supor que, com isso, Nietzsche estaria de alguma forma incitando as mulheres a entrarem em duelo com os homens, pois desejaria que não se comportassem como homens nem que se deixassem subjugar por eles.[49] Contudo, pondo-se a discorrer sobre a maneira como se deve compreender a mulher, ele escreve: "Um homem que tenha profundidade tanto em seu espírito quanto em seus desejos, e também aquela profundidade da benevolência, que é capaz de rigor e dureza e facilmente com eles é confundida, não pode pensar sobre a mulher senão de modo *oriental*: ele tem de conceber a mulher como posse, como propriedade que se mantém trancada, como algo destinado a servir e que nisso atinge a sua realização".[50] Se o filósofo afirma nessa passagem que um pensador profundo, benevolente, rigoroso e duro deve compreender a mulher enquanto posse, em momento algum ele conclama as mulheres a conceberem a si mesmas "de modo *oriental*". Todavia, não é a elas que se dirige. Voltando-se para os homens que, como ele, se põem a refletir sobre as mulheres, explica-lhes como se deve tratá-las. Essa passagem, por certo, dá o que pensar. Encarando a mulher "de modo *oriental*", Nietzsche privilegia a "razão asiática" e distancia-se, mais uma vez, da tradição filosófica. Dirigindo-se aos que, em princípio, são os seus pares, elogia "a superioridade de instinto da Ásia" e ataca assim a filosofia ocidental, que desde sempre tomou por modelo o homem europeu. Assim prenuncia a crítica que se fará na segunda metade do século XX ao etnocentrismo e, por conseguinte, ao eurocentrismo. No que tange às mulheres, porém, entendo que o filósofo se limita a preferir uma forma de dominação a outra. Mas, em momento algum, questiona a dominação masculina; nem sequer procura justificá-la

---

[49] Maudemarie Clark defende essa posição em "Nietzsche's Misogyny". Concentrando-se no exame dos parágrafos do sétimo capítulo de *Para além de bem e mal*, a autora assim apresenta os propósitos que persegue com o seu texto: "Vou argumentar que a misoginia lá exibida se acha no nível do sentimento, *não da crença*, e que é usada por Nietzsche para ilustrar observações que está tentando fazer sobre filosofia e vontade de verdade. Também quero sugerir [...] que interpretamos os comentários do sétimo capítulo de *Para além de bem e mal* sobre o feminismo não como uma rejeição do feminismo, mas como um desafio para as feministas exibirem virtudes comparáveis às que Nietzsche exibe ao lidar com a misoginia" (p. 143).

[50] *Para além de bem e mal* § 238 (SM), *KSA* 5.175.

ou mesmo argumentar em seu favor.⁵¹ Quando trata de como lidar com as mulheres, basta-lhe incitar seus congêneres a procederem de forma similar à dos asiáticos. Tanto é que conclui: "*Quão* necessário, *quão* lógico e mesmo *quão* humanamente desejável foi tudo isso: que cada um medite a esse respeito".⁵²

Nietzsche julga que, à diferença de organizações sociais presentes na Ásia e na Grécia antiga, a sociedade europeia da sua época caminhe cada vez mais rapidamente rumo à uniformização. É o que o leva a denunciar a tendência igualitária da Europa dos tempos modernos. No seu entender, "em nenhuma época o sexo fraco foi tratado com tanto respeito pelos homens como na nossa – isso faz parte da tendência e do gosto básico democráticos".⁵³ Tanto o movimento de emancipação feminina quanto a tendência democrática visam nivelar os indivíduos e assim suprimem toda e qualquer organização hierárquica. Se "o *temor* ao homem" reprimiu e conteve o que havia de pior nas mulheres, a partir do momento em que elas buscam equiparar-se aos homens, perdem o pudor e, ainda, perdem o gosto. No fim das contas, ao desprezar a hierarquia, o gosto democrático não passa de uma falta de gosto. É por isso que, em vez de compreenderem que o respeito dos homens para com elas é um ato de condescendência, as mulheres nada mais fazem do que multiplicar exigências e reivindicar direitos. Em suma, tentando competir com os homens, elas investem contra eles. Mas, se até esse momento o filósofo se limitou a examinar sintomas, agora apresenta a sua sentença: com tal processo, "a mulher degenera".

Da perspectiva nietzschiana, há um antagonismo entre a sociedade industrial e a sociedade aristocrática e militar. E há outro entre a Europa dos tempos modernos, de um lado, e a Ásia e a Grécia antiga, de outro. Ambos têm por base o apreço ou o desprezo que as diferentes organizações sociais mostram pela hierarquia. É precisa-

---

[51] A meu ver, pareceria oportuno trazer aqui as palavras de Pierre Bourdieu: "A força da ordem masculina se evidencia no fato de que ela dispensa justificação: a visão androcêntrica impõe-se como neutra e não tem necessidade de se enunciar em discursos que visem a legitimá-la" (BOURDIEU, Pierre. *A dominação masculina*. Trad. Maria Helena Kühner. Rio de Janeiro: Bertrand Brasil, 1999. p. 18).

[52] *Para além de bem e mal* § 238 (SM), *KSA* 5.175.

[53] *Para além de bem e mal* § 239 (SM), *KSA* 5.175.

mente por depreciá-la que, na Europa dos tempos modernos, busca-se o nivelamento em todos os domínios, a começar pelo financeiro e jurídico. Não espanta que, nesse contexto, as mulheres exijam cada vez mais independência. É nesse sentido que se pode ler: "Onde o espírito industrial venceu o espírito militar e aristocrático,[54] a mulher aspira agora à independência econômica e jurídica de um caixeiro: 'a mulher como caixeira' – está escrito no portal da sociedade moderna que está sendo construída".[55] Se até esse momento o filósofo se restringiu a diagnosticar enfermidades, agora apresenta o seu veredicto: com tal processo, *"a mulher está em regressão"*.

É à ideia de hierarquia que Nietzsche recorre para distinguir diferentes organizações sociais. No *Anticristo*, ele assim parece conceber a sociedade ideal:

> A *ordem das castas*, a lei suprema e dominante, é apenas a sanção de uma *ordem natural*, de uma lei primordial da natureza, sobre a qual nenhum arbítrio, nenhuma "ideia moderna" tem poder. Em toda sociedade sã, distinguem-se, condicionando-se reciprocamente, três tipos com gravitações fisiológicas diferentes, tendo cada um deles sua higiene própria, seu próprio campo de trabalho, seu próprio modo de sentir a perfeição e a maestria. A natureza [...] separa os que predominam pelo espírito, os que predominam pela força dos músculos e do temperamento e os que não se distinguem nem de uma maneira nem de outra, os medíocres, – estes últimos constituem o maior número, os primeiros a elite.[56]

Essa passagem é reveladora da posição que o filósofo assume sob vários aspectos. Importa notar antes de tudo que ele apela às suas concepções fisiopsicológicas para pensar as organizações sociais. Levando em conta a existência de seres fortes e seres fracos, indivíduos bem-logrados e indivíduos degenerados, a ordem das castas faz jus às

---

[54] Cf. a propósito *Humano, demasiado humano* I § 441, *KSA* 2.287s, onde Nietzsche defende a ideia de subordinação, que seria tão valorizada no Estado militar.

[55] *Para além de bem e mal* § 239 (SM), *KSA* 5.176. Cf. na mesma direção *A gaia ciência* § 31, *KSA* 3.402s.

[56] *O Anticristo* § 57 (SM), *KSA* 6.242. Essa passagem faz pensar na *República*. Como Platão, Nietzsche encara a sociedade como a reunião de seres desiguais e dessemelhantes, organizados de modo hierárquico segundo as suas aptidões.

diferentes condições de vida; nas suas palavras, ela confirma uma "lei primordial da natureza". Por oposição, deixando-se guiar por uma "ideia moderna", a Europa dos tempos modernos permite propagar--se o impulso nivelador. Incapaz de distinguir entre fortes e fracos, bem-logrados e degenerados, ela constitui uma sociedade antinatural, que não consegue colocar cada configuração fisiopsicológica no seu devido lugar. Ao mesmo tempo que critica a tendência igualitária da sociedade europeia, Nietzsche combate o espírito gregário que impede o aparecimento dos "grandes homens". Assim ele revela suas predileções: toma posição a favor do ideal aristocrático.[57]

Essa é a perspectiva que o filósofo adota ao atacar a Europa dos tempos modernos; é desse ponto de vista que se coloca ao combater os valores vigentes. Assumindo a preferência por um tipo específico de organização social, analisa com perspicácia a sociedade de sua época. O *"páthos* da distância" que reivindica proporciona-lhe o descompasso necessário para examinar sintomas; fornece-lhe o indispensável recuo para diagnosticar enfermidades. Mas, se o exame e o diagnóstico entusiasmam pela acuidade que revelam, a perspectiva que os enseja provoca desapontamento. Se são percucientes as suas observações acerca da sociedade industrial, acaba por parecer ingênua sua adesão ao ideal aristocrático.[58]

É preciso notar, porém, que a aristocracia de que Nietzsche fala não é simplesmente um conceito abstrato; pensa encontrá-la em contextos históricos muito precisos: nos séculos XVII e XVIII, com a

---

[57] Cf. *Fragmento póstumo* (371) 11 [140] de novembro de 1887/março de 1888, KSA 13.65. Vale lembrar que Georg Brandes, um dos primeiros a se entusiasmarem pelos escritos de Nietzsche antes da crise que interrompeu suas atividades intelectuais, em janeiro de 1889, escreveu uma resenha da *Genealogia da moral*. O texto, intitulado "Radicalismo aristocrático", foi muito apreciado pelo filósofo, quando de sua publicação. Cf. BRANDES, Georg. Aristokratischer Radikalismus. *In*: GUZZONI, Alfredo (Hrsg.). *90 Jahre philosophische Nietzsche-Rezeption*. Königstein im Taunus: Hain, 1979. p. 1-15.

[58] A esse propósito, Rosalyn Diprose escreve: "que Nietzsche almeje preservar uma elite e uma imagem algo amedrontadora das manipulações do Estado democrático é, em parte, um produto da necessidade histórica. Era o homem nobre, embelezado por uma memória da nobreza grega, que mais do que ninguém simbolizava aquilo que fora posto em relevo com a ascensão do indivíduo liberal no século XIX" (DIPROSE, Rosalyn. Nietzsche, Ethics and Sexual Difference. *Radical Philosophy*, n. 52, p. 27-33, Summer 1989. p. 31).

nobreza francesa, no Renascimento, com a comunidade aristocrática de Veneza, e sobretudo na antiga Grécia, com a aristocracia guerreira.[59] Já na *Gaia ciência*, ele afirma: "Soldados e comandantes ainda têm entre si um comportamento bem mais elevado do que trabalhadores e empregadores. Ao menos por enquanto, toda a cultura de base militar se acha bem acima de toda a chamada cultura industrial: esta, em sua configuração atual, é o modo de existência mais vulgar que jamais existiu".[60] No seu entender, supondo a igualdade de seus membros, a sociedade industrial ignora os traços característicos dos diferentes grupos que a compõem. E assim acaba por criar conflitos entre os segmentos sociais. Os trabalhadores veem naqueles que os empregam "apenas um cão astuto e explorador"; os industriais, por sua vez, não dispõem de "todas essas formas e insígnias da *raça mais elevada*". E as massas acham-se "prontas para toda espécie de *escravidão*, desde que o superior que está acima delas constantemente se legitime como superior, como *nascido* para mandar".[61] Quer se trate da questão operária ou da independência da mulher, o filósofo recorre sempre ao mesmo tipo de raciocínio. A tendência socialista aparece porque o espírito aristocrático e militar se vê derrotado; o movimento de emancipação feminina surge porque os homens abrem mão da precedência. Se os destinados ao mando mantivessem a posição que lhes compete, nem trabalhadores nem mulheres acalentariam desejos igualitários.

Que não exista, no pensamento nietzschiano, uma teoria política acabada salta aos olhos de quem entra em contato com a sua obra.[62] Nem por isso o filósofo deixou de refletir sobre as questões relativas ao poder. Em seus escritos, são frequentes as vezes em que se detém no exame das relações entre o indivíduo e o Estado, o Segundo Reich e Bismarck, o sufrágio universal e os exércitos nacionais, os partidos

---

[59] Cf. respectivamente *Aurora* § 199, *KSA* 3.173s; *Crepúsculo dos ídolos*, "Incursões de um extemporâneo", § 38, *KSA* 6.139s; *Genealogia da moral*, "Primeira dissertação", § 16, *KSA* 5.285-288.

[60] *A gaia ciência* § 40 (SM), *KSA* 3.407.

[61] *A gaia ciência* § 40 (SM), *KSA* 3.408.

[62] Acerca da concepção nietzschiana de política, cf., entre outros, CONWAY, Daniel. *Nietzsche & the Political*. London: Routledge, 1997; DENAT, Céline. F. Nietzsche ou a "política" como "antipolítica". Trad. Wilson Antonio Frezzatti Jr. *Cadernos Nietzsche*, n. 32, p. 41-71, 2013.

políticos e a situação da imprensa, o desaparecimento das nações e a unificação da Europa. Tanto temas centrais da filosofia política quanto problemas candentes da época atraem a sua atenção. Nem uns nem outros, no entanto, recebem tratamento especial. Nietzsche não se pretende teórico do poder, no sentido estrito da palavra; tampouco se quer analista político. Embora atento a essa ordem de questões, não lhes confere estatuto próprio, não as enquadra num domínio particular do conhecimento nem delas trata com metodologia específica.

É o que se verifica quando se examina a maneira como o filósofo trata da Revolução Francesa; ele a relaciona com a religião cristã e a moral dos ressentidos. Da sua perspectiva, sendo "filha e continuadora do cristianismo", a Revolução Francesa se posicionou "contra os aristocratas, contra os últimos privilégios";[63] sendo obra do ressentimento, "colocou o cetro, solenemente e sem reservas, nas mãos do 'homem bom'".[64] Caminhando nessa mesma direção, numa passagem da *Aurora*, ele afirma: "Já se começa também a perceber que a última tentativa de mudança importante das apreciações de valor – a 'grande Revolução' – nada *mais* foi do que um *charlatanismo* patético e sangrento, que com súbitas crises queria trazer à crédula Europa a esperança de uma cura *súbita* – e com isso tornou até este momento todos os doentes políticos *impacientes e perigosos*".[65] Charlatanismo, porque, em vez de operar nova transformação de valores, como anunciara, limitou-se a reativar a moral dos escravos contra a dos nobres, a reavivar o "espírito gregário" contra o ideal aristocrático. Patético, porque nem mesmo soube camuflar o seu intuito conservador. Sangrento, porque tampouco pôde evitar a manifestação do ódio e do desejo de vingança. Injetando novo ânimo no modo de proceder dos ressentidos, a Revolução Francesa, que pretendia romper definitivamente com o passado, pecou pelo continuísmo. Dando novo alento aos ideais cristãos, ela, que esperava inaugurar uma nova era na história da humanidade, mascarou antigos valores.

---

[63] Cf. *Fragmento póstumo* 14 [233] da primavera de 1888, *KSA* 13.396. Cf. também *Fragmento póstumo* 25 [178] da primavera de 1884, *KSA* 11.61.

[64] *A gaia ciência* § 350 (SM), *KSA* 3.586.

[65] *Aurora* § 534 (SM), *KSA* 3.305. Cf. nessa mesma direção *Para além de bem e mal* § 38, *KSA* 5.56.

É enquanto psicólogo que Nietzsche encara esse acontecimento histórico; pretende diagnosticar os móveis ocultos dos que o fizeram. É na qualidade de genealogista que o avalia; quer julgar os valores inconfessados dos que o realizaram.[66] A sociedade, depois da Revolução Francesa, considera moral subordinar o indivíduo às necessidades gerais; proclama ainda que sua felicidade consiste em ser útil a todos, em se tornar instrumento da "massa gregária". É por isso que propicia a emergência de movimentos tais como o da emancipação feminina. No parágrafo 239 de *Para além de bem e mal*, o filósofo afirma: "Desde a Revolução Francesa a influência da mulher na Europa *diminuiu*, na medida em que aumentaram seus direitos e suas reivindicações; a 'emancipação da mulher', na medida em que é exigida e promovida pelas próprias mulheres (e não só por cabeças ocas masculinas), aparece como um notável sintoma de enfraquecimento e embotamento progressivos dos instintos mais femininos".[67] Na ótica nietzschiana, ao quererem igualar-se aos homens, as mulheres cometem um erro de cálculo. Buscando adquirir direitos, veem reduzir-se sua esfera de influência. Pois não há como compatibilizar direitos e influência; enquanto os primeiros dizem respeito à sociedade que se constitui a partir da Revolução Francesa, a última concerne à que existia antes dela: a aristocrática. Duas ordens sociais diversas e, por conseguinte, duas maneiras distintas de pensar, agir e sentir.

Entusiasmadas pela Revolução Francesa, as mulheres debilitam-se, alienam-se de si mesmas e a si mesmas negam o direito à diferença. Daí se segue que "há *estupidez* nesse movimento, uma quase masculina estupidez, da qual uma mulher bem lograda – que é sempre uma mulher esperta – se envergonharia gravemente".[68] Nietzsche julga que as mulheres, que querem equiparar-se aos homens, desprezam as armas que lhes asseguraram tantas vitórias. Pondo-se a ler e escrever, renunciam à atitude reservada e submissa que outrora tinham diante dos homens. Questionando imagens idealizadas, elas atacam

---

[66] Não acompanho, por certo, Simone Goyard-Fabre, quando escreve: "é essencialmente enquanto metafísico que Nietzsche – comparável nesse ponto a Hegel – considera e julga o acontecimento revolucionário" (*Nietzsche et la question politique*. Paris: Sirey, 1977, p. 99).

[67] *Para além de bem e mal* § 239 (SM), *KSA* 5.176.

[68] *Para além de bem e mal* § 239 (SM), *KSA* 5.176.

a crença masculina no eterno feminino. Recusando-se a se portar "como um animal doméstico bem delicado, curiosamente selvagem e frequentemente agradável", dissuadem os homens de tratá-las com atenção e tomá-las sob sua proteção. Criticando tudo o que o estatuto da mulher comporta de servil, não se dão conta de que a escravidão é requisito de toda cultura elevada. "O que significa tudo isso, senão uma desagregação dos instintos femininos, uma desfeminização?"[69]

Insistindo na ideia de que as mulheres têm por função básica a materna, Nietzsche quer fazer ver que a força delas não consiste em se cultivar, mas em conhecer o lugar que devem ocupar junto aos homens. É o que lhes permite exercer sem entraves a sua influência. "O que na mulher inspira respeito e com frequência temor é sua *natureza*, que é 'mais natural' do que a do homem, sua autêntica agilidade astuta de animal de rapina, sua garra de tigre por baixo da luva, sua ingenuidade no egoísmo, sua ineducabilidade e selvageria interior, o caráter inapreensível, amplo, errático de seus desejos e virtudes..."[70] Ao grifar a palavra "natureza" e pôr entre aspas a expressão "mais natural", o filósofo está tomando distância em relação à ideia de natureza humana, tal como a entende o pensar metafísico. Insistindo no aspecto animal da mulher, também se afasta de uma imagem idealizada que se poderia ter dela.

É reveladora, sem dúvida, a maneira como Nietzsche discorre sobre as peculiaridades e características femininas. Atribuindo às mulheres "autêntica agilidade astuta de animal de rapina", dá a entender que, ágeis, elas muito rapidamente fazem operar a astúcia que, igual à de uma fera, corre o risco de se mostrar perversa e cruel. Conferindo-lhes "ingenuidade no egoísmo", "ineducabilidade e selvageria interior", deixa entrever que, egoístas, são incapazes de uma relação *inter pares*, e, selvagens, nem sequer podem ser adestradas nesse sentido. Imputando-lhes "caráter inapreensível, amplo, errático" no que se refere a "seus desejos e virtudes", leva a crer que, imprevisíveis, não são dignas de confiança, e, volúveis, não se deixam capturar. E acrescenta: "O que, apesar do temor, desperta compaixão por esse belo e perigoso felino 'mulher' é o fato de ela parecer mais exposta ao

---

[69] *Para além de bem e mal* § 239 (SM), *KSA* 5.176s.

[70] *Para além de bem e mal* § 239 (SM), *KSA* 5.178.

sofrimento, mais vulnerável, mais necessitada de amor e condenada à desilusão que qualquer outro animal".[71] Comparando as mulheres aos gatos, animais fingidos e traiçoeiros e, por isso mesmo, perigosos e belos, o filósofo induz a pensar que é graças a essas peculiaridades que elas inspiram temor nos homens, mas é também graças a essas características que neles despertam compaixão.[72] Como na tragédia grega, os homens veem-se defrontados com os sentimentos intensos de terror e piedade; sentem-se ao mesmo tempo dilacerados e encantados.

Depois de se expressar sobre como encara a mulher, o filósofo se queixa do desaparecimento de seu charme e, por conseguinte, de seu "desencantamento" crescente. Defendendo uma ideia conservadora da relação entre os homens e as mulheres, critica duramente as que querem emancipar-se. Não hesito, pois, em afirmar que, quando se trata da emancipação feminina, Nietzsche não se mostra de modo algum ambivalente.

---

[71] *Para além de bem e mal* § 239 (SM), *KSA* 5.178. Nietzsche recorre a essa comparação no capítulo intitulado "Do amigo", da primeira parte de *Assim falava Zaratustra* (SM), *KSA* 5.73: "Ainda não é a mulher capaz de amizade: gatos continuam sendo as mulheres, e pássaros". E assim procede em *Para além de bem e mal* § 131 (SM), *KSA* 5.96: "Assim o homem quer a mulher tranquila – mas a mulher, como o gato, é essencialmente intranquila, por mais que tenha aprendido a se dar uma aparência de tranquilidade".

[72] Na sequência do texto, pode-se ler: "Temor e compaixão: com esses sentimentos o homem colocou-se até agora diante da mulher, sempre com um pé na tragédia, que dilacera à medida em que encanta" (*Para além de bem e mal* § 239 (SM), *KSA* 5.178). Nietzsche remete à definição de tragédia segundo Aristóteles; cf. *Poética*. Trad. Eudoro de Souza. Porto Alegre: Globo, 1966. 1449b, onde se lê: "É pois a tragédia imitação de uma ação de caráter elevado, completa e de certa extensão, em linguagem ornamentada e com as várias espécies de ornamentos distribuídas pelas diversas partes [do drama], [imitação que se efetua] não por narrativa, mas mediante atores, e que, suscitando o terror e a piedade, tem por efeito a purificação dessas emoções".

Capítulo 6
Raras mulheres:
escritoras e intelectuais

"*Todas* elas me amam", escreve Nietzsche no *Ecce homo*. E, logo, acrescenta: "com exceção das mulherzinhas vitimadas, as 'emancipadas', as incapazes de terem filhos".[1] Em *Humano, demasiado humano*, Nietzsche dá a entender que as mulheres, deixando-se guiar sempre pelo sentimento, logo se tornam militantes de qualquer causa, inclusive a da emancipação feminina.[2] No Quinto Livro da *Gaia ciência*, considera necessária uma virilização da Europa, para enfrentar a mulher, "que foi mimada pelo cristianismo e pelo espírito exaltado do século XVIII e ainda mais pelas 'ideias modernas'".[3] Em *Assim falava Zaratustra*, criticando as mulheres que se virilizam, exorta os homens a dominarem-nas.[4] Em *Para além de bem e mal*, estabelece estreita relação entre o movimento de emancipação da mulher e a modernidade. Deplorando o fim de uma época, chama a atenção para o perigo que ameaça a Europa: "Tua velha fábula[5] poderia converter-se

---

[1] *Ecce homo*, "Por que escrevo livros tão bons", § 5 (SM), *KSA* 6.305s.
[2] Cf. *Humano, demasiado humano* I § 416, *KSA* 2.274. Esse parágrafo é intitulado "A propósito da emancipação das mulheres".
[3] *A gaia ciência* § 362 (SM), *KSA* 3.610.
[4] Cf. *Assim falava Zaratustra*, III, "Da virtude que apequena", § 2, *KSA* 4.213s.
[5] Nietzsche refere-se aqui ao mito grego segundo o qual Zeus, sob a forma de um touro de brancura imaculada, teria raptado a princesa Europa, filha de um rei fenício, levando-a para a ilha de Creta.

mais uma vez em 'história', – mais uma vez uma imensa estupidez poderia assenhorar-se de ti e arrebatar-te! E embaixo dela não se esconde nenhum deus, não! Apenas uma 'ideia', uma 'ideia moderna'!... ...".[6] Nessas linhas, Nietzsche não hesita em associar o movimento de emancipação feminina ao que chama de "ideias modernas".

Para compreender as razões que levam o filósofo a associá-los, que se tomem em consideração suas reflexões sobre a modernidade. Múltiplas e complexas, elas englobam o diálogo e a crítica aos filósofos modernos; a tradição e a ruptura para com a filosofia moderna enquanto um todo; a compreensão e o posicionamento em relação às chamadas "ideias modernas". No epílogo ao *Caso Wagner*, Nietzsche parece explicitar com maior clareza o que entende por modernidade.[7] Partindo das ideias de vida ascendente e vida declinante, sublinha a necessidade dos antagonismos. No domínio dos chamados valores morais, eles se fariam sentir na relação entre a moral dos senhores e a moral dos escravos. Mas, por não os levar em conta, Wagner flertou com a moral dos nobres e, ao mesmo tempo, deu voz à doutrina cristã.

---

[6] *Para além de bem e mal* § 239 (SM), *KSA* 5.178.

[7] Acerca de distintas concepções de modernidade, cf. BEHLER, Ernst. *Irony and the Discourse of Modernity*. Washington: University of Washington Press, 1990. Tratando da consciência da modernidade literária, Behler sustenta que, na passagem do século XVIII ao XIX, poucos anos depois da Revolução Francesa, um grupo de jovens escritores, entre eles os irmãos Schlegel, Novalis, Tieck, Wackenroder, Schleiermacher, lançou as bases de uma literatura moderna. Argumenta que, enquanto na filosofia a consciência da modernidade se acharia ligada à ideia de progresso científico, introduzida no século XVII por Bacon e Descartes, no domínio estético, será preciso esperar mais de 150 anos para que as concepções de progresso, perfectibilidade e modernidade se imponham. Com o início do romantismo, no final do século XVIII e início do XIX, a poesia, a literatura e as artes foram consideradas pela primeira vez num processo de progressão ou renovação constante. Enquanto a filosofia teria por marco Kant e a política, a Revolução Francesa, a literatura tomaria por marco o romantismo. Em cada um dos casos, tratou-se de ultrapassar a ordem antiga em proveito de uma visão moderna. Por outro lado, cumpre notar que se, no *Caso Wagner*, Nietzsche explicita com maior clareza o que entende por modernidade, no correr de sua obra, ele parece mudar de posição em relação ao romantismo. A propósito da relação que estabelece com o romantismo alemão, cf. o excelente estudo de BEHLER, Ernst. *German Romantic Literary Theory*. Cambridge: Cambridge University Press, 1993; cf. também, entre outros, DEL CARO, Adrian. *Nietzsche contra Nietzsche*. Louisiana: State University Press, 1989.

Voltando-se então para o wagnerianismo, o filósofo conclui sua análise: "O homem moderno representa, biologicamente, uma *contradição de valores*, ele está sentado entre duas cadeiras, diz num único fôlego Sim e Não".[8] Sem poder contar com uma força organizadora capaz de estabelecer hierarquias, a modernidade é *décadente*.

É bem verdade que o termo "*décadence*" só aparece em 1888 nos textos de Nietzsche publicados ou destinados à publicação.[9] Nos seus últimos escritos, ele passa a empregar o vocábulo para designar uma ideia bem precisa, em que se encontram ressonâncias das concepções de Paul Bourget.[10] Nos *Ensaios de psicologia contemporânea*, Bourget empenha-se em analisar o movimento de desagregação que ele julga testemunhar na literatura francesa contemporânea. Ao caracterizá-lo, afirma: "Um estilo de decadência é aquele em que a unidade do livro se decompõe para dar lugar à independência da página, em que a página se decompõe para dar lugar à independência da frase, e a frase, para dar lugar à independência da palavra".[11] São essas linhas, presentes nas quatro páginas intituladas "Teoria da decadência", que contribuem em grande medida para tornar célebre a sua obra.[12] Elas

---

[8] *O caso Wagner*, "Epílogo" (SM), *KSA* 6.52. A respeito dessa passagem, cf. KOFMAN. Nietzsche et Wagner: comment la musique devient bonne pour les cochons. *Furor*, n. 23, p. 3-28, Mai 1992.

[9] É preciso lembrar que o termo "*décadence*" já aparece no *Fragmento póstumo* 16 [5] do outono de 1883, *KSA* 10.497, onde se lê: "*A profunda esterilidade* do século XIX. [...] Aparentemente, tudo é *décadence*".

[10] Nietzsche tinha em sua biblioteca o livro de Bourget *Nouveaux essais de psychologie contemporaine* (Paris: A. Lemerre, 1887), além de duas outras obras do mesmo autor: *André Cornelis* (Paris: A. Lemerre, 1887) e *Études et portraits* (Paris: A. Lemerre, 1888). Cf. CAMPIONI *et al.* (ed.). *Nietzsches persönliche Bibliothek*, p. 147-149.

[11] BOURGET, Paul. *Essais de psychologie contemporaine: études littéraires*. Paris: Gallimard, 1993. p. 14.

[12] Essas páginas encontram-se, como se sabe, na primeira parte do livro, intitulada "Baudelaire". Sobre a recepção de Baudelaire por Nietzsche, cf. PESTALOZZI, Karl. Nietzsches Baudelaire-Rezeption. *Nietzsche-Studien*, v. 7, p. 158-178, 1978. O autor trata das relações entre Nietzsche, Wagner, Bourget e Baudelaire, fazendo ver que o filósofo não deixou de sublinhar a proximidade que julgava existir entre Baudelaire e Wagner. De fato, no *Fragmento póstumo* 34 [166] de abril/junho de 1885 (SM), *KSA* 11.476, ele chega a ver Baudelaire como "uma espécie de R[ichard] W[agner] sem música".

também deixam marcas no pensamento nietzschiano.[13] No *Caso Wagner*, o filósofo vai retomá-las praticamente nos mesmos termos: "Como caracterizar toda *décadence* literária? Com isto: a vida não mais anima o todo. A palavra torna-se soberana e irrompe para fora da frase, a frase transborda e obscurece o sentido da página, a página ganha vida em detrimento do todo – o todo já não é mais um todo".[14] Tanto para Bourget quanto para Nietzsche, uma das principais características da literatura da época consiste precisamente na sua falta de unidade e coesão interna. Tornando-se soberana, a palavra deixa de se relacionar com o que está à sua volta; fazendo-se independente, a frase não leva mais em conta o que a circunda; ganhando autonomia, a página rompe com o contexto. Recorrendo à mistura de gêneros em busca de novas formas, voltando-se para a pura articulação estilística, a literatura está em declínio.

Ao analisar os romances dos irmãos Goncourt, Bourget chama a atenção do leitor para os procedimentos que eles adotam: reduzir a intriga em proveito da descrição, substituir a ação pelos costumes, a crise pelo estado, a rapidez pela duração.[15] Ao tratar de Wagner, esse "miniaturista da música", Nietzsche procede de modo similar.

---

[13] Sobre a leitura que Nietzsche faz do livro de Bourget, cf. MONTINARI, Mazzino. Compiti della ricerca nietzscheana oggi. *In*: CAMPIONI, Giuliano; VENTURELLI, Aldo (org.). *La "biblioteca ideale" di Nietzsche*. Napoli: Guida, 1992. p. 267-282. Montinari observa que, enquanto nos *Essais*, de Bourget, o movimento vai do geral para o particular, no *Caso Wagner*, de Nietzsche, ele vai do particular para o geral, da palavra para o livro (p. 280 e seguintes). Giuliano Campioni leva adiante a investigação na sua obra *Nietzsche e o espírito latino* (Trad. Vinicius de Andrade. São Paulo: Loyola, 2016 [Sendas & Veredas]), em particular no capítulo intitulado "A viagem a Cosmópolis do senhor Nietzsche" (p. 291-326). Empreendendo um trabalho sobre a literatura francesa da época e as apropriações que Nietzsche dela faz, ele bem mostra que, nos fragmentos póstumos da primavera/verão de 1883-1884, o filósofo define, a partir da leitura dos *Essais*, de Bourget, as categorias de sua interpretação fisiológica de Wagner e da arte da *décadence*, que se encontram expressas de modo sistemático no *Caso Wagner*. "No *Caso Wagner*", afirma, "Nietzsche aplica ao músico a noção de *décadence*, que ele comentara em suas anotações, desde o inverno de 1883-1884, tendo-a extraído explicitamente do ensaio de Bourget sobre Baudelaire" (p. 315s).

[14] *O caso Wagner* § 7 (SM), *KSA* 6.27.

[15] Cf. BOURGET. *Essais de psychologie contemporaine: études littéraires*, p. 314-347. Acerca da posição que Nietzsche assume em face das observações de Paul Bourget sobre os romances dos irmãos Goncourt, cf. LAKS, André. Une étymologie de

A obra de arte total wagneriana constituiria o análogo musical da escrita *"pointilliste"* dos irmãos Goncourt; ela poria em relevo a frase em prejuízo da melodia, o instante às expensas do ritmo, "as pequenas unidades" em detrimento do todo. Mas Bourget e Nietzsche entendem que a *décadence* não se manifesta apenas na literatura;[16] ela também se expressa no contexto social. Julgando que uma sociedade é comparável à língua, Bourget afirma com clareza que "uma sociedade deve ser assimilada a um organismo".[17] Por constituir-se por uma federação de organismos menores, compostos por uma federação de células, para bem funcionar, ela precisaria da ação conjunta de todos esses elementos. Se um deles se tornasse independente em relação aos demais, viria a comprometer seu bom funcionamento. Então, "a anarquia" se estabeleceria e levaria à "decadência do conjunto".

Nessa mesma direção caminha Nietzsche. Mas ele leva o recurso à fisiologia bem mais longe do que Bourget. Num fragmento póstumo, em que concebe a vontade de potência como vontade orgânica, anota: "A aristocracia no corpo, a multiplicidade dos dominantes (luta das células e dos tecidos). A escravidão e a divisão do trabalho: o tipo superior, possível apenas através da coerção de um inferior a uma função".[18] De caráter geral, o combate se produz em todos os domínios da vida e implica todos os elementos que os constituem. A luta entre as células, os tecidos e os órgãos, entre os pensamentos, os sentimentos e os impulsos, exige sempre a presença de múltiplos adversários. Como a luta não tem trégua nem termo, ela faz com que se estabeleçam hierarquias que nunca são definitivas. A todo momento, surgem vencedores e vencidos, senhores e escravos, os que mandam e

---

Nietzsche dans le *Cas Wagner*: à propos de la lecture de l'essai de P. Bourget sur les frères de Goncourt. *Nietzsche-Studien*, v. 18, p. 627-632, 1989.

[16] Buscando contextualizar o conceito nietzschiano de *décadence*, Anette Horn examinou a literatura francesa, em particular os escritos de Paul Bourget, e as ciências da vida. Cf. *Nietzsches Begriff der* "décadence": *Kritik und Analyse der Moderne*. Frankfurt am Main: Peter Lang, 2000. A propósito do diagnóstico nietzschiano da *décadence* na música, cf. SCHELLONG, Dieter. "Und im kleinsten luxurirt": Zur Bedeutung von Nietzsches Diagnose der *Décadence* in der Musikpraxis. *Nietzsche-Studien*, v. 13, p. 412-436, 1984.

[17] BOURGET. *Essais de psychologie contemporaine: études littéraires*, p. 14.

[18] *Fragmento póstumo* 2 [76] do outono de 1885/outono de 1886 (SM), *KSA* 12.96.

os que obedecem. Arranjam-se os diversos elementos do ser vivo de forma a que suas atividades se integrem; relações de interdependência determinam-se: uns se submetem a outros, que por sua vez se acham subordinados a outros ainda. Graças a essa organização hierárquica, graças a esse "sistema de vassalagem", os vários elementos tornam-se coesos e formam um todo. Conjugando-se com os impulsos de disposição concordante e sobrepondo-os aos que lhe são antagônicos, um impulso determinado chega a coordená-los e impor-lhes uma direção clara e precisa. Em compensação, os múltiplos impulsos, que, oscilando, continuam a lutar e não chegam a se agregar, acham-se descoordenados e desprovidos de direção. Em suma, num caso, uma força organizadora impõe uma hierarquia ainda que temporária; no outro, a falta de coesão interna conduz à anarquia e, por conseguinte, à *décadence*.[19]

Como Bourget, Nietzsche encara a *décadence* como um movimento de desagregação, empenhando-se em diagnosticá-la onde quer que ela possa se apresentar. No *Anticristo*, ele escreve: "minha afirmação é que todos os valores nos quais a humanidade enfeixa agora sua mais alta desejabilidade são valores de *décadence*".[20] Essa afirmação dá a entender que a *décadence* não se revela somente na moral cristã; bem mais, ela não se mostra apenas no domínio moral. Tanto é que, no prefácio ao *Caso Wagner*, o filósofo sublinha que "'Bem e Mal' é apenas uma variante" do problema da *décadence*.[21] Além de criticar o cristianismo do ponto de vista moral, ele irá combatê-lo enquanto religião. Fazendo uma análise detida da noção cristã de Deus em *O Anticristo*, mostra que essa noção traz à cena um "Deus degenerado" que não passa de uma "antítese da vida"; assim concebido, o Deus cristão é um "híbrido produto decadente, feito de nulidade, conceito

---

[19] Cf. *Fragmento póstumo* 14 [219] da primavera de 1888, KSA 13.394. Cf. também *Fragmento póstumo* 26 [276] do verão/outono de 1884, KSA 11.222; 34 [123] de abril/junho de 1885, KSA 11.461 e 40 [21] de agosto/setembro de 1885, KSA 11.638s.

[20] *O Anticristo* § 6 (RRTF), KSA 6.172. Cf. também *Ecce homo*, "Por que sou um destino", § 7 (SM), KSA 6.372, onde se lê: "A humanidade mesma estaria em *décadence*? Sempre esteve? – o que é certo é que a *ensinaram* como valores supremos unicamente valores de *décadence*".

[21] Cf. *O caso Wagner*, "Prefácio" (SM), KSA 6.11.

e contradição, em que têm sua sanção todos os instintos da *décadence*".²² Se aprecia o budismo, porque seria mais realista do que o cristianismo, não se priva, porém, de atacá-lo, afirmando que ambos, budismo e cristianismo, "estão juntos como religiões niilistas – são religiões da *décadence*".²³

Assim como se volta contra as formas de expressão da *décadence* na religião, Nietzsche também combate as que se acham presentes na filosofia. Entre os alvos de ataque visados encontra-se o imperativo categórico de Kant, que, a seu ver, imporia ao indivíduo a lei de reciprocidade e o levaria a agir "como autômato do 'dever'". Dissociando a ação e o prazer, ele constituiria "precisamente a receita da *décadence*".²⁴ Schopenhauer, por sua vez, teria feito da filosofia a negação da vida. Na ótica nietzschiana, privilegiando a compaixão, que nada mais é do que "a prática do niilismo", teria instituído "um instrumento capital para a intensificação da *décadence*".²⁵

Não é apenas no pensamento kantiano e na filosofia schopenhaueriana que a *décadence* se manifesta. No entender de Nietzsche, ela já está presente entre os gregos. Levando adiante o trabalho de idealização a ponto de inventar um mundo essencial, imutável e eterno em oposição ao mundo em que nos achamos aqui e agora, Platão seria responsável por fazer da filosofia grega "a *décadence* do instinto grego".²⁶ Mas, na Grécia antiga, seria sobretudo com Sócrates que a *décadence* se expressaria. No capítulo intitulado "O problema de Sócrates", do *Crepúsculo dos ídolos*, o filósofo não tem a intenção simplesmente de

---

[22] Cf. respectivamente *O Anticristo* § 18 (SM), *KSA* 6.185, e § 19 (SM), *KSA* 6.185. Cf. também *Ecce homo*, "Genealogia da moral", *KSA* 6.353, onde Nietzsche considera o ideal ascético "um ideal de *décadence*".

[23] *O Anticristo* § 20 (SM), *KSA* 6.186. Cf. também *O Anticristo* § 42, *KSA* 6.215; *O caso Wagner*, "Postscriptum", *KSA* 6.43. Para uma análise aprofundada das relações entre *décadence* e niilismo, cf. por exemplo JOHNSON, Dirk. Nihilismus als Logik der Décadence. *Nietzsche-Studien*, v. 43, p. 31-32, 2014; e VOLPI, Franco. Le Nihilisme comme logique de la *décadence*: Nietzsche lecteur de Bourget. Trad. Alessio Moretti. *In*: MATTÉI, Jean-François (*éd.*). *Nietzsche et le temps des nihilismes*. Paris: PUF, 2005. p. 97-119.

[24] Cf. *O Anticristo* § 11 (SM), *KSA* 6.177.

[25] Cf. *O Anticristo* § 7 (RRTF), *KSA* 6.173. Cf. também *O caso Wagner* § 4, *KSA* 6.21 e *Crepúsculo dos ídolos*, "Incursões de um extemporâneo", § 37, *KSA* 6.136s.

[26] Cf. *Crepúsculo dos ídolos*, "O que devo aos antigos", § 2 (RRTF), *KSA* 6.155s.

analisar o caráter problemático dessa personagem; bem ao contrário, quer sublinhar que conta tomar Sócrates enquanto problema, melhor ainda, que pretende encará-lo como aquele que encarna um problema. Não se pode deixar de notar a semelhança marcante entre esse capítulo e *O caso Wagner*. No *Crepúsculo dos ídolos*, Nietzsche mostra que, por meio da "superfetação do lógico" e dessa *maldade raquítica*, Sócrates promove a expansão anormal da razão e, por conseguinte, o enfraquecimento dos impulsos.[27] No *Caso Wagner*, revela que, por meio da melodia infinita, o compositor leva ao exagero dos sentimentos, ao êxtase e, por conseguinte, ao extremo esgotamento. Nos dois casos, ainda que por vias distintas, instalam-se perturbações no organismo, a ponto de levá-lo a perder o equilíbrio. Enquanto Sócrates exprime a *décadence* na filosofia, Wagner a manifesta na música.[28]

Nada escapa ao olhar crítico de Nietzsche. No *Crepúsculo dos ídolos*, ele caracteriza "a democracia moderna, inclusive suas meias realidades, como o 'Império alemão', como forma de *declínio do Estado (Verfallsform des Staats)*".[29] Encara o conceito moderno de liberdade como "um sintoma de *décadence*" e define o progresso moderno como "a marcha do caranguejo", ou seja, *"avançar passo a passo na décadence"*.[30] E afirma que sua objeção "contra a inteira sociologia na Inglaterra e na França continua a ser que ela só conhece por experiência formações sociais de *caducidade (Verfalls-Gebilde der Societät)*".[31]

É enquanto psicólogo que Nietzsche diagnostica todas as formas de expressão da *décadence*. Ele a encontra na moral, na religião, na

---

[27] Cf. *Crepúsculo dos ídolos*, "O problema de Sócrates", § 4, *KSA* 6.69.

[28] Acerca das relações entre *décadence* e arte, cf. entre outros RESCHKE, Renate. Warum Kultur von Zeit zu Zeit an sich selbst zugrunde geht... Friedrich Nietzsche, die *Décadence* und die Ambivalenz einer ästhetisch dominierten Kultur. *In*: SOMMER, Andreas Urs (Hrsg.). *Nietzsche: Philosoph der Kultur(en)?*. Berlin: De Gruyter, 2008. p. 203-226; e MÜLLER-LAUTER. *Décadence* artística enquanto *décadence* fisiológica: a propósito da crítica tardia de Friedrich Nietzsche a Richard Wagner. *Cadernos Nietzsche*, n. 6, p. 11-30, 1999.

[29] *Crepúsculo dos ídolos*, "Incursões de um extemporâneo", § 39 (SM), *KSA* 6.141.

[30] Cf. respectivamente *Crepúsculo dos ídolos*, "Incursões de um extemporâneo", § 41 (RRTF), *KSA* 6.143, e § 43 (RRTF), *KSA* 6.144.

[31] *Crepúsculo dos ídolos*, "Incursões de um extemporâneo", § 37 (RRTF), *KSA* 6.138.

filosofia, na política, na sociologia, na arte, na literatura,[32] na música. Mas, quando se trata de contextualizá-la, assim como Bourget, irá associá-la ao grande mal-estar em curso em sua época. É nesse sentido que, bem mais que o diagnóstico do compositor da *Tetralogia*, *O caso Wagner* apresenta o diagnóstico de um tipo que encarna a própria *décadence*. No fim das contas, "Wagner resume a modernidade".[33] Estimando que a *décadence* seja uma "tendência hostil à vida", o filósofo a detecta em todo um período histórico e em todo um continente, pondo em evidência sua presença no século XIX na Europa.[34]

Décadente, a modernidade ignora os antagonismos e resvala numa espécie de ambiguidade em relação à escala dos valores. É o que lhe possibilita promover a ideia de igualdade. Tratando dos estilos de *décadence*, Nietzsche afirma: "toda vez anarquia dos átomos, desagregação da vontade, 'liberdade individual' para falar em termos morais, estendendo à teoria política, 'direitos *iguais* para todos'".[35] Ao lutar justamente pela igualdade dos direitos, o movimento de emancipação feminina nada mais é do que uma manifestação da *décadence* característica da modernidade.

Resta elucidar de que maneira o filósofo concebe a ideia de igualdade. É certo que ele se empenha em combatê-la em várias frentes. No ensaio *Sobre verdade e mentira no sentido extramoral*, faz ver

---

[32] Cf. *O caso Wagner* § 7, *KSA* 6.28, em que Nietzsche aproxima Wagner dos irmãos Goncourt quanto ao estilo, e *O Anticristo* § 7, *KSA* 6.174, onde ele se exprime sobre a *décadence* literária e artística, referindo-se a Tolstói e a Wagner.

[33] *O caso Wagner*, "Prefácio", *KSA* 6.12. Em várias passagens, Nietzsche afirma que Wagner é o artista da *décadence*. Cf. por exemplo *O caso Wagner* § 4 e § 5, *KSA* 6.21, "Segundo postscriptum", *KSA* 6.46; *O Anticristo* § 7, *KSA* 6.174. A esse propósito, cf. entre outros SOMMER, Andreas Urs. Nietzsche, Wagner e a decadência. Trad. Fernando R. de Moraes Barros. *Cadernos Nietzsche*, v. 38, n. 1, p. 11-25, 2017; CAMPIONI. *Nietzsche e o espírito latino*, em particular, p. 315-326; MARTON, Scarlett. Modernidade e *décadence*: Wagner e a cultura filisteia. *In*: MARTON, Scarlett; BRANCO, Maria; CONSTÂNCIO, João (org.). *Sujeito, décadence e arte: Nietzsche e a modernidade*. Lisboa: Tinta da China, 2014. p. 199-225.

[34] Cf. respectivamente *Crepúsculo dos ídolos*, "Incursões de um extemporâneo", § 50, *KSA* 6.152 e *O caso Wagner* § 5, *KSA* 6.22.

[35] *O caso Wagner* § 7 (SM), *KSA* 6.27. Na sequência do texto, pode-se ler: "A vida, a vitalidade mesma, a vibração e exuberância da vida comprimida nas mais pequenas formações, o resto *desprovido* de vida".

que as palavras, quando passam a servir para inúmeras experiências análogas à que lhes deu origem, tornam-se conceitos. Produzidos por "igualação do não igual" e convindo a vários fenômenos, os conceitos mostram-se inapropriados e insuficientes a cada um deles em particular.[36] Na *Gaia ciência*, procura mostrar que nos fundamentos mesmos em que se baseia a lógica está presente a tendência ilógica a tratar o semelhante como igual.[37] Em *Para além de bem e mal*, insiste em afirmar que os mecanicistas, ao defenderem a existência de leis na natureza, nada mais fazem do que se curvar ao impulso democrático dos tempos modernos.[38] Portanto, ao investigar o processo de formação de conceitos, ao examinar a base dos procedimentos lógicos, ao analisar a atitude dos homens de ciência, encontra sempre ocasiões propícias para atacar a ideia de igualdade.

Mas Nietzsche combate sobretudo a ideia de igualdade anunciada por religiões ou defendida por correntes políticas. Entende que a igualdade dos cidadãos perante a lei – eco da igualdade dos homens diante de Deus – não passa de fórmula forjada por quem precisa somar forças para subsistir. Para conservar a própria existência, o indivíduo mais fraco procura associar-se. Vivendo gregariamente, espera enfrentar os que, mais fortes do que ele, possam vir a ameaçá-lo. Por isso mesmo, institui maneiras de agir e pensar universalmente válidas, censura toda originalidade, reprova qualquer mudança; em suma, exige ininterruptamente a vitória de cada um sobre si mesmo. Julgando vê-lo reinar na Europa de seu tempo, o filósofo afirma: "A

---

[36] Cf. *Sobre verdade e mentira no sentido extramoral* § 1 (RRTF), *KSA* 1.879, onde se lê: "Toda palavra torna-se logo conceito justamente quando não deve servir, como recordação, para a vivência primitiva, completamente individualizada e única, à qual deve seu surgimento, mas ao mesmo tempo tem de convir a um sem-número de casos, mais ou menos semelhantes, isto é, tomados rigorosamente, nunca iguais, portanto, a casos claramente desiguais".

[37] Cf. *A gaia ciência* § 111 (RRTF), *KSA* 3.471, onde se lê: "A tendência preponderante, porém, a tratar o semelhante como igual, uma tendência ilógica – pois não há em si nada igual –, foi a primeira a criar todos os fundamentos em que assenta a lógica".

[38] Cf. *Para além de bem e mal* § 22 (RRTF), *KSA* 5.37, onde se lê: "'Por toda parte igualdade diante da lei – nisso a natureza não está de outro modo nem melhor do que nós': um maneiroso pensamento oculto, em que mais uma vez está disfarçada a plebeia hostilidade contra tudo o que é privilegiado e senhor de si".

doutrina da igualdade!... Mas não existe veneno mais venenoso: é que *parece* pregada pela própria justiça, quando é o *fim* da justiça... 'Aos iguais o igual, aos desiguais o desigual', essa *seria* a verdadeira divisa da justiça – e o que daí decorre: 'Nunca igualar o desigual'".[39] Nietzsche entende que, nos tempos modernos, a ideia de igualdade passou a ser concebida como sinônimo de nivelamento gregário. Graças a Rousseau e à Revolução Francesa, passou a ser vista como supressão das diferenças e exclusão das exceções. Convertendo-a num de seus alvos privilegiados, ele faz de seus ataques a essa ideia o cerne argumentativo da crítica que dirige à modernidade.

Se o filósofo não pode tolerar a divisa revolucionária, tampouco pode aceitar as ideias de Rousseau. Mas é preciso assinalar que, no contexto do pensamento nietzschiano, a figura de Rousseau só adquire contornos mais precisos se for relacionada com a de Voltaire. Numa passagem de *Humano, demasiado humano*, o autor procura mostrar que o Senhor de Ferney encarna justamente a antítese do Cidadão de Genebra. "Não foi a natureza moderada de *Voltaire*, com sua propensão a ordenar, purificar e reconstruir, mas os apaixonados desatinos e meias mentiras de *Rousseau*, que conclamaram o espírito otimista da Revolução, contra o qual eu clamo: '*Écrasez l'infâme!*'."[40] De um lado, as Luzes; de outro, a Revolução. De um lado, o aristocratismo; de outro, a plebe.[41] Ao contrapor Voltaire a Rousseau, Nietzsche revela suas posições. Ao fazer a frase de Voltaire voltar-se contra Rousseau, o autor desse livro "para espíritos livres", publicado "em memória de

---

[39] *Crepúsculo dos ídolos*, "Incursões de um extemporâneo", § 48 (SM), *KSA* 6.150. Cf. também *Para além de bem e mal* § 212 (RRTF), *KSA* 5.147, onde se lê: "A 'igualdade dos direitos' poderia muito bem converter-se em igualdade de não direitos: quero dizer em guerra geral a tudo o que é raro, insólito, privilegiado, ao homem superior, à alma superior, ao dever superior, à responsabilidade superior, ao sentimento de potência e ao domínio criadores".

[40] *Humano, demasiado humano* I § 463 (RRTF), *KSA* 2.299. Cf. também *Humano, demasiado humano* II, "O andarilho e sua sombra", § 221, *KSA* 2.654.

[41] Nessa direção, cf. CAMPIONI. *Nietzsche e o espírito latino*, p. 78, onde se lê: "A essas 'Luzes' caracterizadas por Voltaire, Nietzsche opõe, com força, desde *Humano, demasiado humano*, a figura de Rousseau, que representa a corrupção do espírito das Luzes em uma direção 'fanática' e moral: o primeiro é tanto aristocrático e serenamente 'livre', campeão da tolerância, quanto o segundo é 'plebeu' e podre de sentimentalismo, intolerante, expressão de fraqueza romântica".

Voltaire pelo centésimo aniversário de sua morte, em 30 de maio de 1778", reafirma suas predileções.

Da perspectiva nietzschiana, ao pregar a igualdade, Rousseau pretenderia voltar a um estado primitivo, natural e puro. Mas seu raciocínio estaria errado desde a base; ele teria se enganado quanto à relação de causa e efeito que estabeleceu entre a moralidade e a civilização. Não é a civilização que seria responsável pela má moralidade; bem ao contrário, é "nossa *boa* moralidade" que é responsável pelo "caráter deplorável de nossa civilização".[42] Associando Rousseau à Revolução Francesa, Nietzsche não hesita em incluí-lo na lista dos seus "impossíveis".[43] No *Crepúsculo dos ídolos*, apresenta algumas das razões que o levam a fazê-lo: "A farsa sangrenta a que deu lugar essa Revolução, sua 'imoralidade', isso me importa pouco; o que odeio é a sua *moralidade* rousseauniana – as chamadas 'verdades' da Revolução, com que ela continua a exercer seus efeitos e convencer a se pôr do seu lado tudo o que é superficial e medíocre".[44] Seguindo os passos de Rousseau, o movimento de emancipação feminina sustentaria a ideia de igualdade concebida como nivelamento gregário; ao fazê-lo, ele se tornaria cúmplice de uma "ideia moderna".

---

[42] *Aurora* § 163 (SM), *KSA* 3.146. Vale lembrar que esse parágrafo se intitula "Contra Rousseau". Nietzsche tinha na sua biblioteca várias obras de Rousseau. Cf. CAMPIONI *et al.* (ed.). *Nietzsches persönliche Bibliothek*, p. 509-511.

[43] Cf. *Crepúsculo dos ídolos*, "Incursões de um extemporâneo", § 1 (SM), *KSA* 6.111, onde se lê: "Rousseau: ou o retorno à natureza *in impuris naturalibus*". Sobre a relação entre Rousseau e a Revolução Francesa, cf. o trabalho notável de Urs Marti, "*Der grosse Pöbel- und Sklavenaufstand*": *Nietzsches Auseinandersetzung mit Revolution und Demokratie* (Stuttgart: Metzler, 1993), em particular os capítulos "Nietzsches Urteil über die Französische Revolution" e "Rousseau, Kant und die Moralität der Revolution".

[44] *Crepúsculo dos ídolos*, "Incursões de um extemporâneo", § 48 (SM), *KSA* 6.150. A esse propósito, Urs Marti sustenta no seu artigo "Nietzsches Kritik der Französischen Revolution" (*Nietzsche-Studien*, v. 19, p. 312-335, 1990, p. 313): "por moralidade, Nietzsche entende em primeiro lugar a doutrina da igualdade, que, a seu ver, seduz os espíritos medíocres e enterrou a crença na distância hierárquica". Seguindo de perto as posições de Urs Marti, Ansell-Pearson afirma, no livro *Nietzsche contra Rousseau: A Study of Nietzsche's Moral and Political Thought* (Cambridge: Cambridge University Press, 1992. p. 32): "[Nietzsche] associa Rousseau com o que denomina a 'moralidade' da Revolução, significando com isso a doutrina da igualdade".

Analisar as "ideias modernas" é precisamente um dos propósitos que o filósofo se coloca nos escritos a partir de 1885.[45] Nelas, denuncia o procedimento dos ressentidos, combate a imposição do que é uniforme e ataca o reino do animal de rebanho. Ao tratar da sociedade europeia de sua época em *Para além de bem e mal*, empenha-se em mostrar a regressão das mulheres. Mas ressalta que elas não são as únicas responsáveis pelas mudanças de comportamento em curso: "Que a mulher se torne ousada quando já não se quer nem se cultiva o que no homem infunde temor, mais precisamente o *homem* no homem, é bastante óbvio e também bastante compreensível".[46] Se as mulheres procuram tornar-se independentes, é porque os homens lhes permitem proceder dessa maneira. Pior ainda, há até mesmo aqueles que se solidarizam com a causa que defendem. Entre esses "doutos jumentos masculinos", um bom número apoia as reivindicações femininas. Esses "corruptores da mulher" incentivam as mulheres a imitar "o 'homem' da Europa, a 'masculinidade' europeia". Vale a pena ressaltar que Nietzsche emprega as palavras "homem" e "masculinidade" entre aspas, de modo a enfatizar a sua intolerância em relação aos congêneres que assim procedem; afinal, eles não vacilam em abrir mão da precedência, não titubeiam em renunciar às posições de mando. Prova disso é que instigam as mulheres ao "cultivo de si"; incitam-nas a se educar, a se informar, a participar da política; estimulam-nas a se dedicar à literatura e a apreciar a música; encorajam-nas a se afastar da religião e a praticar o livre-pensar. Enfim, induzem-nas a abandonar "sua primeira e última ocupação, que é gerar filhos robustos". Em suma, são eles que querem "fazer das mulheres livres pensadores e literatos".[47]

Não há dúvida de que Nietzsche combata frontalmente os pensadores que defendem o direito das mulheres de se exprimirem no espaço público. É nesse sentido que afirma: "Equivocar-se no problema básico 'homem e mulher', [...] talvez sonhar com direitos iguais, igual educação, reivindicações e obrigações iguais: esse é um sinal

---

[45] A expressão já aparece nas anotações póstumas de 1873 e na primeira *Consideração extemporânea: David Strauss, o devoto e o escritor*.

[46] *Para além de bem e mal* § 239 (SM), *KSA* 5.176.

[47] *Para além de bem e mal* § 239 (SM), *KSA* 5.177.

típico de superficialidade".⁴⁸ Ceder à ideia de igualdade, quando se pensa em problemas relativos à política, à ordem social e à educação, é traço distintivo de pensadores superficiais; render-se a essa ideia, quando se trata de refletir sobre escritoras e intelectuais, caracteriza o modo de proceder de pensadores tais como Stuart Mill.⁴⁹ Porta-voz do "plebeísmo das ideias modernas", ele não passaria de um espírito medíocre.⁵⁰ "Superficial no instinto", desprezaria a tarefa primordial de todo filósofo, qual seja, a de determinar a hierarquia dos valores.⁵¹

Várias razões levam Nietzsche a criticar John Stuart Mill. O pensador inglês define o utilitarismo como "a doutrina que toma por fundamento da moral a *utilidade* ou o princípio da maior felicidade".⁵² Sustenta que, sendo o egoísmo o móvel da conduta humana, de início, a ação altruísta era um meio de satisfazê-lo. Depois, esqueceu-se o

---

⁴⁸ *Para além de bem e mal* § 238 (SM), I 5.175. Comentando essa passagem, Michel Haar, que parece endossar as posições de Nietzsche, afirma, em *Par-delà le nihilisme: nouveaux essais sur Nietzsche* (Paris: PUF, 1998, p. 82): "Mas Nietzsche, que não podia imaginar essa forma de liberdade e igualdade (pela contracepção), já pressente o que daí resulta: uma terrível solidão. O nomadismo sexual termina no monadismo ou no monossexismo".

⁴⁹ Cf. *Crepúsculo dos ídolos*, "Incursões de um extemporâneo", § 1, *KSA* 6.111, onde se lê: *"John Stuart Mill:* ou a clareza que ofusca". Nietzsche possuía na sua biblioteca várias obras de Stuart Mill com numerosas anotações e rastros de leitura, inclusive *Ueber Frauenemanzipation. Plato. Arbeiterfrage. Sozialismus* (Uebersetzt von Sigmund Freud. Leipzig: Fuel's Verlag, 1880). Cf. CAMPIONI *et al.* (ed.). *Nietzsches persönliche Bibliothek*, p. 383-390. De acordo com Thomas Brobjer, em seu artigo "Nietzsche's Reading of Women Authors" (p. 35 e seguintes), Nietzsche leu também "um ensaio de Harriet Taylor Mill, publicado nos textos selecionados de John Stuart Mill".

⁵⁰ A seu respeito, Nietzsche escreve, em *Para além de bem e mal* § 253 (SM), *KSA* 5.196: "Existem verdades que são mais bem reconhecidas pelos cérebros medíocres, porque são feitas à sua medida; existem verdades que só têm atrativos e força de sedução para os espíritos medíocres – é preciso fazer essa constatação, talvez desagradável, desde que o pensamento de ingleses estimáveis, mas medíocres – refiro-me a Darwin, John Stuart Mill e Herbert Spencer – começou a ocupar lugar preponderante nas regiões médias do gosto europeu".

⁵¹ Cf. *Genealogia da moral*, "Primeira dissertação", § 17 nota, *KSA* 5.289.

⁵² MILL, John Stuart. *Utilitarianism and on Liberty, Essay on Bentham*. New York: New American Library, 1974. p. 262. Sobre a crítica nietzschiana de Stuart Mill, remeto ao brilhante trabalho de Maria Cristina Fornari, *La morale evolutiva del gregge: Nietzsche legge Spencer e Mill* (Pisa: Edizioni ETS, 2006), em particular p. 219-314.

móvel inicial e considerou-se o altruísmo um fim. Da perspectiva nietzschiana, a doutrina dos utilitaristas[53] incorre num contrassenso psicológico, além de ser historicamente indefensável.[54] De um lado, como se pode afirmar que se elogiaram as ações desinteressadas e se esqueceu, em seguida, a proveniência dos elogios? Se a utilidade dessas ações não deixou de existir, como se poderia esquecê-la? De outro, não foram aqueles a quem se demonstrou "bondade" que inventaram o valor "bom"; foram os "bons", eles mesmos, "os nobres, poderosos, mais altamente situados e de altos sentimentos" que o criaram. Portanto, pretender que a "utilidade" constitua a base mesma para a criação dos valores implica colocar-se do ponto de vista da moral do ressentimento.[55]

No livro *Utilitarismo*, Stuart Mill empenha-se em defender os utilitaristas contra a acusação de egoísmo: seu princípio "não é a maior felicidade do próprio agente, mas a maior soma de felicidade totalizada".[56] A tendência do indivíduo à própria felicidade sempre inclui, em alguma medida, a tendência à felicidade alheia, pois o egoísmo acha-se temperado pela simpatia, o aliado natural da moralidade.[57] Da perspectiva nietzschiana, recorrer à ideia de um sentimento natural nada mais faz do que revelar a falta de espírito histórico, o

---

[53] Tanto nos textos quanto na correspondência, Nietzsche não faz referência alguma a John Austin, James Mill ou Henry Sidgwick. Quando se trata dos utilitaristas ingleses, é apenas a John Stuart Mill que explicitamente se refere – com exceção, é claro, de Bentham, que menciona uma única vez. Se essa não é uma razão suficiente, ela pode, ao menos, contribuir para justificar que se restrinja ao pensamento de Stuart Mill o confronto com as observações críticas que Nietzsche faz do utilitarismo inglês.

[54] Cf. *Genealogia da moral*, "Primeira dissertação", § 3, KSA 5.260s e § 2, KSA 5.258s.

[55] Cf. *Genealogia da moral*, "Primeira dissertação", § 2 (RRTF), KSA 5.260, onde se lê: "A palavra 'bom', de antemão, *não* se prende necessariamente a ações 'não egoístas', como é a superstição daqueles genealogistas da moral. Em vez disso, somente com um *declínio* de juízos de valor aristocráticos acontece que essa oposição 'egoísta'/'não egoísta' se imponha mais e mais à consciência humana – é, para me servir de minha linguagem, o *instinto de rebanho*, que, com ela, afinal, toma a palavra (e também as *palavras*)".

[56] MILL. *Utilitarianism and on Liberty, Essay on Bentham*, p. 262.

[57] Cf. MILL. *Utilitarianism and on Liberty, Essay on Bentham*, p. 284, onde se lê: "*Existe* esse poderoso sentimento natural, que nos deve servir de base e, quando

"defeito hereditário dos filósofos", que os leva a tomar a mais recente configuração do homem por verdade eterna.[58] Associada a egoísmo e altruísmo, essa ideia desempenha ainda papel moralizador, permitindo que se imponha o princípio altruísta como o que deve nortear as ações humanas. É o que se verifica tanto no pensamento de Comte como no de Stuart Mill.[59]

Comparável à *Fundamentação da metafísica dos costumes*, *Utilitarismo* não é um tratado de moral; é o texto em que o pensador inglês coloca os princípios de sua filosofia prática. Buscando determinar as condições da correção moral, nele sustenta que o valor da conduta humana se mede pela contribuição, ainda que modesta e longínqua, que ela pode trazer para a felicidade geral. Como Bentham, defende que as ações dos homens devem ser avaliadas por suas consequências: "São boas (*right*) na medida em que tendem a aumentar a felicidade, más (*wrong*) na medida em que tendem a produzir o contrário da felicidade. Por 'felicidade', entende-se prazer e ausência de dor; por 'infelicidade', dor e privação de prazer".[60] Com frequência, o indivíduo corre o risco de se equivocar quanto ao que acredita trazer a felicidade. Se, nesse domínio, a experiência individual é pobre, a coletiva revela-se bastante rica. A sociedade impõe a seus membros a observância de certo número de regras, sancionadas ou não por leis, que resumem a experiência coletiva. Embora não sejam perfeitas e devam ser melhoradas, essas leis e regras exprimem as próprias condições de existência da sociedade e da felicidade de seus membros.

Da perspectiva nietzschiana, só se pode avaliar as ações pelas suas consequências se se apreciarem as circunstâncias em que foram realizadas; só se pode avaliar os valores se se levarem em conta a sua proveniência e as suas transformações. Ao pressupor a igualdade dos agentes, Stuart Mill nega o caráter singular do indivíduo – o que

---

se reconhecer a felicidade geral como ideal ético, será ele que constituirá a força da moralidade utilitarista".

[58] Cf. *Humano, demasiado humano* I § 2, *KSA* 2.24.

[59] No *Fragmento póstumo* (272) 10 [170] do outono de 1887, *KSA* 12.558, pode-se ler: "O débil e covarde conceito de 'homem' à *la* Comte e Stuart Mill, provavelmente até mesmo objeto de culto... É outra vez o culto da moral cristã com um novo nome...".

[60] MILL. *Utilitarianism and on Liberty, Essay on Bentham*, p. 257.

não passa de uma *niaiserie anglaise*.[61] Concebendo a felicidade como a busca do prazer e a fuga da dor, ele comete um grande equívoco: o de tomar por ponto cardeal o que não passa de fenômeno acessório.[62] Ao insistir na importância do "espírito gregário" e dos imperativos sociais, não se limita a confirmar os valores pregados pelo ressentimento. Estabelecendo o altruísmo como o princípio regulador das ações e exigindo a subordinação do indivíduo à coletividade, acaba por adotar a maneira de proceder dos escravos. Só resta a Nietzsche colocar-se inteiramente "[c]ontra J. Stuart Mill: [...] A 'reciprocidade' é apenas vulgaridade; justamente que algo que *eu* faça *não deva* ou *possa* ser feito por outrem, que não deva haver *compensação alguma* (exceto *na esfera mais selecionada* de 'meus iguais', *inter pares*) [...] – essa convicção fundamental encerra a razão de *a aristocracia separar-se da massa*, porque a massa acredita na 'igualdade' e, *por conseguinte*, na compensação que iguala e na 'reciprocidade'".[63]

Mas, à diferença de Stuart Mill, que inscreve o movimento de emancipação feminina no âmbito político e social,[64] o filósofo adota uma perspectiva radicalmente distinta, empenhando-se em examiná-lo no quadro genealógico.[65] É desse ponto de vista que julga

---

[61] Cf. *Fragmento póstumo* 22 [1] de setembro/outubro de 1888, *KSA* 13.583s, onde se lê: "'O que não queres que as pessoas te façam, tampouco lhes faça'. Isso é visto como sabedoria; isso é visto como esperteza; isso é visto como fundamento da moral – como 'ditado de ouro'. John Stuart Mill e quem entre os ingleses não crê nisso?...".

[62] Cf. *Fragmento póstumo* 14 [174] da primavera de 1888 (SM), *KSA* 13.360, onde se pode ler: "O homem *não* busca o prazer e *não* evita o desprazer: compreende-se a que famoso preconceito aqui me oponho. Prazer e desprazer são simples consequências, simples fenômenos secundários – o que quer o homem, o que quer a mais ínfima parte de um organismo vivo é um aumento de potência". Cf. também *Fragmento póstumo* 14 [121] da primavera de 1888, *KSA* 13.300 e 14 [152] da primavera de 1888, *KSA* 13.335.

[63] *Fragmento póstumo* (370) 11 [127] de novembro de 1887/março de 1888 (SM), *KSA* 13.60s. Cf. também *Fragmento póstumo* (43) 9 [55] do outono de 1887, *KSA* 12.363s.

[64] Cf. MILL, John Stuart. *The Subjection of Women*. Cambridge: Hackett, 1988.

[65] A propósito das divergências entre Nietzsche e Stuart Mill no que diz respeito à questão operária ou à emancipação feminina, remeto ao notável trabalho de Karl Brose, "Nietzsches Verhältnis zu John Stuart Mill" (*Nietzsche-Studien*, v. 3, p. 152-174, 1974). Acompanho o autor, quando sustenta que é apenas no domínio

acontecimentos históricos, correntes de ideias, sistemas de governo. É também nesses parâmetros que avalia a democracia, o socialismo, o anarquismo. Em sua obra, a política e a ordem social aparecem estreitamente vinculadas à moral e à religião; melhor ainda: moral, política, ordem social e religião constituem ponto nodal em seu pensamento. Intimamente ligadas, integram outro campo de investigação: são objeto da crítica dos valores. Exemplo disso é justamente a maneira como trata da defesa dos direitos das mulheres.

Nietzsche sustenta que não é no espaço público que as mulheres devem se exprimir. A favor dessa posição não hesita em alinhar vários argumentos. Em *Humano, demasiado humano*, por exemplo, afirma que as mulheres se interessam bem mais por pessoas do que por causas.[66] Com isso, quer enfatizar a propensão que têm em se deixar guiar bem mais pelos afetos do que pelos argumentos. Quando se mostram favoráveis a uma causa, por ela imediatamente tomam partido "e assim corrompem sua pura e inocente influência". Donde se segue que é muito perigoso confiar-lhes "a política e certos ramos da ciência (por exemplo, a história)": "Pois o que haveria de mais raro do que uma mulher que, de fato, soubesse o que é ciência? As melhores até nutrem no coração um secreto desprezo por ela, como se de algum modo lhe fossem superiores".[67] Iludindo-se a si mesmas, as mulheres pretendem interessar-se pelo conhecimento científico, mas nem sequer fazem ideia do que significa tal pretensão; enganando os que as cercam, elas pretextam ser capazes de se dedicar à ciência, mas no fundo nada mais fazem do que ocultamente menosprezá-la.

Insistindo na ideia de que não é dado às mulheres exprimir-se no espaço público sobre as ciências e menos ainda sobre a filosofia

---

moral que Nietzsche se coloca à altura de Stuart Mill, pois as considerações que tece acerca da questão social constituem o ponto de fraco de sua reflexão filosófica.

[66] Cf. *Humano, demasiado humano* I § 419, *KSA* 2.275s, onde se lê: Posto que as mulheres se voltam muito mais para as pessoas do que para as causas, conciliam-se no âmbito de seu pensamento tendências que, do ponto de vista lógico, são contraditórias entre si".

[67] *Humano, demasiado humano* I § 416 (SM), *KSA* 2.274. Cf. também *Humano, demasiado humano* II, "Miscelânea de opiniões e sentenças", § 265 (SM), *KSA* 2.492, onde se lê: "As mulheres e os artistas egoístas sentem pela ciência algo que se compõe de inveja e sentimentalismo".

ou a política, Nietzsche tentará fazer uma espécie de prognóstico da condição feminina em *Humano, demasiado humano*. Num parágrafo do capítulo "A mulher e a criança", ele começa por avançar a ideia de que, com o correr do tempo, "nos três ou quatro países civilizados da Europa", a educação poderá fazer das mulheres "tudo o que se queira, até mesmo homens".[68] Assim as mulheres estariam em condições de adquirir todas as qualidades viris. Diante dessa situação imaginária, o problema que se colocaria diria respeito sobretudo ao período de transição, em que, obtendo novos talentos e novas capacidades, elas se entregariam a atitudes insensatas e injustas. Não é por acaso que o filósofo intitula esse parágrafo "Período de tempestade e ímpeto das mulheres". Flertando com o movimento romântico alemão, ele entende que, ao recusarem os costumes que respeitaram desde sempre, as mulheres se poriam a exercer um poder sem limites. Perante esse desencadeamento de paixões, só restaria aos homens "a ira pelo fato de que todas as artes e ciências estarão inundadas e enlameadas por um diletantismo inaudito, a filosofia será assassinada e silenciada por um palavrório atordoante, a política será mais fantástica e partidária do que nunca".[69] Em suma, se o prognóstico nietzschiano se confirmasse, as mulheres cultivadas levariam a sociedade à "plena dissolução".

Contudo, examinados de perto, os textos de Nietzsche revelam que as mulheres que se empenham em escrever são as que mais o intrigam. Importa notar que é com grande interesse que segue a vida cultural francesa. Leitor do *Jornal de Debates* (*Journal des Débats*) e da *Revista dos Dois Mundos* (*Revue des Deux Mondes*), informa-se sobre os mais recentes acontecimentos literários. Conhece não só autores de renome, como Baudelaire, Flaubert e Zola, mas também escritores menos reputados, como Prosper Mérimée, Alfred de Musset ou Alphonse Daudet. Tem grande admiração por Stendhal; critica duramente Victor Hugo. Também acompanha as publicações de autoras contemporâneas, assim como as de escritoras que o precederam. Prova disso é que se refere ao sucesso extraordinário da peça *A mercadora de sorrisos* (*La Marchande de sourires*), de Judith Gautier, e anota as *Cartas de*

---

[68] *Humano, demasiado humano* I § 425 (SM), *KSA* 2.279.

[69] *Humano, demasiado humano* I § 425 (SM), *KSA* 2.279.

um viajante (*Lettres d'un voyageur*), de George Sand,[70] ao mesmo tempo que menciona os textos de Madame de Lambert, Madame d'Épinay e Madame de Boufflers.[71]

Na sequência de parágrafos de *Para além de bem e mal* em que se dedica a criticar as mulheres que querem emancipar-se, o filósofo ataca frontalmente três escritoras francesas: Madame Roland, Madame de Staël e Georges Sand. Se essa é uma das raras vezes em que se refere a Madame Roland,[72] em seus textos, dá maior atenção a Madame de Staël.[73] Numa passagem, em que faz alusão a ela e a seu livro *Da Alemanha* (*De l'Allemagne*), afirma: "não faz muito que uma mulher masculinizada, com presunção sem limite, ousou recomendar os alemães à simpatia da Europa, como simplórios plácidos, bons de coração, fracos de vontade e poéticos".[74] Mas é George Sand[75] que

---

[70] Em relação à peça de Judith Gautier, cf. carta a Reinhart von Seydlitz de 13 de maio de 1888, *KSB* 8.314; quanto ao livro de George Sand, cf. *Fragmento póstumo* 11 [24] de novembro de 1887/março de 1888, *KSA* 13.14, preparatório da passagem equivalente no *Crepúsculo dos ídolos*, "Incursões de um extemporâneo", § 6, *KSA* 6.114.

[71] Cf. respectivamente *Fragmento póstumo* 25 [45] da primavera de 1884, *KSA* 11.22; 34 [7] de abril/junho de 1885, *KSA* 11.425; 25 [46] da primavera de 1884, *KSA* 11.22.

[72] A seu propósito, cf. *Fragmento póstumo* 25 [422] da primavera de 1884, *KSA* 11.123.

[73] A seu respeito, cf. *Fragmento póstumo* 23 [102] do final de 1876/verão de 1877, *KSA* 8.440; 6 [69] do outono de 1880, *KSA* 9.211; e, em particular, 25 [124] da primavera de 1884, *KSA* 11.46, que associa mais uma vez Madame de Staël e George Sand. Nietzsche tinha na sua biblioteca o livro em três volumes de Madame de Staël, *Deutschland: aus dem Französischen übersetzt* (Reutlingen: J.J. Mäcken, 1815). Cf. CAMPIONI *et al.* (ed.). *Nietzsches persönliche Bibliothek*, p. 570 e seguintes.

[74] *Para além de bem e mal* § 209 (SM), *KSA* 5.142.

[75] A partir da primavera de 1880, Nietzsche se refere a George Sand em várias anotações póstumas. Cf. *Fragmento póstumo* 3 [39] da primavera de 1880, *KSA* 9.57; 5 [23] da primavera de 1880, *KSA* 9.186; 1 [46] de julho/agosto de 1882, *KSA* 10.23; 25 [337] da primavera de 1884, *KSA* 11.100; 26 [393] do verão/outono de 1884, *KSA* 11.254; 35 [11] e 35 [81] de maio/julho de 1885, *KSA* 11.546; 38 [6] de junho/julho de 1885, *KSA* 11.603; 7 [7] do final de 1886/primavera de 1887, *KSA* 12.288; (86) 9 [130] do outono de 1887, *KSA* 12.411; 11 [199] e 11 [409] de novembro de 1887/março de 1888, *KSA* 13.82 e *KSA* 13.189; 12 [1] do início de 1888, *KSA* 13.208. Na biblioteca de Nietzsche, havia 18 volumes das obras de George Sand, *Sämtliche Werke: Mit einer kritischen Einleitung von Arnold*

ocupa posição de destaque em seus escritos. Além das numerosas anotações póstumas, em que escreve a seu respeito, o filósofo para ela se volta em dois momentos relevantes do *Crepúsculo dos ídolos*. O fato de publicar grande quantidade de livros com sucesso é o quanto basta para que a inclua na lista de *"Impossíveis (para mim)*: [...] *George Sand*: ou *lactea ubertas*, em alemão: a vaca leiteira com 'belo estilo'".[76] E o fato de redigir textos de inspiração humanitária é o suficiente para que afirme: "E com que autocomplacência ela podia expor-se, essa fecunda vaca leiteira das letras, que tinha em si algo de alemão no pior sentido, assim como Rousseau, seu mestre, e que, em todo caso, só foi possível com a decadência do gosto francês".[77] No *Crepúsculo dos ídolos*, encontram-se pistas das leituras francesas de Nietzsche na época. Nas duas passagens citadas, ele retoma expressões engenhosas dos irmãos Goncourt, cujas anotações bem conhecia.[78] A respeito de George Sand, segue de perto as posições que consignaram no seu diário: "Em sua atitude, há uma gravidade, uma placidez, algo do semiadormecimento de um ruminante", e, em outro momento, "Madame Sand, uma esfinge ruminante, uma vaca Apis".[79]

Ruge (Leipzig: O. Wigand, 1844), além de oito livros da autora. Cf. CAMPIONI et al. (ed.). *Nietzsches persönliche Bibliothek*, p. 516-520. As múltiplas referências a George Sand nos textos do filósofo, assim como as numerosas obras dessa autora na sua biblioteca, levam a pensar que foi a escritora que ele mais leu.

[76] *Crepúsculo dos ídolos*, "Incursões de um extemporâneo", § 1 (SM), *KSA* 6.111. A expressão, em latim no original, significa "abundância de leite".

[77] *Crepúsculo dos ídolos*, "Incursões de um extemporâneo", § 6, *KSA* 6.114. Cf. também *Fragmento póstumo* (305) 11 [24] de novembro de 1887/março de 1888, *KSA* 13.14, que, como material preparatório, serviu de base para o texto citado.

[78] A propósito do *Journal des Goncourt*, Nietzsche escreve numa carta a Heinrich Köselitz de 10 de novembro de 1887 (SM), *KSB* 8.191s: "O segundo volume do diário dos Goncourt acaba de ser publicado: a mais interessante novidade. Ele abrange os anos de 1862-1865; descreve de modo muito envolvente os célebres *jantares* em casa de Magny, esses jantares que reuniam duas vezes por mês o grupo mais intelectual e cético dos espíritos parisienses da época (Sainte-Beuve, Flaubert, Théophile Gautier, Taine, Renan, os Goncourt, Schérer, Gavarni, por vezes Turguêniev etc.). Pessimismo exasperado, cinismo, niilismo, alternando com muito deixar-se levar e bom humor. Eu mesmo não me sentiria deslocado entre eles – conheço de cor esses senhores, *a ponto* de já estar farto deles. É preciso ser mais radical; no fundo, falta a todos o que é essencial: *'a força'*".

[79] GONCOURT, Edmond et Jules de. *Journal des Goncourt. Tome III: 1861-1864*. Paris: Honoré Champion, 2013. p. 872. A esse propósito, cf. também *Fragmento*

Ao recorrer a uma imagem similar para tratar de George Sand, o filósofo não hesita em depreciá-la enquanto mulher que escreve livros. Procede de igual modo ao se referir a Madame de Staël e à sua obra. Essas passagens deixam entrever o tom que adotará para criticá-las. Tanto é que afirma que George Sand e Madame de Staël, assim como Madame Roland, são "os melhores *contra-argumentos* involuntários quanto à emancipação e autoridade femininas".[80] A afirmação chama de imediato a atenção do leitor. Afinal, as três escritoras francesas, cada uma a seu modo, lutaram pela igualdade de direitos entre homens e mulheres.

Vale lembrar que tanto Madame Roland quanto Madame de Staël conviveram com os enciclopedistas e, dessa convivência, tomaram a ideia de que o ser humano é perfectível. Mas julgaram que o progresso fosse tão necessário aos homens quanto às mulheres. Ao mesmo tempo que acreditaram no poder da razão, abriram espaço para o sentimento. Assim como Madame de Staël, George Sand foi tributária da filosofia das Luzes, voltando-se depois para o movimento romântico. Herdeira do Iluminismo, que acabou por engendrar a Revolução Francesa, entusiasmou-se por uma sociedade mais justa, pela abolição dos privilégios de classe ou de sexo, mantendo-se fiel ao princípio da igualdade dos seres humanos, fossem eles ricos ou pobres, homens ou mulheres. A razão principal da crítica que Nietzsche dirige às três escritoras francesas adeptas dos ideais esclarecidos não poderia, pois, consistir na defesa da ideia de igualdade.

Será preciso investigar o que leva o filósofo a encarar Madame Roland, Madame de Staël e George Sand como "os melhores *contra-argumentos*" quanto à emancipação feminina. Uma passagem de *Para além de bem e mal* poderia contribuir nesse sentido: "Foi por solicitude masculina e consideração pela mulher que a Igreja decretou *mulier taceat in ecclesia!*[81] Foi em benefício da mulher que Napoleão deu a entender à excessivamente loquaz Madame de Staël: *mulier taceat in*

---

póstumo (305) 11 [24] de novembro de 1887/março de 1888, *KSA* 13.14. Vale lembrar que, nas anotações póstumas de novembro de 1887/março de 1888, encontram-se numerosas notas do *Journal des Goncourt. Tome I: 1851-1857.*

[80] *Para além de bem e mal* § 233 (SM), *KSA* 5.172.

[81] Cf. *Coríntios* I, 14, 34, onde se lê: "calem-se as mulheres nas igrejas, porque não lhes é permitido falar" (*A bíblia sagrada*. Trad. João Ferreira de Almeida. Rio

politicis![82] – e penso que é um autêntico amigo das mulheres quem hoje lhes diz: *mulier taceat de muliere!*".[83]

Antes de prosseguir com a investigação, não há como deixar de lembrar que bem se sabe hoje que, quando da invenção do Deus onipotente das grandes religiões patriarcais – o Deus dos judeus, dos cristãos e dos muçulmanos –, o processo de dominação imposto à mulher faz avanços consideráveis. Então, surge uma casta sacerdotal, que se empenha em converter as mulheres em seres humanos de segunda categoria, indignos do trato com o sagrado. No final do século XI, com a revolução gregoriana, a Igreja subtrai às mulheres as altas funções que ainda desempenhavam. Com a Inquisição, subtrai-lhes a vida; sob a acusação de práticas de bruxaria, condena dezenas de milhares à fogueira. Sabe-se igualmente que, com o desenvolvimento do comércio e das cidades, as mulheres perdem boa parte de seus antigos papéis em todos os domínios da vida econômica, política e religiosa. Com a ascensão da burguesia, são privadas do direito de administrar os bens da família e de representar o marido quando necessário. Com a centralização crescente do Estado, graças à nova legislação familiar, tornam-se incapazes do ponto de vista jurídico.[84] Nos séculos XII e XIII, resistem no contexto dos movimentos heréticos dos cátaros e albigenses com as cortes de amor; nos séculos XVII e XVIII, defendem-se abrindo as portas de seus salões aos filósofos, escritores e homens políticos ou apoiando os movimentos revolucionários. Mas, em 1793, a Convenção instaura a morte política das mulheres, proibindo-as de tomar parte ativa nos negócios do governo. Logo depois, o Código de Napoleão institui a

---

de Janeiro: Sociedade Bíblica do Brasil, 1968). Retomada por Goethe, a frase tornou-se popular na Alemanha.

[82] Em vários textos, Nietzsche exprime sua admiração por Napoleão. Ele escreve, por exemplo, na *Gaia ciência* § 362 (SM), *KSA* 3.610: "Napoleão, que via nas ideias modernas e mesmo na civilização uma espécie de inimiga pessoal, com essa inimizade provou ser um dos maiores continuadores do Renascimento: ele trouxe outra vez à luz toda uma parte da natureza antiga, talvez a decisiva, a parte de granito".

[83] *Para além de bem e mal* § 232 (SM), *KSA* 5.172. "Que a mulher se cale acerca da política!" e, mais adiante, "Que a mulher se cale acerca da mulher!".

[84] Cf. os trabalhos de Philippe Ariès, entre eles *L'Enfant et la vie familiale sous l'Ancien Régime* (Paris: Éditions du Seuil, 1973).

sua morte civil, reduzindo-as às funções domésticas. Por fim, tampouco se ignora que, no século XIX, as mulheres dos mais diversos meios denunciam o jugo a que se acham submetidas. Revoltam-se contra a privação de direitos políticos e econômicos, contra o desemprego e os baixos salários. Umas reivindicam a união livre, fundam falanstérios e comunidades; outras lutam pela laicização do ensino, reclamam a mesma educação para meninos e meninas; outras ainda exigem a mudança das estruturas políticas e sociais, combatem o sexismo de sindicatos e partidos políticos.[85] Mais tarde, de seus discursos e práticas surgirão novas ideias: a independência das mulheres só poderá vir delas mesmas; as mulheres de todos os países deverão unir-se para conquistar os seus direitos; a emancipação feminina será a de toda a humanidade.[86]

Aqui, impõe-se isenção – e justiça. Tudo indica que, ao aplaudir a supressão dos direitos das mulheres, o filósofo assume posições em defesa da sociedade patriarcal. Ciente do processo de dominação imposto à mulher, com ele parece pôr-se de acordo. Conhecedor de sua história milenar, com ele parece compactuar. Mas, neste momento da investigação, o que importa é perscrutar as razões que o levam a criticar Madame Roland, Madame de Staël e George Sand como "os melhores *contra-argumentos*" para a emancipação das mulheres.

Cabe lembrar que Madame de Staël se entusiasmou com a Revolução Francesa e acolheu em seu salão os descontentes com o Diretório. Em 1803, Napoleão expulsou-a de Paris e, em 1810, irritado com suas constantes intromissões na política, mandou queimar o seu livro *Da Alemanha*, que só veio a ser reimpresso em 1813, em Londres. No exílio, ela ressaltou a contribuição frutífera do cosmopolitismo literário, reclamou a relatividade estética e reivindicou uma nova literatura, sublinhando a importância de uma renovação dos gêneros. Madame Roland, por sua vez, também aderiu com entusiasmo às ideias revolucionárias. Foi a alma do movimento girondino,

---

[85] Acerca da relação das mulheres com o trabalho no século XIX, cf. PERROT, Michelle. *Les Femmes ou les silences de l'histoire*. Paris: Flammarion, 1998, em particular o segundo capítulo.

[86] Sobre a história das mulheres, com ênfase nos seus atos de resistência à dominação masculina, cf. FRAISSE, Geneviève. *Les Femmes et leur histoire*. Paris: Gallimard, 2010, em particular o terceiro capítulo.

que, ligado à grande burguesia, embora não se mostrasse favorável às reformas econômicas e sociais da classe operária, era hostil ao restabelecimento do Antigo Regime. Tendo exercido grande influência quando do ministério dos girondinos, entre março e junho de 1792, foi condenada à guilhotina pelo tribunal revolucionário no ano seguinte. Por fim, George Sand se sobressaiu por seu engajamento político; alegrou-se com a Segunda República, tomando a defesa da democracia e do socialismo. Em 1852, opondo-se violentamente à chegada ao poder de Napoleão III, retirou-se a Nohant para evitar a censura e um eventual encarceramento. Não há dúvida de que as três autoras acreditavam que as mulheres estavam em condições de participar das atividades políticas.

Portanto, se Nietzsche entende que foi pelo bem das mulheres que a tirania do Império napoleônico afastou Madame de Staël da vida política francesa, talvez seja porque julga que, assim procedendo, evitou que as mulheres se equivocassem quanto às suas próprias peculiaridades. Numa passagem de *Para além de bem e mal*, ele combate essas "tentativas desajeitadas de cientificidade e autodesnudamento femininos" a que se dedica a mulher nos tempos modernos. A elas contrapõe precisamente os traços que, no seu entender, são-lhes tão peculiares: "sua esperteza e arte, as da graça, do jogo, do afastar as preocupações, do aliviar e tomar as coisas com leveza, assim como sua refinada aptidão para suscitar desejos agradáveis".[87] É a partir dessa contraposição que ele monta seus argumentos e sua estratégia. Sustentando que, em sua época, a mulher se propõe a "ser científica", julga que ela se dispa com impudência, deite-se sobre a mesa de dissecação e, munida de bisturi, proceda a um autoexame; numa palavra, que ela não vacile em dar a sua aula de anatomia. Se outrora cabia aos homens o poder de elucidar, hoje são as mulheres que querem assumir a tarefa de esclarecer. "Até agora, por sorte, esclarecer foi uma coisa de homens, um dom de homens – ficava assim 'entre nós'; em última instância, com tudo o que as mulheres escrevem sobre a 'mulher', é lícito ter uma forte desconfiança e perguntar se a mulher *quer* de fato esclarecimento sobre si mesma – e se *pode* querer...".[88]

---

[87] *Para além de bem e mal* § 232 (SM), *KSA* 5.171.

[88] *Para além de bem e mal* § 232 (SM), *KSA* 5.171.

O filósofo insiste na ideia de que, ao procurarem igualar-se aos homens, as mulheres renunciam ao que mais as caracteriza. Tentando esclarecer os homens acerca da "mulher em si", elas desaprendem o belo, o faceiro, o gracioso, o lúdico, o leve, o suave, o agradável. É o que ele dá a entender no parágrafo 233 de *Para além de bem e mal:* "Revela corrupção dos instintos – sem falar que revela mau gosto –, quando uma mulher invoca justamente Madame Roland ou Madame de Staël ou *Monsieur* George Sand, como se isso demonstrasse algo *em favor* da 'mulher em si'".[89]

Ao empregar a expressão "corrupção dos instintos" para se referir à mulher que se vale dos escritos de "Madame Roland ou Madame de Staël ou *Monsieur* George Sand", Nietzsche quer mostrar que, correndo o risco de se assemelhar a elas, acaba por se desfeminizar. Portanto, não teria como falar da "mulher em si". E, para reforçar essa ideia, volta-se uma vez mais para George Sand, acatando aparentemente o nome que ela mesma escolhera para assinar seus livros,[90] mas, ao fazer jus a seu pseudônimo, pretende desqualificá-la como mulher que escreve livros. Adotando atitudes masculinizadas, as três escritoras francesas não poderiam contribuir para a emancipação feminina; elas favoreceriam uma progressiva desfeminização.[91] Afinal, "entre os homens, as três mencionadas são as mulheres *cômicas* em si – nada mais!".[92]

Contudo, essa maneira de pensar contrasta com a atitude que Nietzsche adota em relação a outras autoras. Como compreender que, num fragmento póstumo, depois de afirmar que "o repouso lhe faltou

---

[89] *Para além de bem e mal* § 233 (SM), *KSA* 5.172.

[90] Vale notar que George Sand não foi a única mulher de seu tempo a aceder ao mundo literário, pretendendo que seus manuscritos tivessem sido redigidos por um homem. Que se lembre, por exemplo, das irmãs Brontë.

[91] Cf. *Para além de bem e mal* § 239, *KSA* 5.176. No *Journal des Goncourt. Tome I: 1851-1857* (Paris: Honoré Champion Éditeur, 2005. p. 446), pode-se ler: "As autopsias de Mme de Staël e Mme Sand teriam sido curiosas. Elas devem ter uma constituição um tanto hermafrodita". Nessa mesma direção, Nietzsche escreve em *Para além de bem e mal* § 144 (SM), *KSA* 5.98: "Quando uma mulher tem inclinações eruditas, em geral, há algo com sua sexualidade que não está bem. A esterilidade já predispõe a uma certa masculinidade do gosto; o homem é com efeito, permitam-me dizer, 'o animal estéril'".

[92] *Para além de bem e mal* § 233 (SM), *KSA* 5.172.

(a Mme de Staël)", ele recorra precisamente às palavras de Madame de Rémusat: "uma irreparável privação para a felicidade e mesmo para o talento"?[93] Ou que, em outra passagem, elogiando Madame de Lambert, retome uma sentença de seu livro *Conselho de uma mãe a seu filho* (*Avis d'une mère à son fils*), afirmando que se trata da "palavra mais maternal e mais esperta que já foi dirigida a um filho"?[94]

É preciso observar que, entre os textos de Madame de Rémusat, encontram-se memórias, cartas e um livro intitulado *Ensaio sobre a educação das mulheres* (*Essai sur l'éducation des femmes*), e, entre os de Madame de Lambert, acham-se livros relativos a problemas de educação. Que uma mulher trate de questões que dizem respeito ao seu papel de mãe e esposa, isso pode ser aceito. Que ela se dedique ocasionalmente e sob o impacto de uma emoção à literatura, isso pode ser admitido. Que use a pena como um ornamento, isso pode ser tolerado. No *Crepúsculo dos ídolos*, o filósofo afirma: "A mulher perfeita incorre em literatura do mesmo modo que incorre em um pequeno pecado: como um experimento, de passagem, olhando ao redor para ver se alguém nota e *para que* alguém note...".[95]

Importa notar que nenhuma das três situações aqui mencionadas pode aplicar-se a Madame Roland, Madame de Staël ou George

---

[93] *Fragmento póstumo* 6 [69] do outono de 1880 (SM), *KSA* 9.211. Cf. RÉMUSAT, Claire-Élisabeth-Jeanne Gravier de Vergennes. *Mémoires de Madame de Rémusat, 1802-1808*. Éd. Paul de Rémusat. Paris: [s.n.], 1880. v. 2. p. 400.

[94] *Para além de bem e mal* § 235 (SM), *KSA* 5.173. Cf. LAMBERT. *Avis d'une mère à son fils*.

[95] *Crepúsculo dos ídolos*, "Sentenças e setas", § 20 (SM), *KSA* 6.62. Essa posição, corrente na época, é defendida por Sainte-Beuve. No texto intitulado "Sobre o romance íntimo ou Mademoiselle de Liron" ("Du roman intime ou Mademoiselle de Liron"), de julho de 1832, ele afirma que há "certos livros requintados e raros", que "não se parecem com livros e, por vezes, nem mesmo o são [...] e que vos apreendem com perfumes suaves e flores completamente naturais [...]. É de amor que se compõem necessariamente esses tesouros escondidos" (*Portraits de femmes*. Paris: Gallimard, 1998, p. 60). Nietzsche tinha na sua biblioteca duas obras de Sainte-Beuve: *Les Cahiers de Sainte-Beuve: suivis de quelques pages de littérature antique* (Paris: A. Lemerre, 1876) e *Menschen des XVIII. Jahrhunderts: nach den Causeries du Lundi* (Chemnitz: Schmeitzner, 1880). Cf. CAMPIONI *et al.* (ed.). *Nietzsches persönliche Bibliothek*, p. 514. Mas é preciso lembrar que Nietzsche dirige uma crítica radical a Sainte-Beuve no *Crepúsculo dos ídolos*, "Incursões de um extemporâneo", § 3 (SM), *KSA* 6.112s, onde afirma que ele é "uma pessoa feminina no fundo, com feminina sede de vingança e feminina sensualidade".

Sand. Convém lembrar que Madame Roland escreveu artigos políticos para jornais como o *Courier de Lyon*. Em 1793, no período em que ficou encarcerada, redigiu suas memórias, que se situam no entrecruzamento do público e do privado, da história e da vida pessoal.[96] Madame de Staël, por sua vez, num texto sobre filosofia política e moral, defendeu a ideia de que a reflexão e os estudos são os únicos meios que podem assegurar o progresso tanto das mulheres quanto dos homens.[97] Em outro, dedicou um capítulo à posição que as mulheres ocupam no mundo literário; fez ver as dificuldades que elas têm de enfrentar através do relato de suas próprias dificuldades.[98] Por fim, George Sand, a primeira escritora francesa a viver da publicação de seus livros, participou da criação de três jornais: *La Cause du Peuple*, *Le Bulletin de la République* e *L'Éclaireur de l'Indre*, onde publicou vários artigos. Em suas primeiras obras de caráter autobiográfico, levando uma vida independente, reivindicou o direito das mulheres à paixão e apresentou o amor em confronto com as convenções mundanas e os preconceitos sociais. De 1837 a 1848, escreveu verdadeiras peças de acusação contra a sociedade e a moral burguesa, mescladas ao tema romântico do amor soberano, tratou da condição da mulher e clamou por uma regeneração social em relatos de inspiração humanitária, em que retomou teses de Rousseau.[99]

---

[96] Cf. ROLAND DE LA PLATIÈRE, Jeanne-Marie. *Mémoires de Madame Roland*. Éd. Paul de Roux. Paris: Mercure de France, 2004. Entre os seus artigos publicados com o título *Cartas de uma romana* (*Lettres d'une romaine*), encontra-se o relato da festa da Federação de Lyon que veio a público no número datado de 1º de junho de 1790 com uma tiragem de mais de 60 mil exemplares.

[97] Cf. STAËL-HOLSTEIN, Germaine. *De l'influence des passions sur le bonheur des individus et des nations*. Paris: Payot et Rivages, 2000.

[98] Cf. STAËL-HOLSTEIN, Germaine. *De la littérature considérée dans ses rapports avec les institutions sociales*. Paris: J. Minard, 1959, onde a autora afirma com ironia, no tomo 2, p. 332: "Certamente, em geral, vale mais que as mulheres se dediquem unicamente às virtudes domésticas; mas o que há de estranho no juízo dos homens a respeito delas, é que eles estão muito mais prontos a perdoá-las por faltarem a seus deveres do que por atraírem a atenção por seus talentos". Sobre a sua concepção de literatura e as razões da importância que lhe atribui, cf. BINOCHE. *Nommer l'histoire*, p. 223-230.

[99] Cf., por exemplo, SAND, George. *Questions politiques et sociales*. In: *Œuvres complètes*. Genebra: Slatkine Reprints, 1980. v. XXX, e *Politique et polémiques*. Paris: Imprimerie Nationale Editions, 1997.

Em que pese a complexidade das posições teóricas que assumiram, assim como as divergências que revelaram nos textos que publicaram, cumpre salientar que Madame Roland, Madame de Staël e George Sand abraçaram em diferentes graus a mesma causa: reivindicaram o direito de escrever sobre os mais variados temas. Madame de Staël constitui, por certo, um exemplo das lutas que as mulheres que tornam públicos seus textos tiveram de empreender contra uma sociedade que não lhes reconhecia aptidão no manejo das ideias. George Sand, pseudônimo masculino de que lançou mão Aurore Dupin, traz a prova, sem dúvida, dos expedientes a que as mulheres que escrevem tiveram de recorrer para garantir a publicação de seus escritos. Pois, como se sabe, um dos interditos sociais que lhes eram impostos no século XVIII, que se agravaram com a Revolução Francesa e o Império napoleônico e se mantiveram no correr do século XIX, consistia na proibição de escrever e publicar, em particular sobre política ou filosofia.

Não hesito, pois, em sustentar que, se Nietzsche afirma que Madame Roland, Madame de Staël e George Sand não contribuem para a emancipação feminina, é porque elas ousam se exprimir em público sobre todos os aspectos da vida, dos problemas literários às questões políticas e sociais. Se ele critica duramente as três autoras francesas, é porque, a seu ver, elas se desfeminizam. É nesse sentido que afirma: "Quero fazer as mulheres voltarem a um estado anterior: Sand e Madame de Staël constituem provas *contra* elas".[100]

Numa passagem do *Crepúsculo dos ídolos*, o filósofo mostra claramente o que pensa das mulheres que reivindicam o direito de escrever e publicar sobre os temas mais variados:

> "Esse quadro é de uma beleza encantadora!"... A mulher literária, insatisfeita, excitada, desolada no coração e nas entranhas, ouvindo constantemente com dolorosa curiosidade o imperativo que das profundezas de sua constituição sussurra *"aut liberi aut libri"* [ou filhos ou livros]: a mulher literária, culta o bastante para compreender a voz da natureza mesmo quando fala latim e, por outro lado, vaidosa e tola o bastante para em segredo falar até em francês para si mesma:

---

[100] *Fragmento póstumo* 25 [124] da primavera de 1884 (SM), *KSA* 11.46.

> *"je me verrai, je me lirai, je m'extasierai et je dirai: Possible, que j'aie eu tant d'esprit?"*...[101]

Essa passagem é reveladora da posição de Nietzsche a respeito das mulheres que escrevem livros em muitos aspectos. Na primeira e nas últimas linhas, ele assinala um traço de seu caráter: a vaidade. No início do texto, tomando de empréstimo do libreto da *Flauta mágica*, de Mozart, a ária de Pamino quando contempla o retrato de Pamina, conta pintar com ironia a mulher literária. No final, põe ainda em sua boca uma frase extraída de uma carta de Galiani a Madame d'Épinay,[102] para ressaltar a ideia de que ela se atribui importância exagerada. Na perspectiva nietzschiana, seu comportamento se deve a uma grande frustração: sufocada por sua educação, tornou-se incapaz de procriar. *"Aut liberi, aut libri"*, entre os filhos e os livros, só pode escolher o que fez de si mesma. Nessa passagem, à tarefa que as mulheres que escrevem livros escolhem, o filósofo opõe claramente o que ele considera a tarefa primeira das mulheres.

Promovendo uma imagem tradicional da mulher, Nietzsche expõe com clareza, uma vez mais, o que pensa da emancipação feminina. Quando se trata das mulheres que escrevem livros e intervêm em domínios outrora reservados unicamente aos homens, estou em condições de afirmar que ele não hesita em aderir à prática da exclusão tão característica da filosofia dos tempos modernos.

---

[101] *Crepúsculo dos ídolos*, "Incursões de um extemporâneo", § 27 (SM), *KSA* 6.129.

[102] Cf. GALIANI, Ferdinando; D'ÉPINAY, Louise. *Correspondance*. Paris: Desjonquères, 1992. t. 1. p. 71, onde se lê: "Eu me verei, me lerei, me extasiarei e direi: é possível que eu tenha tido tanto espírito?".

Conclusão

Não há interpretação do pensamento de um filósofo que seja a única válida; e essa afirmação faz ainda mais sentido quando se trata de Nietzsche. O autor de *Zaratustra* não hesita em combater, em vários momentos do seu percurso, o que entende por filosofia dogmática. Não pode admitir uma concepção do ser humano e do mundo que pretenda impor-se como hegemônica. Ao contrário, empenha-se em perseguir uma ideia em seus múltiplos aspectos, abordar uma questão a partir de vários ângulos de visão, tratar de um tema assumindo diversos pontos de vista, enfim, refletir sobre uma problemática adotando diferentes perspectivas. Próximo de Pascal, ele poderia muito bem pôr-se de acordo com esta afirmação presente nos *Pensamentos*: "Todos erram tanto mais perigosamente quanto cada qual busca uma verdade. Seu erro não consiste em seguir uma falsidade, mas em não seguir outra verdade".[1] Trazer à cena os moralistas franceses, ao lado de Pascal, permite realçar o caráter singular do modo de proceder nietzschiano.

Contudo, é preciso ressaltar que toda e qualquer posição que se tome em relação à filosofia de Nietzsche é tributária da adoção de uma metodologia determinada ou, no pior dos casos, de uma

---

[1] PASCAL. *Pensamentos*, fragmento 863.

falta de metodologia. No que diz respeito às suas reflexões sobre as mulheres, alguns comentadores tentaram compreendê-las a partir de sua vida. No entanto, não se pode esquecer a complexidade das relações entre reflexão filosófica e vivência no contexto do pensamento nietzschiano. Que se tome em consideração, por exemplo, *Ecce homo*. Partindo de uma espécie de relato autobiográfico, esse livro se converte de uma só vez em texto filosófico. Se, de início, apresenta-se como a exposição dos resultados dos experimentos que o autor faz com si mesmo, transforma-se subitamente no diagnóstico da cultura ocidental. Pondo em cena a sua configuração fisiopsicológica singular, Nietzsche insiste na ideia de que está destinada a grandes tarefas. É ela que lhe impõe transvalorar todos os valores. Se é a sua condição fisiopsicológica que lhe dita a própria filosofia,[2] não se poderia apelar para a sua vida para esclarecer o seu pensamento. Nietzsche, ele mesmo, defendeu-se com vigor contra as interpretações biográficas da sua obra: "Julgam-me para não ter de fazer nada com a minha obra: explicam a sua gênese – e isso basta para rejeitá-la".[3] Ceder à tentação de uma interpretação psicológica, redutora e superficial, da obra do filósofo levaria a encerrar o seu autor uma vez mais numa imagem estereotipada.

Igualmente redutora e superficial, sem dúvida, é a interpretação sociológica do seu pensamento. Houve autores que procuraram abordar as suas reflexões sobre as mulheres sublinhando que eram tributárias da sociedade em que viveu. É certo que Nietzsche entende que o filósofo, enquanto médico da civilização, deva ter um perfeito conhecimento da sua época. Mas não se pode esquecer que é precisamente porque se trata de superá-la. No fim das contas, o filósofo tem de "ser a má consciência de seu tempo".[4] Não há dúvida de que recorrer aos dados biográficos de Nietzsche ou apelar para a sua inserção num momento histórico determinado poderia

---

[2] Cf. *Ecce homo*, "Por que sou tão sábio", § 2, *KSA* 6.267. Cf. também *Nietzsche contra Wagner*, "Epílogo", § 1 (SM), *KSA* 6.436, onde se lê: "No que diz respeito à minha longa enfermidade, não lhe devo indizivelmente mais do que à minha saúde? Devo-lhe uma saúde *superior*, uma saúde tal que se torna mais forte com tudo o que não a destrói. *Devo-lhe também a minha filosofia...*".

[3] *Fragmento póstumo* (153) 10 [20] do outono de 1887 (SM), *KSA* 12.466.

[4] *O caso Wagner*, "Prefácio" (SM), *KSA* 6.53.

contribuir para justificar as posições que assumiu em relação às mulheres, mas essas duas maneiras de proceder não estariam em condições de explicar o seu caráter filosófico.

Não foi por acaso que me recusei a adotar uma abordagem psicológica ou sociológica dos textos nietzschianos. Mas tampouco desejei julgar o indivíduo Nietzsche, condená-lo ou eventualmente absolvê-lo. Assim é que renunciei a estabelecer um diálogo entre o seu pensamento e os estudos feministas. Parecia-me indispensável evitar o risco de lançar sobre a sua obra um olhar obnubilado pela defesa ou recusa das posições feministas. Por um lado, não queria fazer uma leitura literal e anacrônica dos seus escritos que levaria a taxá-lo de misógino; por outro, não desejava, sem uma avaliação prévia de suas proposições, lançar-me num discurso apologético que faria dele cúmplice do feminismo.

Toda leitura tem, por certo, um *parti pris*. O meu consistiu em pretender que Nietzsche se comporta sobretudo como filósofo, quando se exprime sobre as mulheres. Para bem compreender o teor de suas considerações, pareceu-me essencial inscrevê-las no seu empreendimento filosófico. Para tanto, era preciso antes de tudo contextualizá-las. E isso de dois modos distintos: restituindo-as no seu contexto imediato e no conjunto do *corpus* nietzschiano. Contei elucidar as reflexões de Nietzsche sobre as mulheres, fazendo uma leitura imanente dos textos segundo sua ordem cronológica, de *Humano, demasiado humano*, passando pela *Gaia ciência* e *Assim falava Zaratustra*, até *Para além de bem e mal* e *Crepúsculo dos ídolos*. E procurei pôr suas reflexões em relação com os principais temas da sua filosofia.

Essa maneira de proceder levou-me a examinar as figuras femininas que Nietzsche convoca ao longo de seu percurso e as funções filosóficas que a mulher acaba por revestir em seus escritos, os diferentes papéis que atribui às mulheres humanas, demasiado humanas, e as diversas metáforas de que se serve para tratar das que só existem na imaginação. Mas me permitiu sobretudo explorar as ambivalências presentes em seus textos. Pois é sobre elas que dirigi a minha atenção.

A partir da análise do capítulo "A mulher e a criança", do primeiro volume de *Humano, demasiado humano*, pude trazer à luz as primeiras ambivalências do filósofo. Ao mesmo tempo que sustenta que a atividade da mulher deve restringir-se ao lar, pois a ela cabe acompanhar o marido e cuidar dos filhos, considera que pode contribuir para a formação das futuras gerações. Ao mesmo tempo que dá a entender que a mulher não pode comparar-se ao homem, pois a sua condição social é análoga à da criança, estima que, no quadro de um casamento bem-sucedido, comparável ao amigo, ela pode proporcionar a seu cônjuge momentos de intenso prazer intelectual.

Dedicando-me a examinar várias configurações do feminino que se encontram na *Gaia ciência*, mostrei que Nietzsche então revela novas ambivalências. Ao mesmo tempo que critica sem hesitar as mulheres humanas, demasiado humanas, insiste em manifestar sua estima por aquelas que só existem na imaginação. E fiz ver que essas ambivalências reaparecem com toda força em *Assim falava Zaratustra*. É certo que, nesse livro, o filósofo atribui um lugar privilegiado às mulheres: são a sabedoria e, em particular, a vida que dão voz às suas ideias. Mas, quando se compara a maneira como Zaratustra encara suas mulheres bem-amadas, de um lado, e as mulheres humanas, demasiado humanas, de outro, bem se nota que as ambivalências do protagonista são as mesmas do autor da obra.

Se então Nietzsche já manifesta as suas ressalvas em relação às mulheres que buscam a independência, em *Para além de bem e mal* o seu combate contra o movimento de emancipação feminina será implacável. Para bem compreender a sua posição, pareceu-me indispensável explorar as suas reflexões a respeito da modernidade e da *décadence*. Igualmente necessário, para elucidar a perspectiva que adota, foi colocá-lo em interlocução com John Stuart Mill. Escolher esse autor, entre tantos outros, como seu antagonista revelou-se duplamente importante: por um lado, não se pode esquecer que Nietzsche leu os textos de Stuart Mill em favor da independência das mulheres, e, por outro, cabia enfatizar que, à diferença de Stuart Mill, que inscreve o movimento de emancipação feminina no âmbito político e social, Nietzsche coloca-o sob o signo da crítica dos valores. E, quando se trata de mulheres emancipadas, não mostra nenhuma ambivalência.

No correr de sua obra, Nietzsche passa assim das ambivalências à prática da exclusão. Uma exclusão ainda mais determinante é a que ele opera em relação a mulheres que escrevem livros. Não se contentando em reivindicar o direito de se expressarem no espaço público, ousam publicar sobre os temas mais variados, inclusive sobre filosofia e política. Em suma, elas intervêm nos domínios outrora reservados aos homens. Pensador crítico das "ideias modernas", Nietzsche faz então o gesto de exclusão característico da filosofia dos tempos modernos.

Referências

Utilizo as edições das obras do filósofo e de sua correspondência organizadas por Giorgio Colli e Mazzino Montinari: *Werke. Kritische Studienausgabe (KSA)* e *Sämtliche Briefe. Kritische Studienausgabe (KSB)*.

Para os textos publicados por Nietzsche, o algarismo arábico indica o parágrafo. No caso de *Assim falava Zaratustra*, o algarismo romano indica a parte do livro, e o algarismo arábico, que eventualmente aparece depois do título do discurso, a parte do discurso. No caso do *Crepúsculo dos ídolos*, o algarismo arábico, que se segue ao título do capítulo, indica o parágrafo. Para os escritos inéditos inacabados, o algarismo arábico ou romano, conforme o caso, indica a parte do texto. Para as anotações póstumas, os algarismos arábicos seguidos da data indicam o fragmento póstumo e a época em que foi redigido. Para a correspondência de Nietzsche, mencionam-se as cartas por ele enviadas indicando o destinatário e a data. Em todos os casos, a essas referências segue o número do volume e a página em que o texto citado se encontra na *KSA* ou na *KSB*.

Quanto aos demais autores, as referências completas do livro ou do artigo são dadas sob a primeira citação; adiante, apenas se indica o nome do autor, o título e a página.

Salvo indicação em contrário, é de minha responsabilidade a tradução das passagens citadas.

Limito-me a elencar aqui os títulos efetivamente utilizados neste livro.

I. Obras de Nietzsche

A filosofia na época trágica dos gregos. In: SOUZA, José Cavalcante de (Sel). *Os pré-socráticos.* Trad. Rubens Rodrigues Torres Filho. 2. ed. São Paulo: Abril Cultural, 1978. (Os Pensadores).

Nietzsche: obras incompletas. Trad. Rubens Rodrigues Torres Filho. 2. ed. São Paulo: Abril Cultural, 1978. (Os Pensadores).

Sämtliche Briefe. Kritische Studienausgabe (KSB). Berlin: Walter de Gruyter, 1975-1984. 8 v.

Werke. Kritische Studienausgabe (KSA). Berlin: Walter de Gruyter, 1967-1977. 15 v.

II. Obras de comentadores

ANDLER, Charles. *Nietzsche, sa vie et sa pensée.* Paris: Gallimard, 1958. 3 v.

ANSELL-PEARSON, Keith. *Nietzsche contra Rousseau: A Study of Nietzsche's Moral and Political Thought.* Cambridge: University Press, 1992.

ANSELL-PEARSON, Keith. Who Is the *Übermensch*? Time, Truth, and Woman by Nietzsche. *Journal of the History of Ideas,* v. 53, n. 2, p. 301-331, Apr.-June 1992.

ARMSTRONG, Aurelia. "Woman" and the Whip. *Silenus Laughed,* n. 4, p. 1-12, 1992.

BEHLER, Diana. Nietzsche's View of Woman in Classical Greece. *Nietzsche-Studien,* n. 17, p. 359-376, 1988.

BEHLER, Ernst. *German Romantic Literary Theory.* Cambridge: Cambridge University Press, 1993.

BEHLER, Ernst. *Irony and the Discourse of Modernity.* Washington: University of Washington Press, 1990.

BENOIT, Blaise. Le Quatrième livre du *Gai savoir* et l'éternel retour. *Nietzsche-Studien,* v. 32, p. 1-28, 2003.

BERLET, Jean-Luc. *Et si la vérité était femme: l'échec sublime de Nietzsche.* Saint-Léger: Saint-Léger Editions, 2017.

BERNOULLI, Carl-Albrecht. *Franz Overbeck und Friedrich Nietzsche.* Jena: Eugen Diederichs Verlag, 1908. 2 v.

BIANQUIS, Génévièvre (*éd.*). *Nietzsche devant ses contemporains.* Paris: Éditions du Rocher, 1959.

BINOCHE, Bertrand. Filosofia, história, genealogia. Trad. Geraldo Dias. *Cadernos Nietzsche*, v. 41, n. 3, p. 9-28, set.-dez. 2020.

BINOCHE, Bertrand. *Nommer l'histoire*. Paris: Éditions EHESS, 2018.

BORCHMEYER, Dieter. Nietzsche und Cosima Wagner: Geschichte einer Verblendung. In: RESCHKE, Renate (Hrsg.). *Frauen: ein Nietzschethema? Nietzsche: ein Frauenthema?*. Berlin: Akademie Verlag, 2012. p. 191-208. (Nietzscheforschung, B. 19.)

BRANDES, Georg. Aristokratischer Radikalismus. In: GUZZONI, Alfredo (Hrsg.). *90 Jahre philosophische Nietzsche-Rezeption*. Königstein im Taunus: Hain, 1979. p. 1-15.

BRANN, Henry Walter. *Nietzsche und die Frauen*. Bonn: Bouvier, 1976.

BRAUM, Helmut Walther. *Nietzsche und die Frauen seiner Zeit*. Leipzig: Felix Meiner, 1931.

BROBJER, Thomas. Nietzsche's Reading of Women Authors. In: KNOCHE, Michael; ULBRICH, Justus H.; WEBER, Jürgen (Hrsg.). *Zur unterirdischen Wirkung von Dynamit*. Wiesbaden: Harrassowitz Verlag, 2006. p. 35-46.

BROSE, Karl. Nietzsches Verhältnis zu John Stuart Mill. *Nietzsche-Studien*, v. 3, p. 152-174, 1974.

BUSCH, Susana Münnich. *Nietzsche: la verdad es mujer*. Santiago de Chile: Editorial Universitaria, 1994.

CAMPIONI, Giuliano. *Nietzsche e o espírito latino*. Trad. Vinicius de Andrade. São Paulo: Loyola, 2016. (Sendas & Veredas).

CAMPIONI, Giuliano. Von der Auflösung der Gemeinschaft zur Bejahung des "Freigeistes". *Nietzsche-Studien*, v. 5, p. 83-112, 1976.

CAMPIONI, Giuliano et al. (ed.). *Nietzsches persönliche Bibliothek*. Berlin: Walter de Gruyter, 2003.

CLARK, Maudemarie. Nietzsche's Misogyny. In: *Nietzsche on Ethics and Politics*. Oxford: Oxford University Press, 2015. p. 141-150.

CLARK, Maudemarie. From the Nietzsche Archive: Concerning the Aphorism Explicated in *Genealogy* III. *Journal of the History of Philosophy*, v. 35, n. 4, p. 611-614, Oct. 1997.

COHEN, Jonathan R. *Science, Culture, and Free Spirits: A Study of Nietzsche's Human, All-Too-Human*. New York: Humanity Books, 2009.

COLLI, Giorgio. *Écrits sur Nietzsche*. Trad. Patricia Farazzi. Paris: Éditions de l'Éclat, *1996*.

COMMENGÉ, Béatrice. *La Danse de Nietzsche*. Paris: Gallimard, 1988.

CONWAY, Daniel. *Nietzsche & the Political*. London: Routledge, 1997.

DEL CARO, Adrian. *Nietzsche contra Nietzsche*. Louisiana: State University Press, 1989.

DENAT, Céline. F. Nietzsche ou a "política" como "antipolítica". Trad. Wilson Antonio Frezzatti Jr. *Cadernos Nietzsche*, n. 32, p. 41-71, 2013.

DENAT, Céline. "Les Découvertes les plus précieuses, ce sont les méthodes": Nietzsche, ou la recherche d'une méthode sans méthodologie. *Nietzsche-Studien*, v. 39, p. 282-308, 2010.

DERRIDA, Jacques. *Éperons: les styles de Nietzsche*. Paris: Flammarion, 1978. [Em português: *Esporas: os estilos de Nietzsche*. Trad. Rafael Haddock-Lobo e Carla Rodrigues. Rio de Janeiro: Nau, 2013.]

DERRIDA, Jacques. *Otobiographies*. Paris: Galilée, 1984.

DIETHE, Carol. *Nietzsche's Women: Beyond the Whip*. Berlin: Walter de Gruyter, 1996. (Monographien und Texte zur Nietzsche-Forschung, 31.)

D'IORIO, Paolo. *Le Voyage de Nietzsche à Sorrente*. Paris: CNRS Éditions, 2012. [Em português: *Nietzsche na Itália: a viagem que mudou os rumos da filosofia*. Trad. Joana Angélica d'Ávila Melo. Rio de Janeiro: Zahar, 2014.]

D'IORIO, Paolo; PONTON, Olivier (éd.). *Nietzsche: philosophie de l'esprit libre*. Paris: Éditions Rue d'Ulm, 2004.

DIPROSE, Rosalyn. Nietzsche, Ethics and Sexual Difference. *Radical Philosophy*, n. 52, p. 27-33, Summer 1989.

DIPROSE, Rosalyn. The Pathos of Distance. *In*: PATTON, Paul (ed.). *Nietzsche, Feminism and Political Theory*. London: Routledge, 1993. p. 1-26.

DONNELLAN, Brendan. *Nietzsche and the French Moralists*. Bonn: Bouvier, 1982.

FAYE, Jean-Pierre. *Nietzsche et Salomé: la philosophie dangereuse*. Paris: Grasset, 2000.

FORNARI, Maria Cristina. Goethe mente demasiado? De Zaratustra e dos poetas. *In*: MARTON, Scarlett; CONSTÂNCIO, João; BRANCO, Maria João (org.). *Sujeito, décadence e arte: Nietzsche e a modernidade*. Lisboa: Tinta da China, 2014. p. 329-343.

FORNARI, Maria Cristina. *La morale evolutiva del gregge: Nietzsche legge Spencer e Mill*. Pisa: Edizioni ETS, 2006.

FÖRSTER-NIETZSCHE, Elisabeth. *Friedrich Nietzsche und die Frauen seiner Zeit*. München: C. H. Beck, 1935.

FRANCO, Paul. *Nietzsche's Enlightenment: The Free-Spirit Trilogy of the Middle Period*. Chicago: The University of Chicago Press, 2011.

GILMAN, Sander. *Begegnungen mit Nietzsche*. Frankfurt am Main: Insel Verlag, 1992.

GOCH, Klaus. Sternenfeindschaft: Elisabeth Nietzsche contra Lou von Salomé. In: RESCHKE, Renate (Hrsg.). *Frauen: ein Nietzschethema? Nietzsche: ein Frauenthema?*. Berlin: Akademie Verlag, 2012. p. 156-173. (Nietzscheforschung, B. 19.)

GOYARD-FABRE, Simone. *Nietzsche et la question politique*. Paris: Sirey, 1977.

GRAYBEAL, Jean. *Language and "the Feminine" in Nietzsche and Heidegger*. Bloomington: Indiana University Press, 1990.

HAAR, Michel. *Par-delà le nihilisme: nouveaux essais sur Nietzsche*. Paris: PUF, 1998.

HABERKAMP, Günter. *Triebgeschehen und Wille zur Macht: Nietzsche zwischen Philosophie und Psychologie*. Würzburg: Königshausen & Neumann, 2000.

HAUSMANN, Noëlle. *Frédéric Nietzsche, Thérèse de Lisieux: deux poétiques de la modernité*. Paris: Beauchesne, 1984.

HEIDEGGER, Martin. *Nietzsche*. Berlin: Gunther Neske Verlag, 1961. 2 v. [Em português: *Nietzsche*. Trad. Marco Antônio Casanova. Rio de Janeiro: Forense Universitária, 2007. 2 v.]

HELLER, Peter. *Studies on Nietzsche*. Bonn: Bouvier, 1980.

HOLLINGDALE, R. J. *Nietzsche*. London: Ark, 1985.

HOLLINRAKE, Roger; RUTER, Manfred. Nietzsche's Sketches for the Poem "Oh Mensch! Gieb Acht!". *Nietzsche-Studien*, v. 4, p. 279-283, 1975.

HORN, Anette. *Nietzsches Begriff der "décadence": Kritik und Analyse der Moderne*. Frankfurt am Main: Peter Lang, 2000.

IRIGARAY, Luce. *Amante Marine de Friedrich Nietzsche*. Paris: Les Éditions de Minuit, 1980.

JANAWAY, Christopher. Nietzsche's Illustration of the Art of Exegesis. *European Journal of Philosophy*, v. 5, n. 3, p. 251-268, Dec. 1997.

JANZ, Curt Paul. *Friedrich Nietzsche: Biographie*. München: Carl Hanser Verlag, 1978-1979. 3 v. [Em português: *Friedrich Nietzsche: uma biografia*. Trad. Markus A. Hediger. Petrópolis: Vozes, 2015. 3 v.]

JOHNSON, Dirk. Nihilismus als Logik der *Décadence*. *Nietzsche-Studien*, v. 43, p. 31-32, 2014.

KAUFMANN, Walter. Nietzsche als der erste grosse Psychologue. *Nietzsche-Studien*, v. 7, p. 261-275, 1978.

KAUFMANN, Walter. *Nietzsche, Philosopher, Psychologist, Antichrist*. 10th ed. New York: The World, 1965.

KISHIK, David. Zarathustra's Whisper. *New Nietzsche Studies*, n. 8, p. 58-65, 2009-2010.

KJAER, Jorgen. *Nietzsche: die Zerstörung der Humanität durch Mutterliebe*. Opladen: Westdeutscher Verlag, 1990.

KLOSSOWSKI, Pierre. Notes. *In*: NIETZSCHE, Friedrich. *Le Gai savoir*. Trad. P. Klossowski. Paris: Gallimard, 1982.

KOFMAN, Sarah. Baubô, perversion théologique et fétichisme. *In*: *Nietzsche et la scène philosophique*. Paris: Union Générale d'Éditions, 1979. p. 263-304.

KOFMAN, Sarah. *Explosion I: de l'"Ecce homo" de Nietzsche*. Paris: Galilée. 1992.

KOFMAN, Sarah. *Explosion II: les enfants de Nietzsche*. Paris: Galilée. 1993.

KOFMAN, Sarah. Et pourtant elle tremble! (Nietzsche et Voltaire). *Furor*, n. 26, p. 135-154, 1994.

KOFMAN, Sarah. *Nietzsche et la scène philosophique*. Paris: Union Générale d'*Éditions, 1971*.

KOFMAN, Sarah. Nietzsche et Wagner: comment la musique devient bonne pour les cochons. *Furor*, n. 23, p. 3-28, Mai 1992.

KÖHLER, Joachim. *Zarathustras Geheimnis*. Greno: Nördlingen, 1989.

KREMER-MARIETTI, Angèle. Menschliches, Allzumenschliches: Nietzsches Positivismus?. *Nietzsche-Studien*, v. 26, p. 260-275, 1997.

KREMER-MARIETTI, Angèle. Notes. *In*: NIETZSCHE, Friedrich. *Humain, trop humain*. Trad. Alexandre Desrousseaux et Henri Albert. Paris: Librairie Générale Française, 1995. 2 v.

KREMER-MARIETTI, Angèle. *Thèmes et structures dans l'œuvre de Nietzsche*. Paris: Lettres Modernes, 1957.

LAFFONT, Hélène. La Femme est l'avenir de l'homme européen. *In*: D'IORIO, Paolo; MERLIO, Gilbert (éd.). *Nietzsche et l'Europe*. Paris: Éditions de la Maison des Sciences de l'Homme, 2006. p. 233-257.

LAKS, André. Une étymologie de Nietzsche dans *Le Cas Wagner*: à propos de la lecture de l'essai de P. Bourget sur les frères de Goncourt. *Nietzsche-Studien*, v. 18, p. 627-632, 1989.

LAMPERT, Laurence. *Nietzsche's Teaching*. New Haven: Yale University Press, 1986.

LAUNAY, Marc de. L'Adultère de Zarathoustra. *In*: MATTÉI, Jean-François (éd.). *Nietzsche et le temps des nihilismes*. Paris: PUF, 2005. p. 67-84.

LEIS, Mario. *Frauen um Nietzsche*. Hamburg: Rowohlt Taschenbuch Verlag, 2000.

LÖWITH, Karl. Nietzsche et sa tentative de récupération du monde. *In*: DELEUZE, Gilles (Dir.). *Nietzsche*. Paris: Les Éditions de Minuit, 1967. p. 45-84. (Cahiers de Royaumont).

LÖWITH, Karl. *Nietzsches Philosophie der ewigen Wiederkehr des Gleichen*. 3. ed. Hamburg: Felix Meiner Verlag, 1978.

MARTI, Urs. *"Der grosse Pöbel- und Sklavenaufstand"*: *Nietzsches Auseinandersetzung mit Revolution und Demokratie*. Stuttgart: Metzler, 1993.

MARTI, Urs. Nietzsches Kritik der Französischen Revolution. *Nietzsche-Studien*, v. 19, p. 312-335, 1990.

MARTON, Scarlett. Afternoon Thoughts: Nietzsche and Dogmatism. *In*: CONSTÂNCIO, João; BRANCO, Maria (ed.). *Nietzsche on Instinct and Language*. Berlin: Walter de Gruyter, 2011. p. 167-184.

MARTON, Scarlett. Ainsi parlait Zarathoustra: l'œuvre à la fois consacrée et reniée. *In*: CAMPIONI, Giuliano; CIAMARRA, Leonardo P.; SEGALA, Marco (org.). *Goethe, Schopenhauer, Nietzsche: saggi in memoria di Sandro Barbera*. Pisa: Edizioni ETS, 2012. p. 481-490.

MARTON, Scarlett. À la recherche d'un critère d'évaluation des évaluations: Les notions de vie et de valeur chez Nietzsche. *In*: DENAT, Céline; WOTLING, Patrick (éd.). *Les Hétérodoxies de Nietzsche: Lectures du Crépuscule des idoles*. Reims: Épure, 2014. p. 321-342.

MARTON, Scarlett. De Foucault à Nietzsche: pluralité d'interprétations et importance des critères. *In*: STELLINO, Paolo; TINLAND, Olivier (éd.). *Nietzsche et le relativisme*. Bruxelles: Ousia, 2019. p. 203-225.

MARTON, Scarlett. Do dilaceramento do sujeito à plenitude dionisíaca. *Cadernos Nietzsche*, n. 25, p. 53-82, 2009.

MARTON, Scarlett. El eterno retorno de lo mismo, "el pensamiento fundamental de Zaratustra". *Estudios Nietzsche*, n. 16, p. 129-150, 2016. [Em português: O eterno retorno do mesmo, "a concepção básica de *Zaratustra*". *Cadernos Nietzsche*, v. 37, n. 2, p. 11-46, jul.-set. 2016.]

MARTON, Scarlett. *Extravagâncias: ensaios sobre a filosofia de Nietzsche*. São Paulo: Discurso Editorial; Barcarolla, 2000 (Coleção Sendas e Veredas). [2. ed., 2001; 3. ed., 2009.]

MARTON, Scarlett. "La nuova concezione del mondo": volontà di potenza, pluralità di forze, eterno ritorno dell'identico. *In*: BUSELLATO, Stefano (org.). *Nietzsche dal Brasile: contributi alla ricerca contemporanea*. Pisa: Edizioni ETS, 2014. p. 21-40.

MARTON, Scarlett. L'Éternel retour du même, le temps et l'histoire. *In*: BINOCHE, Bertrand; SOROSINA, Arnaud (org.). *Les Historicités de Nietzsche*. Paris: Éditions de la Sorbonne, 2016. p. 105-125.

MARTON, Scarlett. L'Éternel retour du même: thèse cosmologique ou impératif éthique?. *Nietzsche-Studien*, v. 25, p. 42-63, 1996.

MARTON, Scarlett. Modernidade e *décadence*: Wagner e a cultura filisteia. *In*: MARTON, Scarlett; BRANCO, Maria; CONSTÂNCIO, João (org.). *Sujeito,* décadence *e arte: Nietzsche e a modernidade*. Lisboa: Tinta da China, 2014. p. 199-225.

MARTON, Scarlett. *Nietzsche e a arte de decifrar enigmas: treze conferências europeias*. São Paulo: Loyola, 2014.

MARTON, Scarlett. *Nietzsche: das forças cósmicas aos valores humanos*. Belo Horizonte: Editora da UFMG, 1990. [2. ed., 2000; 3. ed., 2010.]

MARTON, Scarlett. Nietzsche, Kant et la métaphysique dogmatique. *Nietzsche-Studien*, v. 40, p. 106-129, 2011.

MARTON, Scarlett. *Nietzsche y "la nueva concepción del mundo"*. Trad. Pablo Olmedo. Córdoba: Editorial Brujas, 2017.

MARTON, Scarlett. Pascal: a busca do ponto fixo e a prática da anatomia moral. *In*: DE BONI, Luís A. (org.). *Finitude e transcendência: Festschrift em homenagem a Ernildo. J. Stein*. Petrópolis: Vozes; Porto Alegre: EDIPUCRS, 1996. p. 713-726.

MARTON, Scarlett. Por uma filosofia dionisíaca. *In*: *Nietzsche, seus leitores e suas leituras*. São Paulo: Barcarolla, 2010. p. 143-156.

MÉTAYER, Guillaume. *Nietzsche et Voltaire*. Paris: Flammarion, 2011.

MICHAUX, Jane. *Nietzsche. Ses idées sur le féminisme. Sa morale*. Paris: Henri Charles Lavauzelle éditeur militaire, 1909.

MIKLOWITZ, Paul S. Response to John T. Wilcox, "That Exegesis of an Aphorism in 'Genealogy III': Reflections on the Scholarship". *Nietzsche-Studien*, v. 28, p. 267-269, 1999.

MONTINARI, Mazzino. Compiti della ricerca nietzscheana oggi. *In*: CAMPIONI, Giuliano; VENTURELLI, Aldo (org.). *La "biblioteca ideale" di Nietzsche*. Napoli: Guida, 1992. p. 267-282.

MONTINARI, Mazzino. Ein neuer Abschnitt in Nietzsches *Ecce homo*. *Nietzsche-Studien*, v. 1, p. 380-418, 1972.

MÜLLER-LAUTER, Wolfgang. *Décadence* artística enquanto *décadence* fisiológica: a propósito da crítica tardia de Friedrich Nietzsche a Richard Wagner. Trad. Scarlett Marton. *Cadernos Nietzsche*, n. 6, p. 11-30, 1999.

NEGRI, Federica. *Ti temo vicina, ti amo lontana: Nietzsche, il femminile e le donne*. Milano: Mimesis, 2011.

OLIVER, Kelly. Nietzsche's Abjection. *In*: BURGARD, Peter J. (ed.). *Nietzsche and the Feminine*. Charlottesville: University of Virginia Press, 1994. p. 53-67.

OLIVER, Kelly. *Womanizing Nietzsche*. New York: Routledge, 1995.

PESTALOZZI, Karl. Nietzsches Baudelaire-Rezeption. *Nietzsche-Studien*, v. 7, p. 158-178, 1978.

PETERS, Heinz Frederick. *My Sister, My Spouse*. New York: W. W. Norton, 1962. [Em português: *Lou, minha irmã, minha esposa*. Trad. Waltensir Dutra. Rio de Janeiro: Zahar, 1986.]

PETERS, Heinz Frederick. *Zarathustra's Sister: The Case of Elisabeth and Friedrich Nietzsche*. New York: Crown, 1977.

PFEIFFER, Ernst (hrsg.). *Friedrich Nietzsche, Paul Rée, Lou von Salomé: die Dokumente ihrer Begegnung*. Frankfurt am Main: Insel Verlag, 1970.

PIEPER, Annemarie. Nietzsche und die Geschlechterfrage. *In*: RESCHKE, Renate (hrsg.). *Frauen: ein Nietzschethema? Nietzsche: ein Frauenthema?*. Berlin: Akademie Verlag, 2012. p. 53-63. (Nietzscheforschung, B. 19.)

PIPPIN, Robert. *Nietzsche, Psychology, and First Philosophy*. Chicago: The University of Chicago Press, 2010.

PLATT, Michael. What Does Zarathustra Whisper in Life's Ear?. *Nietzsche-Studien*, v. 17, p. 179-194, 1988.

PODACH, Eric. *Ein Blick in die Notizbücher Nietzsches: Ewige Wiederkunft, Wille zur Macht, Ariadne*. Heidelberg: Rothe, 1963.

REINHARDT, Karl. *Nietzsches Klage der Ariadne*. Frankfurt am Main: Vittorio Klostermann, 1936.

RESCHKE, Renate (Hrsg.). *Frauen: ein Nietzschethema? Nietzsche: ein Frauenthema?*. Berlin: Akademie Verlag, 2012. (Nietzscheforschung, B. 19.)

RESCHKE, Renate (Hrsg.). *Nietzsche: Radikalaufklärer oder radikaler Gegenaufklärer?*. Berlin: Akademie Verlag, 2004.

RESCHKE, Renate. Warum Kultur von Zeit zu Zeit an sich selbst zugrunde geht... Friedrich Nietzsche, die *Décadence* und die Ambivalenz einer ästhetisch dominierten Kultur. *In*: SOMMER, Andreas Urs (Hrsg.). *Nietzsche: Philosoph der Kultur(en)?*. Berlin: De Gruyter, 2008. p. 203-226.

RIZZI, Susanna. *Friedrich Nietzsche e Lou Salomé: Il femminile e le donne*. Milano: Mimesis, 2018.

SALANSKIS, Emmanuel. Moralistes darwiniens: les psychologies évolutionnistes de Nietzsche et Paul Rée. *Nietzsche-Studien*, v. 42, p. 44-66, 2013.

SALAQUARDA, Jörg. A concepção básica de Zaratustra. Trad. Scarlett Marton. *Cadernos Nietzsche*, n. 2, p. 17-39, 1997.

SALAQUARDA, Jörg. Noch einmal *Ariadne*: die Rolle Cosima Wagners in Nietzsches literarischem Rollenspiel. *Nietzsche-Studien*, v. 25, p. 99-125, 1996.

SALIS-MARSCHLINS, Meta von. *Philosoph und Edelmensch: ein Beitrag zur Characteristik Friedrich Nietzsches*. Leipzig: [s.n.], 1897.

SALOMÉ, Lou. *Friedrich Nietzsche in seinen Werken*. Frankfurt am Main: Insel Verlag, 1983. [Em português: *Nietzsche em suas obras*. Trad. José Carlos Martins Barbosa. São Paulo: Brasiliense, 1992.]

SALOMÉ, Lou [Henri Lou]. *Im Kampf um Gott*. Leipzig; Berlin: [s.n.], 1885.

SAUTET, Marc. Les femmes de Nietzsche. *In*: WAGNER, Cosima; NIETZSCHE, Friedrich. *Lettres*. Trad. Stephen Kämpfer. Paris: Le Cherche Midi Editeur, 1995. p. 11-49.

SCHELLONG, Dieter. "Und im kleinsten luxurirt": Zur Bedeutung von Nietzsches Diagnose der *Décadence* in der Musikpraxis. *Nietzsche-Studien*, v. 13, p. 412-436, 1984.

SCHIRNHOFER, Resa von. Vom Menschen Nietzsche. *Zeitschrift für Philosophische Forschung*, v. 22, n. 2, p. 250-260, 1968.

SCHMIDT, Hermann Josef. *Nietzsche Absconditus oder Spurenlesen bei Nietzsche... An der Quelle: In der Pastorenfamilie, Naumburg 1854-1858 oder Wie ein Kind erschreckt entdeckt, wer es geworden ist, seine "christliche Erziehung" unterminiert und in heimlicher poetophilosophischer Autotherapie erstes "eigenes Land" gewinnt*. Berlin; Aschaffenburg: IBDK Verlag, 1991.

SCHOBER, Angelika. La Réception de Nietzsche en France. Écrits de femmes. *In*: LE RIDER, Jacques (*éd.*). *Nietzsche: cent ans de réception en France*. Paris: Éditions Suger, 1999. p. 147-162.

SMITMANS-VAJDA, Barbara. *Melancholie, Eros, Musse: das Frauenbild in Nietzsches Philosophie*. Würzburg: Königshausen & Neumann, 1999.

SOMMER, Andreas Urs. Nietzsche, Wagner e a decadência. Trad. Fernando R. de Moraes Barros. *Cadernos Nietzsche*, v. 38, n. 1, p. 11-25, 2017.

STEGMAIER, Werner. "Oh Mensch! Gieb Acht!": Kontextuelle Interpretation des Mitternachts-Lieds aus *Also sprach Zarathustra*. *Nietzsche-Studien*, v. 42, p. 85-115, 2013.

THORGEIRSDOTTIR, Sigridur. Baubô: Laughter, Eroticism and Science to Come. *In*: RESCHKE, Renate (Hrsg.). *Frauen: ein Nietzschethema? Nietzsche: ein Frauenthema?*. Berlin: Akademie Verlag, 2012. p. 65-74. (Nietzscheforschung, B. 19.)

VILLIERS, Emilie Sirieyx de. *La Faillite du surhomme et la psychologie de Nietzsche*. Paris: Nilsson, 1920.

VIVARELLI, Vivetta. Montaigne und der "Freie Geist". *Nietzsche-Studien*, v. 23, p. 79-101, 1994.

VOLPI, Franco. Le Nihilisme comme logique de la *décadence*: Nietzsche lecteur de Bourget. Trad. Alessio Moretti. *In*: MATTÉI, Jean-François (*éd.*). *Nietzsche et le temps des nihilismes*. Paris: PUF, 2005. p. 97-119.

WENDT, Gunna. Denn alle Lust will Wandel: Lou Andreas-Salomé und Friedrich Nietzsche. *In*: RESCHKE, Renate (Hrsg.). *Frauen: ein Nietzschethema? Nietzsche: ein Frauenthema?*. Berlin: Akademie Verlag, 2012. p. 141-153. (Nietzscheforschung, B. 19.)

WILCOX, John T. That Exegesis of an Aphorism in Genealogy III: Reflections on the Scholarship. *Nietzsche-Studien*, v. 27, p. 448-462, 1998.

YOUNG, Julien. Nietzsche and Women. *In*: GEMES, Ken; RICHARDSON, John (ed.). *The Oxford Handbook of Nietzsche*. Oxford: University Press, 2013. p. 46-62.

III. Textos filosóficos e literários

ARISTÓFANES. *Lisístrata: a greve do sexo*. Trad. Millôr Fernandes. Porto Alegre: L&PM, 2003.

ARISTÓTELES. *Poética*. Trad. Eudoro de Souza. Porto Alegre: Globo, 1966.

BOURGET, Paul. *Essais de psychologie contemporaine: études littéraires*. Paris: Gallimard, 1993.

CLÉMENT D'ALEXANDRIE. *Le Protreptique*. Trad. C. Mondésert. Paris: Les Editions du Cerf, 2004.

DANTE. *Divina comédia*. Trad. Ítalo Eugênio Mauro. São Paulo: Editora 34, 1998. 3 v. Edição bilíngue.

DEVEREUX, Georges. *Baubô, la vulve mythique*. Paris: Payot, 2011.

FEUERBACH, Ludwig. Die Naturwissenschaft und die Revolution. *Blätter für Literarische Unterhaltung*, n. 268-271, p. 1069-1083, 8-12 nov. 1850.

GALIANI, Ferdinando; D'ÉPINAY, Louise. *Correspondance*. Paris: Desjonquères, 1992.

GOETHE, J. W. *Faust*. In: *Sämtliche Werke*. München: Deutscher Taschenbuch Verlag, 1977. t. 5.

GONCOURT, Edmond et Jules de. *Journal des Goncourt. Tome I: 1851-1857*. Paris: Honoré Champion, 2005.

GONCOURT, Edmond et Jules de. *Journal des Goncourt. Tome III: 1861-1864*. Paris: Honoré Champion, 2013.

GOURMONT, Remy. *Promenades littéraires*. Paris: Mercure de France, 1922.

GRIMM, Jacob; GRIMM, Wilhelm. *Deutsches Wörterbuch*. Leipzig: Verlag von S. Hirzel, 1878. t. 4.

GRIMM, Jacob; GRIMM, Wilhelm. *Deutsches Wörterbuch*. Leipzig: Verlag von S. Hirzel, 1878. t. 28.

HESÍODO. *Teogonia*. Trad. Jaa Torrano. São Paulo: Iluminuras, 1995.

HOMERO. *Odisseia*. Trad. Antônio Pinto de Carvalho. São Paulo: Nova Cultural, 2002.

LA ROCHEFOUCAULD. *Maximes et réflexions diverses*. Paris: Garnier-Flammarion, 1977.

LAMBERT, Anne-Thérèse de Marguenat de Courcelles. *Avis d'une mère à son fils*. Paris: F. Louis, 1804.

MAQUIAVEL. *O príncipe*. Trad. Lívio Xavier. 3. ed. São Paulo: Abril Cultural, 1983. (Os Pensadores).

MEYSENBUG, Malwida von. *Individualitäten*. Berlin: Schuster und Loeffler, 1901.

MEYSENBUG, Malwida von. *Memorien einer Idealistin*. Stuttgart: [s.n.], 1876.

MEYSENBUG, Malwida von. *Memoiren einer Idealistin*. 4. ed. Berlin: Schuster, 1899.

MILL, John Stuart. *The Subjection of Women.* Cambridge: Hackett, 1988.

MILL, John Stuart. *Utilitarianism and on Liberty, Essay on Bentham.* New York: New American Library, 1974.

MONTAIGNE, Michel. *Essais.* Paris: Garnier-Flammarion, 1969. 2 v.

PASCAL, Blaise. *Pensamentos.* Trad. Sérgio Milliet. 2. ed. São Paulo: Abril Cultural, 1979. (Os Pensadores).

PLATÃO. *Fédon.* Trad. Jorge Paleikat e João Cruz Costa. 2. ed. São Paulo: Abril Cultural, 1983. (Os Pensadores).

PLATÃO. *República.* Trad. Ana Lia Amaral de Almeida Prado. São Paulo: Martins Fontes, 2006.

RÉMUSAT, Claire-Élisabeth-Jeanne Gravier de Vergennes. *Mémoires de Madame de Rémusat, 1802-1808.* Éd. Paul de Rémusat. Paris: [s.n.], 1880. 3 v.

RILKE, Rainer Maria. *As elegias de Duino e soneto a Orfeu.* Trad. Paulo Quintela. Porto: Editorial Inova, [s.d.].

ROLAND DE LA PLATIÈRE, Jeanne-Marie. *Mémoires de Madame Roland.* Éd. Paul de Roux. Paris: Mercure de France, 2004.

SAINTE-BEUVE, Charles Augustin. *Portraits de femmes.* Paris: Gallimard, 1998.

SAND, George. *Politique et polémiques.* Paris: Imprimerie Nationale Editions, 1997.

SAND, George. *Questions politiques et sociales.* In: *Œuvres complètes.* Genebra: Slatkine Reprints, 1980. v. XXX.

STAËL-HOLSTEIN, Germaine. *De la littérature considérée dans ses rapports avec les institutions sociales.* Paris: J. Minard, 1959.

STAËL-HOLSTEIN, Germaine. *De l'influence des passions sur le bonheur des individus et des nations.* Paris: Payot et Rivages, 2000.

TUCÍDIDES. *História da Guerra do Peloponeso.* Trad. Mário da Gama Kury. 3. ed. Brasília: Editora Universidade de Brasília, 1987.

WOLFF, Christian. *Psychologia rationalis.* New York: G. Olms, 1972.

IV. Estudos feministas

ACKERMAN, Robert John. *Nietzsche: A Frenzied Look.* Amhers: University of Massachusetts Press, 1990.

ALCOFF, Linda; POTTER, Elizabeth (ed.). *Feminist Epistemologies*. London: Routledge, 1993.

BERGOFFEN, Debra. On the Advantage and Disadvantage of Nietzsche for Women. *In*: DALLERY, Arleen B.; SCOTT, Charles E. (ed.). *The Question of the Other: Essays in Contemporary Continental Philosophy*. New York: State University of New York, 1989. p. 77-89.

HIGGINS, Kathleen Marie. Gender in *The Gay Science*. *In*: OLIVER, Kelly; PEARSALL, Marilyn (ed.). *Feminist Interpretations of Friedrich Nietzsche*. Pennsylvania: The Pennsylvania University Press, 1998. p. 130-151.

KRELL, David Farrell. *Postponements: Women, Sensuality and Death in Nietzsche*. Bloomington: Indiana University Press, 1986.

LORRAINE, Tamsin. *Gender, Identity, and the Production of Meaning*. Boulder: Westview Press, 1990.

MELLO, Rosaria Dell'Anna. *Nietzsche e le donne del suo tempo: filosofia, misoginia, femminismo*. Roma: Stamen, 2017.

OLIVER, Kelly; PEARSALL, Marilyn (ed.). *Feminist Interpretations of Friedrich Nietzsche*. Pennsylvania: The Pennsylvania State University Press, 1998.

OWENS, Craig. The Discourse of Others: Feminists and Postmodernism. *In*: FOSTER, Hal. *Postmodern Culture*. London: Pluto Press, 1985. p. 57-82.

PATTON, Paul (ed.). *Nietzsche, Feminism and Political Theory*. London: Routledge, 1993.

SCHUTTE, Ofelia. *Beyond Nihilism: Nietzsche without Masks*. Chicago: The University of Chicago Press, 1984.

SCHUTTE, Ofelia. Nietzsche on Gender Difference: A Critique. *Newsletter on Feminism and Philosophy*, v. 89, n. 2, 1990.

TAPPER, Marion. Ressentiment and Power: Some Reflections on Feminist Practices. *In*: PATTON, Paul (ed.). *Nietzsche, Feminism and Political Theory*. London: Routledge, 1993. p. 130-143.

WHITFORD, Margaret; GRIFFITHS, Morwenna (ed.). *Feminist Perspectives in Philosophy*. Bloomington: Indiana University Press, 1988.

V. Outras obras

A bíblia sagrada. Trad. João Ferreira de Almeida. Rio de Janeiro: Sociedade Bíblica do Brasil, 1968.

ARIÈS, Philippe. *L'Enfant et la vie familiale sous l'Ancien Régime*. Paris: Éditions du Seuil, 1973.

BOURDIEU, Pierre. *A dominação masculina*. Trad. Maria Helena Kühner. Rio de Janeiro: Bertrand Brasil, 1999.

FÖRSTER-NIETZSCHE, Elisabeth. *Das Leben Friedrich Nietzsches in drei Bänden*. Leipzig: C. G. Naumann, 1895. B. I.

FÖRSTER-NIETZSCHE, Elisabeth. *Das Leben Friedrich Nietzsches in drei Bänden*. Leipzig: C. G. Naumann, 1897. B. II/1.

FÖRSTER-NIETZSCHE, Elisabeth. *Das Leben Friedrich Nietzsches in drei Bänden*. Leipzig: C. G. Naumann, 1904. B. II/2.

FÖRSTER-NIETZSCHE, Elisabeth. *Der einsame Nietzsche*. Leipzig: Alfred Kröner Verlag, 1914. (Das Leben Friedrich Nietzsches. Biographie in zwei Bänden, B. 2.)

FÖRSTER-NIETZSCHE, Elisabeth. *Der junge Nietzsche*. Leipzig: Alfred Kröner Verlag, 1914. (Das Leben Friedrich Nietzsches. Biographie in zwei Bänden, B. 1.)

FRAISSE, Geneviève. *Les Femmes et leur histoire*. Paris: Gallimard, 2010.

LE RIDER, Jacques. *Malwida von Meysenbug: une européenne du XIXe siècle*. Paris: Bartillat, 2005.

LEBRUN, Gérard. *Blaise Pascal, voltas, desvios e reviravoltas*. Trad. Luiz Roberto Salinas Fortes. São Paulo: Brasiliense, 1983.

LEVI, Anthony. *French Moralists: The Theory of The Passions 1585 to 1649*. Oxford: Clarendon Press, 1964.

OEHLER, Adalbert. *Nietzsche's Mutter*. München: Beck, 1941.

PERROT, Michelle. *Les Femmes ou les silences de l'histoire*. Paris: Flammarion, 1998.

THOMAS, R. Hinton. *Nietzsche in German politics and society, 1890-1918*. Manchester: University Press, 1983.

VAN DELFT, Louis. *Le Moraliste classique: essai de définition et de typologie*. Genève: Librairie Droz, 1982.

WEEKS, Jeffrey. *Sex, Politics and Society: The Regulation of Sexuality since 1800*. London: Longman, 1982.

Agradecimentos

Minha primeira palavra de agradecimento vai para Olímpio Pimenta, que se entusiasmou de imediato com a possibilidade de publicar a versão brasileira do meu livro recém-publicado na França. A Gilson Iannini, agradeço por recebê-lo prontamente na coleção Filô, assim que terminei de traduzir para a minha *lingua mater* o texto que havia redigido em francês. A Rejane Dias e Cecília Martins, sou grata pelos cuidados exemplares com a sua edição.

A Bertrand Binoche, agradeço por ter acolhido *Les ambivalences de Nietzsche. Types, images et figures féminines,* que agora tem a sua versão ampliada em português, na coleção La philosophie à l'oeuvre, que ele dirige junto às Éditions de la Sorbonne.

Quando de sua elaboração, tive a oportunidade de discutir minhas posições com vários colegas europeus, em reuniões científicas e congressos organizados por diferentes instituições: Kolleg Friedrich Nietzsche na Alemanha, Association HyperNietzsche na França, Centre d'histoire des philosophies modernes da Sorbonne, Institut des Textes et Manuscrits Modernes na École Normale Supérieure de Paris, Groupe International de Recherches sur Nietzsche na Bélgica, Sociedad Española de Estudios sobre F. Nietzsche, Red Iberoamericana de Estudios Nietzscheanos na Espanha, Lisbon Nietzsche Group em Portugal, Centro "Colli-Montinari" di studi su Nietzsche e la cultura europea e Seminario Permanente Nietzscheano na Itália. Aos meus interlocutores, sou grata.

Sobre a autora

Scarlett Marton é professora titular de Filosofia Contemporânea da Universidade de São Paulo (USP). Publicou no Brasil 18 livros, na maioria sobre a filosofia nietzschiana, entre eles: *Nietzsche e a arte de decifrar enigmas* (2014); *Nietzsche, das forças cósmicas aos valores humanos* (3. ed., 2010); *Nietzsche: seus leitores e suas leituras* (2010); *Nietzsche, filósofo da suspeita* (2010); *Extravagâncias: ensaios sobre a filosofia de Nietzsche* (3. ed., 2009); *A irrecusável busca de sentido: autobiografia intelectual* (2004). Publicou também, na França, a obra *Les Ambivalences de Nietzsche* (2021) e, na Argentina, *Nietzsche y "la nueva concepción del mundo"* (2017). Publicou ainda ensaios em livros e revistas especializadas no Brasil, na Alemanha, na Áustria, na Bélgica, na Espanha, na França, na Itália, em Portugal, nos Estados Unidos, na Colômbia, na Venezuela, na Bolívia, na Argentina e no Chile. Fundou o Grupo de Estudos Nietzsche (GEN); criou os *Cadernos Nietzsche*; é coordenadora da coleção de livros Sendas & Veredas; implementou o GT Nietzsche junto à Associação Nacional de Pós-Graduação em Filosofia (Anpof). Integra o comitê científico de Hyper Nietzsche; faz parte do conselho editorial de revistas e coleções de livros nacionais e estrangeiras, entre elas, de *Nietzsche-Studien* e de Monographien und Texte zur Nietzsche-Forschung.

Este livro foi composto com tipografia Bembo e impresso em papel Off-White 70 g/m² na Formato Artes Gráficas.